從司馬光書房路過

《资治通鉴》中的繁花与冷雨

◎徐剑 著

SPM
南方出版传媒
广东人民出版社
·广州·

图书在版编目（CIP）数据

从司马光书房路过：《资治通鉴》中的繁花与冷雨／徐剑著．—广州：广东人民出版社，2015.11（2019.5重印）
ISBN 978-7-218-10383-9

Ⅰ.①从… Ⅱ.①徐… Ⅲ.①中国历史—古代史—编年体 Ⅳ.①K204.3

中国版本图书馆CIP数据核字（2015）第231188号

CONG SIMAGUANG SHUFANG LUGUO——ZIZHITONGJIAN ZHONG DE FANHUA YU LENGYU

从司马光书房路过——《资治通鉴》中的繁花与冷雨

徐 剑 著

出 版 人：曾 莹

责任编辑：李锐锋 陈 雯
设计排版：谢子亮 友间文化
封面设计：洪 卫
封面题字：黄衍增
内文插图：胡浩然

出版发行：广东人民出版社
地　　址：广州市海珠区新港西路204号2号楼（邮政编码：510300）
电　　话：（020）85716809（总编室）
传　　真：（020）85716872
网　　址：http：//www.gdpph.com
印　　刷：天津画中画印刷有限公司
开　　本：787mm×1092mm 1/16
印　　张：24.5 **字　数：**284千字
版　　次：2015年11月第1版 2019年5月第2次印刷
定　　价：42.80元

如发现印装质量问题，影响阅读，请与出版社（020-85716849）联系调换
售书热线：（020-85716826）

序一

深宅古院的一只“老燕”

◎胡 平

无疑，这是当下跨步发展的中国出现的一个难以理解的现象——

当太平洋、大西洋和印度洋上所有航道几乎乌泱泱塞满了装运中国货物的轮船时，2014年国民阅读调查数据显示：2013年我国成年国民人均纸质图书阅读量为4.77本，远低于韩国的11本，法国的20本，日本的40本，以色列的64本；国人人均每天读书时间比抽支烟略多一点，有13.43分钟。52.8%被调查者认为自己的阅读数量很少或比较少。

经济总量三十年来连着翻番的极大增长，就是中国崛起吗？

走遍全球，除了高铁等极少数产品，几乎触眼可及的相对便宜却缺乏核心技术的中国货，就是中国震撼吗？

少读书，乃至只算票子、位子而不读书，人类历史进程的地平线上不可能有以文化为长庚星的中国崛起，不可能有以文明为春潮的中国震撼。倘若少读书，或者干脆不读书，也能有一个民族关于未来的期许的话，窃以为，此事大约不会比倒在未庄土谷祠的阿Q

的“精神胜利法”高出多少……

好在中国人的精神空白，往往可由历史来填补。“前不见古人，后不见来者。念天地之悠悠，独怆然而涕下。”（陈子昂）千百年来，历史在中国算是香火鼎盛，儒释道也退避三舍。长叹息下，历史大抵成了中国人的宗教。或者如林同济先生所言：“史学在中国似乎是注定的百学之王，百政之始。”与其他文明古国相比，中国有着最悠久、最丰富、最连续、最完整的历史记录，其中荦荦大观者首推“史学两司马”的《史记》《资治通鉴》。曾国藩评价后者道：“窃以先哲惊世之书，莫善于司马文正公之《资治通鉴》，其论古皆折衷至当，开拓心胸。”梁启超亦高山仰止：“司马温公《通鉴》，亦天地一大文也。其结构之宏伟，其取材之丰赡，使后世有欲著通史者，势不能不据以为蓝本，而至今卒未有能愈之者焉。温公亦伟人哉！”

好在时下的现实有多么俗不可耐，就有多少特立独行者。他们不去和“猪”摔跤，省得弄自己一身泥。他们拒绝去功名蛛网与利禄野蔓密布的大沼泽里奔逐。他们也涉入网络，但像警惕毒品一样警惕网络的非理性化、碎片化及娱乐化。他们拒绝“消失”，但让自己的步子慢下来，一呼一吸间有天地之灵气。他们也穿越，由时代粗陋、不时长有疥癣的表层，沉淀到时代的深处，如同灯红酒绿后的虚矫虚空，怎抵得上香茶一盏、春蔬几盘的清淡欢愉？在时代深处，“小径容我静，大路任人忙”（贾大山），他们的灵魂亮堂起来，拂动着道法自然、镜鉴历史的真理之焰。

听说中山市火炬区濠头一村的牌坊上有一副对联：“月无贫

富家家有，燕不炎凉岁岁来。”本书的作者徐剑，便是岁岁月月亦几乎天天飞来《资治通鉴》这所二百九十四卷、历时十六个朝代共一千三百六十二年的迷宫般的深宅古院的一只“老燕”。不是一般地读，而是搜罗6个版本的《资治通鉴》来比照着细读，反复地读，在历代天朝的灯火楼台、笙歌不辍中不断出发，不断踏勘；不是读完了便还给了涑水先生，而是大多数晚上枯坐书斋却心池涨满，于多少春秋的城堞烽火、断壁残垣间不断叩问，不断沉吟，又在手机方寸屏幕上一笔一画摁出近百万字的读史札记。

新知旧雨亦不断在自己的手机上看到这些文字。起初大约不会奇怪，知道他是学新闻出身，与20世纪90年代初的诸多年轻人一样，身上存有文学的基因。又做过多年记者和党政部门办公室工作，文字已如同血肉，与他的生命方式不可剥离。但随着这些文字先遴选出《不觉浅——指尖上的历史》一书出版，现在又有《从司马光书房路过——〈资治通鉴〉中的繁花与冷雨》问世，至少老夫甚是惊诧，犹如听说本在亭亭绿荫与传奇遍地的中山市干得尽心尽职且心无旁骛的徐剑同志，已转成南国哪所知名高等学府的学者……

一是惊诧于徐剑的这两本书，绝不是市面上屡屡可见的某些官员无知即无畏的“大作”——如楷书还写不好，偏敢到处留下草书题款；不是兴之所至地客串一把，更不是“仕而优则‘学’”的附庸风雅。他以做童子功般的虔诚与认真，胸壑间云烟与《资治通鉴》融为一体。笔墨下既有王侯将相、政客枭雄，也有门人食客、贩夫走卒；既有“风萧萧兮易水寒”的壮义之士，也有中国历史上不绝于途的各色“小人”。他感慨道：“观乎历史，原因大致有二：一是小人前额上没刻有‘小人’两字，他们混于普通人间，难以识辨；二是小人所依附的宿主，也即权力，需要小人替自己杀出血路。即便是在承平年代，小人的阿谀奉承，也会像鸦片一样慢慢使人麻木，直至须臾不可离，最后是你中有我，我中有你，成为欲望道上的‘孪生兄弟’！”（《小人的杀伤力》）他感慨，虽然中国历史上有文景之治、光武中兴、贞观长歌、开元盛世以及国内影视界拍烂了的所谓康乾盛世，但“太平盛世”加起来的所有日子，与板荡的岁月相比，其实直如一年365天中的一个小时。他说：“‘宁做太平犬，不做离世人。’这是先人历经漫漫黑夜的煎熬，从心底深处发出的悲鸣。”（《张说的回答》）

十几年来，徐剑读的不仅有《资治通鉴》，家里的书架、案头、床头、沙发旁、墙旮旯，无不是典的阵仗、书的大营：《史记》（司马迁）、《三国志》（陈寿）、《明史》（张廷玉）、《续资治通鉴》（毕沅）、《中国通史》（傅乐成）、《中国通史》（吕思勉）、“剑桥中国史”系列（费正清）、《中国人史纲》（柏杨）、《秦汉史》（钱穆）……读史，他读出了历朝历代盛衰沉浮的规律，读出了朝廷的宏章绚文怎么也改变不了的亘古道理。一旦将识见化为文字，我想他的骨头缝里大约堆满了苍凉，握笔间流风回雪，闪动着一片敬畏。

二是惊讶于这两本书，与这些年来同样痴醉于历史散文写作且暴得大名的雷颐、张鸣、张宏杰等先生的著作比起来，并不逊色。作为一名非专业的学者、作家，徐剑要跳脱出经年累月的八小时之内的“公文体”、早年的“新华体”并无困难。除了文字不事雕饰、娓娓道来，却俊朗生动、雅俗相宜之外，以其对古史作细节性的描述，悲天悯人的人文情怀，注重对如烟往事的审视里生发出的、能够与当代人相通的感触与经验，尤为令人瞩目。

掩卷难忘这样一个故事：

公元735年，一年一度的全国汇演又如期在长安盛大举行，李隆基端坐在五凤楼特别的位置，聚精于各州县的拿手好戏。此刻正出演的是怀州的节目，但见舞台上乱花迷眼，如梦如幻："车载乐工数百，皆衣文绣，服箱之牛皆为虎豹犀象之状。""惊艳！怀州的非凡创意和大手笔，抢夺了帝都观众的眼球，雷鸣般的掌声、呐喊声响彻全场。怀州刺史兼领队面露得意之色……"下一个登场的是鲁山县的节目。鲁山县令元德秀派出的队伍只有数名乐工，内容也不"高大上"，只是演唱了一首自编的名为《于蒍》的歌曲。"哀婉的曲调里只有百姓稼穑的艰辛，歌声里还恳请圣贤之君怜恤民瘼。这是借歌舞之机，实为百姓请命啊！这不是用文艺反李唐吗？观众凝神谛听。歌声停下后，现场一片寂静，空气也仿佛凝固了，在场的文武百官为鲁山县令捏了一把汗。"那时的唐玄宗还不曾迷失于斑斓的水袖、裙裾之下。演出结束后，此公自语自言道："怀州之人，其涂炭乎！"对《于蒍》一曲颇是感叹，称"乃贤人之言"。（《好大的胆子》）

徐剑的字里行间，不仅充盈着人类的良知与社会责任感，还闪烁着现代知识分子的思想光芒，而批判精神正是现代知识分子最宝贵的文化品格。唐懿宗在位时骄奢无度，淫乐不改，致使宦官专政，民生凋敝。虽然如此，士大夫仍能整体保持某种节气。徐剑为此评说："士林中存有的这种集体知耻，让后人在读史时发出一声叹息外，还是感受到了一种道德力量。"（《为什么是太监呢》）至今，是八面玲珑、风行草偃般，还是程门立雪、尾生抱柱一样，恪守并观照于我们民族饱经忧患的历史与现实，可说是当下区别伪问题与真问题、伪学者与真学者的一方试金石。

徐剑总称我为"胡老师"。这并非一般意义上的称呼，而是指他早年毕业于我曾挂职的一所大学，似乎我们应有师生关系上的"血亲"。其实，他那4年上的是新闻系，我挂名的是中文系，而且我几十年来大抵以写作为主业，从未给本系学生上过一堂课，遑论他系？此尊称本不实，如今已满腹书香诗华的他又嘱我为本书写序，更自觉难当。一再婉拒未果，萦怀多时，还是写了以上这些文字，权当表达一个心愿——

期盼我国的公务员队伍能够涌现出更多徐剑这样知史识史、以史为鉴的非专业学者、作家，大凡现实越是复杂，越是纠结，越是需要温习历史；

希望读书在中国，如月如燕，"月无贫富家家有，燕不炎凉岁岁来。"如此，则这片土地文化昌明，文明幸甚！

（作者为中国作家协会会员，当代著名报告文学作家，代表作《世界大串联》《中国的眸子》《千年沉重》《一百个理由》《情报日本》等。）

序二

将古人的道理“大白”于天下

◎ 丘树宏

大家都知道，全世界有几大古老文明，包括古埃及、古巴比伦、古中国、古印度这四个人类文明最大且最早的国家或地区，有时也包括古希腊和古玛雅。在这几大古文明中，多数都已经消失了，唯独中华文明没有中断，而且还繁荣昌盛着，这确实是不争的事实。

中华文明没有中断，还在生生不息，这是中国人的幸运，也是全人类的幸运。然而我们是不是就可以高枕无忧呢？是不是毫无断绝之虞呢？或者说，我们真的每一个方面都做得天衣无缝吗？

答案当然是否定的。

比如，汉字从殷商时代开始形成，由甲骨文、金文、大篆、小篆，到隶书、楷书、草书、行书，经过6000多年的演变，我们对最早的甲骨文的认知，是不是毫无障碍？再简单一点说，究竟哪些甲骨文，我们还没有发掘出来，还没有破译？

再比如，事实上，中国有两套语言系统，一套是口头的，一套是书面的。从历史上看，口头语言的出现早于书面语言，而且在书面语言出现后，口头语言仍与书面语言相异而并存，是绝大多数人交流的工具，许多文明成果也通过口耳相传的方式传承至今。但是，我们今天看到的大多数古代文明成果，都是通过书面语言保留下来的。在时空的演变中，口耳相传的形式容易使口头语言传承的文明成果逐渐变异。如今，许多由口头语言传承的文明成果已经湮灭，不再为世人所知。那么，是不是复兴它们就毫无办法和希望了呢？

再进一步说，即使是书面语言保留下来的成果，文言文深奥无比，它与今天常用的书面语言与口头语言也有一定的差距，我们究竟能够了解、学习和掌握多少文言文所记载的古代文明成果？或者说，又有多少人能够通过对文言文作为载体的书籍的阅读和传播、演绎，让更多的现代人得以学习、了解、传承和弘扬中国的古代文明成果？

答案同样需要商榷。

从现存最早的编年体史书《春秋左氏传》（左丘明)、第一部诗歌总集《诗经》以及群经之首《周易》开始，到清朝末期，中国古籍已经达到汗牛充栋的地步。据自1992年至2009年历时17年终告完成，并于2011年、2012年出版的《中国古籍总目》所显示，中国古籍竟达到20多万种。

20多万种古籍，虽然因为各种原因，其间良莠相杂，甚至错谬百出，但毕竟涵盖了具有5000多年历史的、源远流长的中华文明，同时也将人间所有的道理以至于真理，或者说真理的核心和灵魂所在，囊括其中。

然而这些古籍，或者说这些古人的道理，绝大多数还躺在古籍堆里睡大觉而未能出版。即使出版了，也因为文言文确实难懂，而让绝大多数人不敢涉足；或者即使涉足了也未必完全理解。这是个很大的问题。

如此就回到了本文的主题：面对浩如烟海、博大精深的古籍，以及作为阅读工具的深奥难懂的文言文，我们怎样才能将其中所蕴涵的古人的各种道理“大白”于天下？

有人开始做起来了。

这个人就是徐剑先生，笔名一见，伟人孙中山先生家乡中山市的一位文史爱好者。

徐剑一直喜欢读史。借助于现代微信手段，他更在微信上设置专栏，将读史的体会以“指尖上的历史”发给朋友分享。2014年底，他将这些成果结集成书，出版了《不觉浅——指尖上的历史》，受到社会和市场热捧，在2015年8月的南国书香节还被推上了每月好书推荐榜。

从此，徐剑好像有点儿一发而不可收了。今年3月底，他将一部新的书稿《从司马光书房路过——〈资治通鉴〉中的繁花与冷雨》拿给我，嘱我写一个序言。《不觉浅——指尖上的历史》是33万字，而新的书稿竟也有近30万字，了不得！

字数多少其实并不重要，重要的是书的质量和影响力。

其实，早在民国初期，就已经有人做古籍的翻译工作了，也就是将文言文翻译成现代白话文；也早就有人将古籍的故事改写成白话文。这种做法很重要，也很需要。然而我们读起来，总觉得少了点什么。

徐剑正好补上了这一点。他以司马光的《资治通鉴》作为主线，将其中的“故事”用白话文讲述出来，然后串联起古代其他相类似的“故事”，再引申到现当代的“故事”。如此这般地营造出一条穿越时空的历史长河，时勾时沉，时叙时论，时庄时谐。其间，或者在每一篇的末尾，又附丽上极为严谨的哲理性结语，于是，尘封于千百年历史中的一个个古人的道理，就在徐剑的笔下活生生地“大白”于天下了。

《资治通鉴》是北宋司马光主编的一部多卷本编年体史书，共294卷，历时19年完成。主要以时间为纲，事件为目，从战国周威烈王二十三年（公元前403年）写起，到五代后周世宗显德六年（公元959年）征淮南停笔，涵盖16朝1362年的历史。

《资治通鉴》是中国第一部编年体通史，在中国官修史书中占有极重要的地位。在这部书里，编者总结出许多经验教训，供统治者借鉴。宋神宗认为此书“鉴于往事，有资于治道”，即以历史的得失作为鉴诫来加强统治，所以定名为《资治通鉴》。

《资治通鉴》的内容以政治、军事和民族关系为主，兼及经济、文化和历史人物评价，目的是通过对事关国家盛衰、民族兴亡的统治阶级政策的描写来警示后人。

《资治通鉴》的语言虽然没有司马迁的《史记》那么难懂，但毕竟还是文言文。能够将《资治通鉴》中的道理，用白话文、以故事的形式翻译和演绎出来，“大白”于天下，确实是一件很不容易的事情。

徐剑说他是“从司马光书房路过”，这是他的自谦。其实他到司马光书房里面逛了好长时间，而且是深入并探究到司马光的耿耿此心的。

鉴于我连司马光的书房门前也还没有好好路过一次，而且一见到文言文就老是犯头痛，因此我只能写了上面那些不着边、不靠谱的文字。而对于《从司马光书房路过——〈资治通鉴〉中的繁花与冷雨》本身，就不敢妄加评论了。

我只能说，《从司马光书房路过——〈资治通鉴〉中的繁花与冷雨》我是读得懂的，而且读完之后明白了许多古人的道理，还激发起我深读《资治通鉴》的兴趣。

因此，我郑重地推荐，《从司马光书房路过——〈资治通鉴〉中的繁花与冷雨》是一部谁都读得懂、读起来饶有趣味，而且一定会明白和学到一些古人的道理的书，确实很值得读者借此一书“路过”司马光的书房。当然，最好能进去好好逛一逛。

最后，我还要郑重地说，徐剑出于兴趣、出于担当，做了一件大好事，一件很有意义的事。作为一个非专业作家，不能不让我们深感敬佩。如果有更多的人一起来做类似的事情，该多好！其实，这应该上升为国家战略，列入国家的制度化安排，将中国最重要的名著名作、最重要的古籍，翻译介绍到国外去。

所以，推荐《从司马光书房路过——〈资治通鉴〉中的繁花与冷雨》给读者，只是一个小小的目的而已。通过介绍徐剑的做法，影响更多人一起这样来做，才是更大的目的。若能通过呼吁，使得这种做法上升到国家命题、国家战略、国家行为，那就将更具深远的历史意义、现实意义和战略意义了。

（作者为广东省作家协会副主席，中山市政协主席，著名诗人。代表作有诗歌《以生命的名义》、大型交响组歌《孙中山》、大型史诗《共和国之恋》、人文社科著作《思维洼地》等。）

序三

现实关怀和冷静思考

◎ 刘固盛

《资治通鉴》是北宋著名史学家、政治家司马光主编的一部多卷本编年体史书，在中国官修史书中占有极重要的地位。该书的记载以政治为主，兼及经济、文化、科技、军事等各个方面，史料价值很高。《资治通鉴》的编撰目的是要通过对事关国家盛衰、民族兴亡的历史叙述以警示后人，提供治理国家的经验教训。宋神宗认为此书“鉴于往事，有资于治道”。曾国藩评价道：“窃以先哲经世之书，莫善于司马文正公《资治通鉴》，其论古皆折衷至当，开拓心胸。”毛泽东自称曾17次批注《资治通鉴》，并评价说：“每读都获益匪浅，一部难得的好书。”

我在广东中山的朋友徐剑先生爱好文史，尤喜《资治通鉴》，平时用多个版本比照细读，沉潜反复，每有所得，写成札记。吉光片羽，弥足珍贵；才思迭展，褒然成帙。80余篇札记，内容十分丰富，其中有关为官和处世者最多，如何泽为民请命，辛公义关怀百姓，古弼忠慎质直，刘义季从善如流，白居易仗义执言，赵绰刚正不阿，姚崇忠于职守，宋璟善于机变，钟传仁智担当，崔沂坚守原则，裴行俭有“知人之鉴”，王珪有自知之明；又如赵苞的忠孝节义，孔霸的谦退自省，陶弘景的超然淡定，郭子仪的光明磊落。如此种种，读之或使人热血沸腾，或使人掩卷沉思，或使人悠然神会。作者对历史人物、事件的取舍分析，匠心独运，见识精微。

中国史学的一个优良传统是经世致用。如刘知几所言：“史之为用，其利甚博，乃生人之急务，为国家之要道。”顾炎武说：“引古筹今，亦吾儒经世之用。”本书所言，其意正在于以古喻今。无论身处政界还是企业，无论作为管理者抑或员工，无论身居高位或为平凡百姓，都可以从书中获得启示。运筹帷幄，以民为本，是治国之道；正心直行，恪守职责，是为官之道；从容淡泊，进退有度，是处世之道。本书文笔生动洗练，意旨蕴寓宏深。透过一个个真实鲜活的历史人物、一件件惊心动魄的历史事件，展现出作者强烈的现实关怀和冷静思考。作者的所思所见，直指人心。

感悟历史，启迪人生。徐剑先生已出版著作《不觉浅——指尖上的历史》，受到好评。我相信这本《从司马光书房路过——〈资治通鉴〉中的繁花与冷雨》，读者同样会喜欢的。是乐为之序。

（作者为华中师范大学历史文化学院教授，博士生导师，道家道教研究中心主任。代表著作《道教老学史》《老庄学文献及其思想研究》《宋元时期的老学与理学》等。）

目 录

1 金篇

2 被迫做了“陈世美”
8 李斯之劫
12 汉王让人喜，霸王让人忧
16 好大的胆子
25 打着灯笼找孝子
31 为什么是太监呢
35 孝武帝的嗜好
39 海底针
43 “大唐好人”
46 交什么样的朋友
49 史思明的宿命
54 一场“日食”惹来的杀身之祸
58 李世民的抱怨式自夸

61 木篇

62 “卿子冠军”
65 宫心计
68 贪吝的项羽
72 另类“牧民术”

76 张释之的脾气
81 欠农民工薪水的后果
84 白昼与日影
87 唐太宗的历史观
92 留什么给儿女
96 真假灵符
100 皇宫里的一亩三分地
103 小心眼曹丕
107 曹爽：愿做富家翁
111 权力的毒酒
115 宫女没白头
119 什么是最好的兵器
123 皇上的玩偶
129 “法在”与“法亡”
132 盐里的政治
136 唐宣宗的干部政策

141 水篇

142 隐士的难言之隐
150 造反的理由
158 家有贤妻
163 术士的“吉言”
169 裴行俭的知人之鉴
173 秦二世：朕很傻很天真
178 “小三”的座位
181 “隐身”秦始皇

184 大唐政坛的“愣头青”
187 冤死了王沐
190 家奴一拜值千金
195 张角的符水
198 眼前亏
204 郎中郑注
207 王毛仲的面子
212 钟传“打虎”
215 唐高宗的废后之争
219 路岩的“喉骨”
223 老舅你在哪
227 “武功爵”

233 火篇

234 不怕死的理由
238 茅焦的焦虑
242 苏不韦复仇
245 杨广的妒心
250 另一个“关羽”与“白卷英雄”
255 高级马屁术
259 可惜了谢灵运
262 祸从醉话出
267 女皇驯马“三板斧”
271 朱全忠不忠
279 “人杀”与“鬼杀”
283 挥起或放下你的鞭子

287 士篇

288 好大张“牛皮”
291 弦外之音
294 皇帝的耳目
299 陈平“盗嫂”
303 小人的杀伤力
311 唐太宗的“钓鱼式执法”
315 “兵家”崔履行
320 君臣之密
323 智者不惑郭子仪
329 张说的回答
333 官服的颜色
336 谥号：一个字，便是一生
341 超级忍者娄师德
344 天子做媒
350 历史细节中的赵匡胤
353 李陵投降后
356 主父偃与郭解
359 “救时宰相”与“伴食宰相”

364 跋 透过历史的门缝

金篇

金，代表的是义，性刚，情烈。属金之人刚毅果断，认真，热情，仗义且知廉耻。金太过则有勇无谋，刚愎自用；不及则刻薄内毒。

被迫做了“陈世美”

至少在隋唐之前，和官位一样，爵位也是世袭的。也就是说，拥有爵位的老爹百年之后，爵位可由儿子承继。如果儿子不止一个，原则上是老大接棒。但是，这种荣誉的移交与延续，往往伴生许多算计，乃至阴谋，其间不乏血雨腥风，家破人亡。

世事无绝对，也有死活不想继承这份“财产”的人，甚至不惜自污。我要说的这人，是汉宣帝时的大河都尉韦玄成。

韦玄成有位光荣的老爸，即扶阳侯韦贤。公元前62年，韦贤因病去世。他的爵位本应由长子韦弘继承，但恰好韦弘犯事，因罪被逮捕入狱，承袭爵位的资格自然被褫夺。怎么办？韦家上下颇为犯愁，他们生怕失去爵位，这关系到韦家的利益与荣耀。

经过多少次家庭会议后，韦家人终于想到一辙：假托韦贤生前发过话，另定了第二个儿子韦玄成为继承人。

到底由谁继承爵位，死者生前可以指定人选，朝廷对此是允许的。这有点像现在的遗嘱，同样具有法律效力。

韦家赶忙给朝廷申报，很快得到批准。一切似乎是水到渠成，但没想到韦玄成不干了！因为，他深知这并非父亲本意。如何是好？韦家上下都以热切的眼光看着你呐！韦玄成别无他选，只好以装疯来逃躲，整日躺在屎尿之中，胡言乱语，又哭又笑。

韦贤后事处理完毕，韦玄成本当立即继承扶阳侯爵位，但程序无法进行，因为他继续装疯卖傻，不肯应召前去袭爵。

朝廷中自然也不全是糊涂蛋，好端端的一个人，怎么说疯就疯了呢？待汉宣帝接到大鸿胪的奏报后，即命丞相、御史派人前往一探究竟。具体负责调查的人对此心知肚明，他写信给韦玄成说："古人辞让爵位，都著有文章，以表明自己的仁义，因此才流芳百世。而你却只是毁坏容貌，伪装疯癫，这只如微细的光亮，照不了多远，所能得到的名声会很小。我在相府充当一名执事小吏，地位卑下，但很希望能少听到外界对你的议论，否则，你恐怕会因清高而受到伤害，我呢，则不得不做检举你的小人。"

事情的真相逐渐传开，舆情汹汹，韦玄成面临欺君大罪。韦玄成有位叫章的老朋友，对韦玄成的道德品行自是十分了解。朋友章赶紧上书汉宣帝，说："圣王贵以礼让为国，宜优养玄成，勿枉其志，使得自安衡门之下。"皇上啊，您治国尊崇礼让行为，应当优待韦玄成，不必违背他的意志，使他得以安于清贫生活算了！

国有国法。丞相和御史对韦玄成装疯卖傻大为光火，马上联手上书弹劾。汉宣帝了解详情后，下诏命令马上停止参劾，但仍坚持要韦玄成承袭爵位。皇命难违。韦玄成迫不得已，只得奉旨袭爵。后来，汉宣帝有感于韦玄成的高风亮节，又不断提拔他，使韦玄成累迁做了河南太守。

因要躲避袭爵，韦玄成不惜自污，他采取的做法是否妥当，这可以探讨。也有人说，韦玄成的自污，是怕犯下欺君之罪。不论如何，至少他没有见利忘义、无所不用其极，这一点值得后人学习与体味。

韦玄成不愿袭爵，有人则坚决不肯做宰相。

汉元帝还是太子的时候，就跟着太中大夫孔霸学习《尚书》。孔霸系出名门，是孔子的第十三代孙。他的儿子孔光，是汉成帝朝的博士、尚书令。孔霸少有奇才，早年师从夏侯胜治《尚书》，颇有成就。西汉昭帝时征为博士。汉宣帝时以太中大夫授皇太子司经，迁詹事，后为高密王相。西汉元帝即位，拜太师，赐爵关内侯，封食邑800户。永光元年（公元前43年）加封为褒成君，加赐黄金200斤，住宅一套。皇恩浩荡，孔霸得以徙居长安。

孔霸为人谦让，经常对人说自己“禄位太过，无德受禄”。孔霸可不是随便一说，作作秀，他是很认真的。譬如说，汉元帝封孔霸为关内侯，兼给事中。君恩没完，汉元帝还想请他做丞相。一般的人，要是有这样的机会，或者听到有这样的风声，说不定会高兴得跳起来，约三五知己小酌一番，先小小地庆祝一下。

没想到的是，孔霸对皇上的美意拒绝了。《资治通鉴》说他“为人谦退，不好权势”。孔霸也常对他人说：“爵位泰过，何德以堪之！”如果爵位太高贵，我的品德和能力都不能胜任！

好吧，你觉得丞相位置太高贵，那就退而求其次，做个御史大夫如何？汉元帝近似恳求道，反正这个位置也已空缺很久了。但是，孔霸又坚决辞让了。有没有搞错，天下到底谁说了算？！这一次汉元帝不客气了，过了不久，他不再征询孔霸的意见，命令组织部门直接下文。拿着任命，孔霸又一次拒绝，疾步转入内室，不见使者了。如此几次下来，汉元帝明白孔霸是玩真的，才不再勉强，对他更是尊敬，且赏赐更加丰厚。

识人难，识己也不易。孔霸不想做丞相，甚至御史大夫，理由可能会很多，但他公开说出的理由是自己品德和能力不行。在利禄面前，敢自我否定，不容易！

还有人更不容易，拒做驸马爷。据说，公主还长得挺漂亮哦。

《铡美案》中的陈世美，为做驸马而忘恩负义、抛妻弃子，后被包公用“虎头铡”所斩。陈世美因此成为后世“负心人”的代名词。

做驸马可能是很多读书人的梦想，但也有例外，唐宣宗时的郑颢由于胳膊扭不过大腿，被迫做了“陈世美”，他没感到任何荣耀，反而为此郁闷了一辈子，怨恨了一辈子。

唐宣宗有个女儿，也即万寿公主。谁说皇帝的女儿不愁嫁呢，老大不小了，还没有个着落。尽管日理万机、国事繁剧，唐宣宗决定亲自出手过问女儿的终身大事，于是，下旨宣同平章事白敏中进宫，和他商量公主择婿之事。唉，家家都有本难念的经，没想到，皇上也有此等烦心事。食君之禄，忠君之事。白敏中心里头这样想着，口中回道：“放心，皇上，这事就交给微臣吧！”

皇上颔首赞许，白敏中领命而去……

虽说了一句“放心”，但白敏中心中可是没底。给皇上找女婿，不是比选航天员还难吗？高富帅不必说，还讲求门当户对喔。还好，功夫不负有心人，千选万拣，白敏中终于物色到一合适人选。

这个幸运的人是谁呢？新科状元郑颢！

能考上状元，当然是学富五车、才高八斗。不仅如此，郑颢还一表人才，玉树临风。

此等好事如果落到了你身上，肯定会高兴得跳起来了吧？何况万寿公主还是美人！赶快感谢祖坟冒的青烟吧。俗人一个！你看看人家郑颢，听说白敏中要为自己做媒，第一反应是坚决拒绝。推辞不过，便坐困愁城。

为什么？因为郑状元已心有所属。郑颢的心上人是卢氏，两人青梅竹马，且早已订了婚。俗话说得好，人生有四大幸事，曰：久旱逢甘霖，他乡遇故知，洞房花烛夜，金榜题名时。揭榜后，郑状元马上打点行装，准备返乡与心上人完婚。他这可是一人占了两喜啊！郑状元的意气风发与归心似箭，足以给人予无限的想象。

但是，白敏中粗暴地中断了郑状元的美好憧憬。

刚走到郑州时，郑状元就被宰相府中书门下的堂帖追回。然后，白敏中将小郑请到宰相府，要他和万寿公主成婚。郑颢一听，急了，赶紧道出实情：我有心上人了！白敏中一笑，劝道：她是谁，她又是谁？尽管利害说尽，郑状元还是不依，就是要娶他的小卢！

白敏中也急了，只好将唐宣宗搬出来。一番威逼利诱之后，郑状元不想株连三族，只好从了。只是在新婚之夜，尽管万寿公主使出浑身解数，郑状元仍然木讷得像个木偶人、机械人。万寿公主没辙，只好罢了，气呼呼独自睡去……

虽然做了驸马爷，但郑状元还是忘不了他的卢小姐，也忘不了白敏中。对她，是心有千千结；对他呢，除了恨还是恨，并把这恨化为行动，只要逮到机会，就在老丈人耳里上白敏中的眼药。

有次边界又犯事了，唐宣宗决定派白敏中前去全权处置。白敏中说，皇上，我去没问题，但是我有担忧啊！

说吧，我替你担着！唐宣宗看着白敏中大包大揽。白敏中答道，郑驸马不愿意娶公主，对我恨之入骨。我在中书门下政事堂掌政，他不能对我有什么奈何；如今我要出宫赴边镇，郑驸马必定趁机恶语中伤，这回我恐怕死定了！

听白敏中如此一说，唐宣宗微微一笑，命左右近侍抬出一个红柳木盒子，然后放在白敏中面前，打开看看吧！白敏中打开一看，呆住了！里面全是郑颢批评、诋毁自己的书信！

唐宣宗此举表明，朕是很信任你白敏中的，用他的话来说："朕若信之，岂任卿以至今日！"但唐宣宗为什么不惩罚郑驸马呢？想必唐宣宗心中也有愧，谁叫你棒打鸳鸯呢？！

白敏中是晚唐时期较有作为的宰相，尤其是在处理边患、处理与少数民族关系上卓有建树。就说这次赴边吧，在"三交谷"这个地方，一出手即击破党项族九千多帐，边境很快得以恢复安宁。

有人批评郑颢心胸过于狭窄，不从大局出发，固守个人情感小天地。要我说，倒是能理解郑颢的怨恨。空恨归期是无期，有情人终不能成眷属。这种心痛与无奈，岂是一顶"驸马"的桂冠能够消解？！

李斯之劫

好长一段时间了，郎中令赵高每到晚上，即便过了三更，仍是难以入睡。间中好不容易迷迷糊糊合了个眼，也常常被噩梦惊醒。赵高梦见秦始皇嬴政一骨碌从铺满咸鱼的棺椁中翻身而起，一把扯住他的衣领，指着他的鼻子骂娘，然后喝令左右将其推出去斩了。

总是惊吓得大汗涔涔，再也无法入睡。

自作自受啊！每每这个时候，赵高只好长叹一声，爬起来坐到床沿，点燃一支蜡烛。摇曳的光亮，尽管昏暗了些，但多少能驱散心中恐惧的阴霾。

有些事是无法忘却的，特别是自己亲手做过的坏事。公元前210年，秦始皇浩浩荡荡地第五次、也是最后一次东巡。没料到，这位豪气干云、誓将家族帝业进行到底的政治强人，在返至平原津时竟一病不起，走到沙丘时猝然病死，没能再次回到咸阳。老虎已然成为死猫。此时的赵高，终于可以不再卑躬屈膝，唯唯诺诺了。小腰板挺了起来。但他自知罪孽深重，生怕在嬴政死后遭到清算。一番绞尽脑汁之后，他想出了一招，对左丞相李斯诱以厚利，撺掇着他和自己联手伪造秦始皇的遗诏并逼死太子扶苏。扫除一切障碍后，两人又将自以为容易驾驭的胡亥送上了皇帝的宝座。

人在做，天在看。毕竟做贼心虚，回到咸阳后的赵高，看谁好像都不顺眼。朝中文武都是潜在的敌人，对这些人必须从肉体上加以消灭。于是，仗着胡亥的恩宠，赵高大肆诛杀。尽管如此，赵高还是不踏实，因为他不可能将所有朝廷命官杀绝。杀不尽，便有危险。他最担心的是，万一有大臣趁着面奏政务，偷偷与秦二世咬耳朵，自己的种种罪恶不就可能被皇上知悉了吗？那是要判腰斩的，说不定还要株连九族。想到这，赵高感到不寒而栗！

如何是好？瞪着铜铃般的大眼，望着黑漆漆的房顶，赵高赵太监又一夜未眠。同时心生一计：在秦二世胡亥与众大臣间筑道“防火墙”，将老板揣在自己的“口袋”里，这不就可以高枕无忧了吗？

第二天，赵高急急进宫。刚一见到胡亥，便“扑通”一声跪地，说：“天子要显得尊贵，只能让群臣听到他的声音，而不能让他们见到天子的容颜。”抬头瞟一眼胡亥，看到一缕赞许的目光，赵高似乎受到鼓舞，继续进言：“况且，陛下您还正年轻，不是每件事都那么熟悉、了解，坐在朝堂上听臣下奏报时，万一裁示或处置不当，不是在群臣面前露拙了吗？如此便不能向天下人显示圣明！”

嘴上无毛，办事不牢啊！胡亥听赵高一番胡诌，竟大喜过望。但他马上想到一个有关具体操作的问题，于是请教赵高道：“毕竟我贵为天子啊，天下事如何决断呢？”“这好办啊，皇上！您垂拱深居宫禁之中就好了，我会找一些熟悉法令规章的侍中到宫里来，和您一起研究处理大臣报上的奏折。这样奏折就不会批错，天下都会称道您的圣明。”多么公忠体国！胡亥频频点头。一旁的赵高心中窃喜，胡亥中彀了。

稻草说成了金条。毕竟还是孩子，很听话，胡亥自此“乃不坐朝廷见大臣，常居禁中”了。群臣要递折子或见圣上，都必须经过赵高这个“二传手”。结果呢？“赵高侍中用事，事皆决于赵高。”帝国的大事小事都由赵高决定。

赵高成功地将秦二世装入了自己“口袋”。蔽塞圣听，便裹挟着皇权，更是独享皇权。有了这份至高无上的权力，赵高便可为所欲为，诛杀异己，唯我独尊，从此无忧矣！胡亥呢？倒也乐得清闲，整日花天酒地，醉生梦死。

只是，胡亥这孩子还不知道，宫禁之外已是风雨飘摇。陈胜、吴广登高而呼，一呼百应。星星之火，正呈燎原之势。

曾经的战略合作伙伴李斯，虽有丞相之身，也难以一睹龙颜，见不到胡亥了。这一切，都是因为皇上被赵高“独享”。赵高对李斯的醋意与不满，当然是看在眼里。皇权岂可与他人分享？况且发生在沙丘上的那件事，也不能让第三者知道。哼，赵高萌生了杀意。

一天，偶遇李斯的赵高，主动走上前深深作揖后说：“关东地区盗贼蜂起，你身为丞相不给皇上进谏吗？”“想啊，可我要说的话传不进去，想要觐见，又没机会！”李斯悻悻地说。“这好办，我来安排，到时通知你。”赵高大方地答道。

不久，赵高果然通知李斯进宫觐见，但几次到了宫前，李斯仍没能如愿。原因何在？盖因赵高作局。每当胡亥与美女饮酒作乐昏天暗地时，赵高就凑上前来禀报，说丞相李斯有要事奏告。此时正在兴头上的胡亥，雅兴被不懂事的李斯生生打断，焉能不生气？传旨下去，不见！一连几次下来，非但李斯没见到秦二世，在赵高添油加醋的唆动下，胡亥反而一次次地累积起要将李斯腰斩的决心。

李斯乃干城之才，力助嬴政兼并六国，北逐胡人，改革文字，统一度量衡。但就像他这样高智商的人，竟也玩不转赵高。因为李斯是小人中的君子，而赵高却是小人中的小人！

不幸的是，历史老人也会打盹，就在这一支烟的工夫间，无意中给了小人许多机会。譬如赵高，他扶植了胡亥，又让胡亥心甘情愿钻入了自己的“口袋”，将主子玩弄于股掌之间，继而呼风唤雨、为所欲为。一幕幕悲剧，就这样在帝国的政治舞台上演了。

胡亥的憎恶，赵高的谗言，两相夹击，李斯终于活到头了。这是李斯个人的劫，也是大秦帝国的劫。

李斯走上刑场时，回头看了一眼同样五花大绑的儿子，凄然一笑后说道：“我想和你再牵着黄狗，一同出上蔡东门去追猎狡兔，看来再没机会了！”

痛哉斯言！

其实，李斯在说这话时，各地农民的抗争已是风起云涌，曾经庞大的大秦帝国也已经没了反转的机会。

汉王让人喜，霸王让人忧

楚汉相争，最终败的为什么是西楚霸王项羽？关于这个问题的争论与研究，史家给出的答案可谓汗牛充栋。其实也没那么复杂，老辣的司马光以近乎白描的寥寥数语，不露声色地给出了答案。

刘邦拔得头筹，先入关中。这年的十一月，他将各县的父老全部召来，对他们说："父老遭受秦朝严刑苛法的苦太久了，现将这些恶法统统废除。"他还与百姓当面"约法三章"，即杀人者死，伤人及盗抵罪。对秦朝故吏，刘邦是"案堵如故"，这一招等于给他们吃了颗定心丸。

这当然不够，刘邦又派遣秦朝故吏赴县乡镇宣讲新政。关中的老百姓自是欢喜异常，"争持牛、羊、酒食献飨军士"，百姓们牵牛赶羊，还带上美酒佳肴前来劳军。面对百姓的深情厚谊，刘邦婉言谢绝，并对父老乡亲说："仓粟多，非乏，不欲费民。"我军粮多得是，不劳大家破费了！

战争除了双方意志的比拼外，就是比拼粮草的消耗。与项羽已近四年的苦战，军粮多得是？刘邦你就吹吧。不过，这显然是好心式的吹牛，本意是不想再麻烦早已食不果腹的百姓了。刘邦真是高明啊。他这一番表态，大举俘获了民心。“民又益喜，唯恐沛公不为秦王。”老百姓现在担心的是，刘邦一去霸上而不回，不在关中称王。

让我们转头看看项羽这位老兄，他在哪儿？又干了些什么呢？

鸿门宴后的几天，项羽率兵西进，洗劫屠戮咸阳城，挥刀将业已投降的秦王子婴杀害。杀降者不祥。当初，刘邦可不这样做，“子婴系颈以组”，子婴放下武器前来投降刘邦时，诸将或言诛之，但刘邦没有接受，反而对子婴厚待有加。

不仅如此，项羽还有更大的破坏动作，“烧秦宫室，火三月不灭；收其货宝、妇女而东”。

美轮美奂的阿房宫被付之一炬，熊熊大火，连烧三个月而不灭啊。对于宫中的财宝和美女佳人，项羽悉数收为己用。然后，打一个响亮的饱嗝，立即掉头，策马东归。

“楚人一炬，可怜焦土。”秦地的百姓群众，对项羽这种大手笔式的败家子行为，大失所望，继而千夫所指。

两相比较，泾渭分明，也高低立判。在楚汉相争的天平里，民心的砝码，毫无悬念地往刘邦一边倾斜。

道理很简单。项羽从起事始，出身贵族的他，就自恃匹夫之勇，能作万人敌，根本看不上民众的力量。而刘邦恰恰相反，从基层摸爬滚打成为“汉王”的他，心里清楚百姓最渴望的是什么。

不过，刘邦也不是什么先知先觉，也曾小富即安。

公元206年，刘邦率兵西进，兵临咸阳城下，经一番浴血奋战，终将咸阳攻下。通衢大道、巍峨宫殿、林立商铺……在帝都的耳闻目睹，让刘邦这个乡下孩子的眼睛，仿佛一下子被亮瞎了。

好不容易睁开眼睛的刘邦，回过神来后的第一个反应，便是三步并作两步闯入皇宫。众将领则争先恐后奔往府库，抢夺、瓜分金帛财物。这个时候，在财富面前，只恨爹妈少生了双手和脚，不够使啊！

流连皇宫，打量着眼前梦寐以求的富丽堂皇和金碧辉煌，刘邦就像刘姥姥进大观园般，有点手足无措，步子有点迈不开，变得有些踉踉跄跄。左脚、右脚，该哪只先迈呢？刘邦懵了！不奇怪啊，宫室、帷帐、名种狗马、贵重宝器和宫女数以千计，这一切就摆在眼前，并且皆唾手可得。

梦耶？幻耶？

眼光流连着这一切，刘邦多少次反复问自己。难以相信，直到将自己的大腿掐得发紫，刘邦才再次确认并回到现实：这一切竟然都是真的！

是啊，当初裤腰带上别着脑袋造反，面对强大的大秦政权，该是一种什么样的义无反顾？期间又经历多少刀光剑影，九死一生？是不是该歇歇了？刘邦这样问着自己，眼光一边游离到那些垂手站立的宫女身上，然后便在这些一笑倾城、再笑倾国的风姿绰约上凝固了。

刘邦就近坐了下来，屁股间感觉到是如此的舒软。他把佩剑往地上一扔：老子不走了，今晚就在宫里住下了！

真没出息！看到刘邦这盘算，侍立一旁的樊哙急了。他规劝道："这些奢侈华丽之物，都是招致秦朝覆灭的东西，您要它们有什么用？恳望主公尽快返回霸上，不要在此滞留！"

刘邦斜乜了樊哙一眼，没搭理他。起身，走到一旁，用手把玩着各种流光溢彩的宝器，眼光则一刻也没从宫女身上离开。

口水都流到地上了，刘邦的猥琐样让樊哙"扑通"一声跪了下来，然后仰头大声直吼："沛公欲有天下耶，将为富家翁耶？"你要的是天下，还是只满足于做一个土豪金？！

仿佛是宫门之外爆出一记响雷，将踌躇不已的刘邦猛地唤醒。他突然转身，疾步走到樊哙面前，良久直直逼视着。然后，叹了一口气，俯身拾起佩剑，大步流星走出宫外，飞身上马，扬鞭而去……

是人都有物质欲，不同之处在于，你能否抵御诱惑并做出正确的选择。刘邦在樊哙的棒喝之后，选择的是未来，是整个天下。

在同样的时刻和场景，萧何的选择也让人难忘。就在众将士忙于抢劫财宝时，唯独他老兄视财宝如无物，率先急速入宫取走秦朝丞相府的地理图册、文书、户籍等档案资料。这种与众不同，体现了萧何作为谋士的卓越远见。

自称“西楚霸王”的项羽鼠目寸光，其识见远不如刘邦，何况萧何!

好大的胆子

“不识好歹”的何泽

五代十国时，后唐皇帝李存勖和历史上的许多帝王一样，喜欢打猎。他常常不顾政务繁忙，出宫跑到近郊驰骋一番。

近郊有山林，有湖泊，有田野，加上空气清新，是打猎的好去处。想象一下吧，在这天高地阔的背景下，李存勖纵马驰骋、弯弓射雕，好一番风景，好一番英雄气概啊！

当然，皇帝李存勖也不可能一个人去狩猎，在他的身后，跟着一拨浩浩荡荡的近臣，一同陪着皇上找乐子。到了郊外，这帮近臣为了抓到头彩，捉住猎物，好在主子面前显摆、立功，总是“春风得意马蹄疾”。一阵风驰电掣过后，遭殃的是脚下老百姓的庄稼！百姓们辛辛苦苦种下的庄稼，被铁蹄糟蹋得东歪西倒、毫无生气。

皇帝和他的随从固然是痛快无比，但对百姓而言，却无疑是一场劫难。

老百姓能说什么吗？又敢说什么呢？当然是噤若寒蝉，敢怒而不敢言。更严重的是，庄稼糟蹋了也就罢了，但到秋收后还得缴皇粮，且颗粒不能少。肚子都填不饱，拿什么缴租？！老百姓叫苦连天、怨声载道，洛阳令何泽实在看不下去了，心想必须有个辙，阻止皇上的疯狂。

说来也巧，数日后，宫中传出消息，皇帝李存勖手脚又痒痒了，准备出宫打猎。天赐良机，何泽想抓个现行，实施面谏。于是眉头一皱，计上心来。他决定在皇帝打猎必经的路旁，找一处灌木丛，悄悄地躲到里面，敛声静气，一心等待皇帝李存勖的到来。

来了，近了。透过灌木丛的缝隙，何泽看到李存勖率一众人马呼啸而来。当御驾近了躲避处，何泽瞅准时机，一个箭步跳将出来，一把拉住皇上的马缰。何泽的这般玩命之举，着实将李存勖吓了一跳。“有刺客！”一阵慌乱之后，侍卫们的刀剑齐刷刷地架到何泽的脖子上。惊魂未定的李存勖认出是洛阳令何泽，黑下脸来厉声责问拦马所为何事。

这安保工作是什么水平，真是漏洞百出！幸亏何泽不是刺客，只是说客。

面对大内高手的刀光闪闪，何泽倒也淡定。行过君臣之礼后，他进谏道：“陛下赋敛既急，今稼穑将成，复蹂践之，使吏何以为理，民何以为生！臣愿先赐死。”皇上李存勖一听，脸色瞬间臊得通红，但天子的威严要紧，遂佯装没有听见，俯下身子问一旁的侍卫：“这个不识好歹的人在说什么呢？”侍卫只好如实将洛阳令的回答再奏报一次：“还没到秋收季节，陛下您都要我们地方官抓紧征集农民的各种赋税。现在老百姓的庄稼就要收割了，却被您的马蹄践踏得不成样子！这让我们这些当官的怎样跟百姓说？百姓又怎样生活？如果皇上还要继续打猎，那就先赐死我吧！”

普天之下，莫非王土。老子打猎关你屁事？！皇上李存勖正待发作，但一转眼看见何泽一副大义凛然的样子，心头间突然涌动着热乎乎的东西，好像又想起了什么：毕竟还是为了我李家天下啊！于是下得马来，和颜悦色地对何泽说：好吧，听你的，我就不玩了，现在就回宫去！言毕，李存勖掉头而去，一群人也是赶紧尾随而去，只剩下何泽一个人孤零零地、笔直地站着。

上有所好，下必甚焉。历朝历代，许多臣子、特别是身边的近臣，绞尽脑汁捣鼓着法子，为皇上寻找娱乐项目，进而讨得皇上的欢心。这些人表面上是为一博龙颜大悦，实则是替自己渔利，说到底还是为了自己的加官晋爵。相比之下，何泽还真不容易，不但不主动为老板设计、安排点娱乐项目，还不顾小命对皇上的这点爱好横加阻拦，挺身而出为民请命，难得啊！当然，这皇帝李存勖也还算不错啦，能从谏如流，要是换了他人，早让何泽脑袋搬家。

哦，忘了作个交代，何泽是广州人。或许，长期远离皇权中心，古代岭南为官者，大都有点“执拗”劲，天不怕地不怕。比如，我们熟知的明朝的海瑞，和何泽一样，也是这副德性。

用文艺请命的元德秀

历史上，像何泽一样“硬颈”的官员很多。鲁山县令元德秀就不怕掉乌纱帽，敢在唐玄宗面前“露拙”，扫皇上的雅兴。

唐玄宗喜欢热闹，特别重视文化建设。五凤楼是大唐久负盛名的文化圣地。每年，唐玄宗都要帝国的文化部门在此举办一场大型的文艺汇演。有资格在这里一展风采的，大都是长安城周边三百里以内的各州县的文艺团体。每年这个时候，这些州县的刺史、县令，就会挑选本地最优秀的文艺人才，组成阵容强大的演出队伍，前来京城参与这场盛大的文艺party。之所以不惜耗费巨资，地方官无非有两个目的：一是取悦大唐天子，求个加官晋爵；二是借此展示地方实力，提高知名度。

与民同乐，歌颂太平盛世只是唐玄宗举办这场文艺演出的其中一个目的。别忘了，李隆基毕竟是一代明主。在一片莺歌燕舞之中，他还有另一个深谋远虑：考察干部，考察政风。

公元735年，一年一度的文艺演出又如期盛大上演。此时的五凤楼被装点一新，已是彩旗飘飘，万人攒动。李隆基端坐舞台前的特别的位置，全神贯注地欣赏各州县的拿手好戏。眼前正在上演的是怀州的节目，豪华的舞台上，但见“车载乐工数百，皆衣文绣，服箱之牛皆为虎豹犀象之状”。如梦如幻啊，豪华车上载着的数百名乐工，身穿绣花衣服，手之舞之，足之蹈之，连用来驾车的牛也都打扮成虎豹犀象的形状。

惊艳！怀州的非凡创意和大手笔，抢夺了帝都观众的眼球，雷鸣般的掌声、呐喊声响彻全场。怀州刺史兼领队面露得意之色，本次演出的一等奖舍我其谁？！可惜的是，得意忘形的他没有注意到唐玄宗的一脸凝重。

怀州的演出在一片欢呼中结束，下一个登场的是鲁山县的节目。哇，好寒酸哦！鲁山县令元德秀派出的队伍几乎无法成形，只有数名乐工；内容也很单调，几名乐工手拉着手演唱了一首自编自导、名为《于蒍》的歌曲。歌曲的内容不是歌功颂德、粉饰太平，哀婉的曲调里只有百姓稼穑的艰辛，歌声里还恳请圣贤之君怜恤民瘼。这是借歌舞之机，实为百姓请命啊！这不是用文艺反李唐吗？

观众凝神谛听。歌声停下后，现场一片寂静，空气也仿佛凝固了，在场的文武百官为鲁山县令捏了一把汗。

好在那时的唐玄宗还没有糊涂，演出结束后，他自语自言道："怀州之人，其涂炭乎！"对鲁山县的《于芀》则连连赞叹，称"乃贤人之言"。

唐玄宗为什么说怀州百姓要遭受苦难了呢？因为他们的父母官是好大喜功、喜欢讲排场之辈。为一场演出，极尽奢华之事，目的只是博取君王一乐，但这些巨额费用又从何来，还不是出在"羊"身上？！不久，唐玄宗将怀州刺史贬为散官。"性介洁质朴"的元德秀，因这一场演出，赢得了广大士大夫和百姓对他的钦佩。

元德秀莅事的鲁山县，政通人和，百姓安居乐业，一时成为大唐帝国社会善治的成功范本。

敢于说"不"的辛毗

敢于说"不"，是为官者的高贵品质，胸有民本情怀，敢于违逆龙鳞，这才是最大的忠诚。曹魏时期的辛毗就颇有胆识，和何泽、元德秀有同样的德性。

魏文帝曹丕坐天下没多久，就作出一个重大决定：将十万冀州籍士兵的家属，迁徙并充实到河南郡。

实事求是地说，曹丕这个决定有些过于操切。当时，天下苦于大旱，又闹蝗灾，百姓食不果腹，人为迁徙十万军属成本很大，多有扰民，况且还有可能扰乱冀州籍士兵的军心，万一激起兵变，后果不堪设想。因此，朝廷许多人士都认为这一决定有问题，反对之声鹊起。或许是因为初登皇位，曹丕对这些反对声音置若罔闻，且"帝意甚盛"，想必曹丕是不想因朝令夕改而损害自己作为天子的威仪。

朝中群臣还是想争取改变曹丕的决定，于是侍中辛毗和一帮朝廷大臣入宫晋见。曹丕知道来者不善，本不想安排这次君臣会，但又不好拂了众意，只好在殿里板起面孔等着。众臣一看曹皇上脸色不好，刚刚还群情激奋，突然间变得鸦雀无声，都不敢说话了。

死一般的沉寂，气氛静谧得有些瘆人。半晌之后，还是辛毗打破沉默，开门见山问道："陛下要迁徙士兵家属，理由是什么呢？"曹丕好像有一口气堵在喉咙间，心里有意不想搭理，但一抬头看见众臣期盼的眼神，不搭理辛毗，就是等于不搭理他们，于是只好反问一句："你认为我的决定不对吗？"辛毗回答道："确实不对！"

看着辛毗昂扬着头，好像要与人决斗的架势，曹丕心里很生气，便怒气冲冲地说："我不想和你讨论这件事。"皇上话已到此，作为部下的，也应见"不好"就收，但辛毗好像打了鸡血般充满斗志，仍不依不饶说道："陛下不认为我不成才，所以将我安排在陛下身边工作，作为咨询的官员，陛下怎么能不和我讨论呢？我的话并非对我个人有什么好处，而是为国家着想，有什么理由对我发脾气呢？"

真是个神经病！曹丕心里暗骂一声后猛地站起来，准备转身退入内宫。缺心眼的辛毗，见曹丕要开溜，马上从后面追了上去，并一把拉住曹丕的衣襟，不让曹丕迈开步子。成何体统，君臣之间如此拉拉扯扯！曹丕的脸色气成了酱色，怒不可遏的他一把拽过衣襟，挣脱之后快步闪进内宫。

好一个辛毗，威武啊！

事情到此还没完，曹丕躲开了，辛毗和众臣却没有散去，就这样静静地站在大殿里，等候曹丕给个说法。过了很久，曹丕又走了出来，指着辛毗说："辛某人，你把我逼得太急了！"辛毗一听，心里乐了，心想就怕皇上您不开腔！于是，他走上一步辩解道："迁徙民众，既失人心，又缺少粮食，所以我不得不力争。"君一言、臣一语，煞是热闹。这场君臣廷上之争最终打了个平手，"帝乃徙其半”。就是说，曹丕答应只迁徙五万人。

可以和皇帝争是非曲直，甚至可以扯住皇帝的衣襟。想想皇皇殿宇中发生的这一幕，令人不禁莞尔。虽不能至，心向往之啊。

辛毗似乎就是喜欢和曹丕拧着来。曹丕常出外射野鸡取乐，有一次满载而归，他忍不住得意地对随员说：“射雉乐哉！”一旁的辛毗听到后，马上递呈上一句：“这对陛下来说，的确是件高兴的事；对我们这些臣子，可是件辛苦事。”当然辛苦啊，安全保卫、猎场选择、交通保障等等，还有一件更头痛的事，还要千方百计确保皇上能顺利射中野鸡！

真不让人快活！曹丕一路无语。不过，他还算是个开明人，自此以后就很少出来打猎了。

辛毗也只有一个脑袋，他的屡屡忤逆圣意，我想这绝非是“出风头”、“作秀”，只是以这种方式表达自己对曹魏政权的忠诚罢了。

“笔头奴”古弼

《资治通鉴》记载了许多忠臣，但“笔头奴”古弼的敢作敢当尤令人难忘，值得后人“点赞”。

古弼何许人也？是北魏政权的侍中。司马光说他“忠慎质直”，也即忠厚谨慎、善良正直。当时当国的拓跋家族，在上谷开辟了一处皇家苑囿，占地相当宏阔，一马平川。有一次，古弼恰好路经此地，心里暗自想，这块地要是能让出来给老百姓种粮食该多好啊！

一般人也就想想，古弼却是知行合一，当晚回来后便大笔一挥，立马给拓跋焘写了道折子，建议将这个皇家苑囿拿出一半面积，赐给无地的贫苦百姓，一来耕者有地，二来国家还多少可收点租，一举两得。此议一出，朝臣瞠目结舌：这古弼不想活了？居然敢对皇家的私产指手画脚！

古弼顾不了那么多，拿着折子进宫晋见国主拓跋焘，打算面奏此事。进得宫来，但见拓跋焘正在与给事中刘树下围棋。因为专注于棋局，拓跋焘对古弼的到来丝毫没有注意，眼皮都没抬一下。古弼没插话的机会，只好暂时待在一旁凉快。一个时辰过去了，古弼仍然没有得到与拓跋焘讲话的机会，而下棋的双方战斗正酣，沉迷于黑白棋子间，意犹未尽。古弼见状，气不打一处来，突然跳将起来，一把揪住刘树的头发，把他拉下棋桌，接着又拉扯着他的耳朵，殴打他的后背，一边还斥责道："朝廷不治，实尔之罪！"朝政处理得不好，就是你刘树的罪过！

公然在皇上面前行凶？真是少见！拓跋焘一时懵了，看到古弼如此激动不免大惊失色。于是，命人将他俩劝开，又赶忙放下棋子，对古弼说道：刚才没能及时听你的奏请，是我的过错，与刘树无关。古弼怒气冲冲地放开刘树，正了正衣冠，行过君臣之礼后，将所请一五一十地说了出来。北魏政权里，拓跋焘算得上是位开明的君主，对古弼的建议"皆可其奏"，全部恩准了。

其实，刘树是代人受过，古弼最想打的是拓跋焘。国事荒芜，玩物丧志，一切的责任都在国主身上。话虽如此，但古弼岂敢下手？这个场合，刘树充当了最理想的冤大头。

官场上的古弼，就是这样有性格。

古弼常常违忤圣意。有一次，拓跋焘率一帮人马到河西狩猎，已提拔为尚书令的古弼则留守平城。打猎拼的是速度。拓跋焘下诏让古弼挑选一些肥壮的军马送给打猎骑兵，古弼满口答应了。当拓跋焘来到猎场时，看到骑兵骑的马匹全部老弱病残，蔫不拉唧，他肺都气炸了，顿时龙颜大怒道："'笔头奴'胆敢对我的诏令打折扣，待我回去后，先斩了这个狗奴才！"

古弼的脑袋长得很尖，拓跋焘经常把他的脑袋比作"笔尖"，不过以前是昵称，这次却是怒骂。消息传回宫里，古弼的部属都惶恐不安，生怕牵连到自己，古弼却好像没事一样，对众人安慰道："吾为人臣，不使人主盘于游畋，其罪小；不备不虞，乏军国之用，其罪大。今蠕蠕方强，南寇未灭，吾以肥马供军，弱马供猎，为国远虑，虽死何伤！且吾自为之，非诸君之忧也！"说得多有道理啊，四周强敌环伺，一旦战事起，没有良马供驱使，国家不是很危险吗？你们不用担心，所有的责任由我古弼一力担待。

皇上的耳目很多，古弼这番话传到了拓跋焘耳朵里，他不禁一声感喟："有臣如此，国之宝也！"嗨，把古弼视为国宝了。

拓跋焘喜欢打猎，古弼则喜欢和他拧着来，常常不给自己老板面子。有一天，拓跋焘又去北山打猎。这次收获甚多，捕获了几千头麋鹿。高兴之余，拓跋焘心里又犯开了嘀咕，几千头麋鹿怎样运回去呢？拓跋焘下诏让尚书令古弼派五百辆车前来运送猎物。拿着诏令的信使刚走，拓跋焘若有所思，然后对左右说道，你们还是自己搞定吧，"笔头公"这次肯定也不会给我这么多车的！果然，古弼在奏表中回答说，给不了陛下这么多车！现在正是秋收季节，粮食、桑麻、大豆等都要赶紧运送回仓，如果被大雨淋湿了，损失会很惨重。相比之下，运送麋鹿没那么重要。

拓跋焘真没面子，但他听后不愠不怒，还赞叹道："果如吾言，笔公可谓社稷之臣也！"

真的很佩服古弼，实为千古一忠臣！对人主的爱好，不但不投其所好，反而屡加阻拦，令人扫兴。古弼认定，自己乃天下苍生之"奴"，百姓才是自己真正的主人啊！

这些官场另类不嫌多，有了他们，帝国的政坛才更为色彩斑斓，当然也更能造就天下苍生之福。

打着灯笼找孝子

科举制度前，朝廷铨选人才，无非两途：一是世袭，也即门阀制度。通俗地讲，就是“龙生龙，凤生凤，老鼠生的孩子会打洞”。“王侯将相”这些国之神器，和房屋、田舍这些不动产一样，可由子孙世袭。二是“举孝廉”，由各级地方官举荐孝子。这种方法有点不靠谱，“二十四孝”中不乏自虐式的孝行，看后令人惊悚，引发心理不适。但不管怎样，“举孝廉”还是为生活在社会最底层的草根子弟提供了上升通道，社会阶层间由此能够上下流动，对稳定社会还是有所帮助。

孝治天下，有汉一代，尤为重视。公元前128年，汉武帝为此还大发脾气。

汉武帝的龙颜大怒是通过诏书表现出来的。他在诏告中说：“朕深诏执事，兴廉举孝，庶几成风，绍休圣绪。夫十室之邑，必有忠信，三人并行，厥有我师。”怎么说呢？汉武帝意思是，我对各级官吏寄予厚望，希望他们多发现并向朝廷举荐孝子。举荐孝子的目的呢，是想培育孝顺的社会风气，继承古代圣人的美德宏业。

天下之大，汉武帝深信十户人家的村落，必有忠信之士；三人走在一起，其中必定有可以做我老师的圣人。

由此看来，朝廷可谓是“求孝子若渴”。但实际情况又如何呢？汉武帝不满意、不高兴。有些郡竟然数年不能向朝廷举荐一个贤人，这说明什么呢？是“化而不下究”，就是政令教化贯彻不下去，美德善行的贤人君子，被阻塞、被壅蔽！

皇上说出这样的话，够严厉的。各级负有推荐孝子任务的官员听后，自是心惊肉跳。你知道吗？汉朝颁布、施行这条举孝廉的法令是下了巨大决心的，规定“进贤受上赏，蔽贤蒙显戮”。推荐贤人可以得到最高奖赏，壅蔽人才则要处以公开斩首。

找不到孝子，说明我治国无方。汉武帝余恨未消，当即着有关部门议处，要求“二千石不举者罪”。就是说，级别在二千石的官员，如果不向朝廷举荐人才，就要治罪。具体治什么罪，你们好好议一议，议好了，给我报个方案。

老板发火，就意味着最高效率。有关部门经通宵达旦、废寝忘食之后，很快就拿出了成果，并马上呈报汉武帝。汉武帝一看，大喜，御笔一挥：“同意。照此执行。”

有关部门制订的方案核心内容是：“不举孝，不奉诏，当以不敬论；不察廉，不胜任也，当免。”翻译一下是说，凡不举荐孝子的，属不遵守诏令，应处于“不敬”之罪；不察举廉吏的，就是不胜任职务，应就地罢免官职。

有人统计过，历朝历代，有汉一朝，产生最多孝子。做孝子不仅有好名声，还能做官，一举数得。那年头，全天下孝子孝孙，一个比一个狠，一个比一个有创意，什么卧冰求鲤、尝粪忧心、埋儿奉母，等等，一出出、一幕幕，轮番上演，其中还有不少人弄虚作假，以博名声。

万事皆有缘。汉武帝刘彻之所以重视“孝治”，是因为他接受了董仲舒“罢黜百家，独尊儒术”这一文化政策，而儒家讲求“孝”。刘彻的理论自觉，源于他对秦政权如此短命的深刻总结。“以孝治国”的理论以宗法制为基础，建立以血缘为纽带的一种权力组织框架。核心是“小孝”父母长辈，“大孝”君王国家。君君臣臣，君要臣死，臣不得不死……诸如此类，便是帝国统治者“私货”的极致发挥。

为了鼓励天下孝子，统治者还配套了一项奖励制度，即“举孝廉”。这项制度的设计不复杂，完全可以从字面上理解透彻。只要你是孝子，且做孝子做得有特色、有创意，那么，恭喜了，你很可能会被地方官推荐去做官。什么是孝子？怎样做孝子？统治者还不惜工本，编了本《二十四孝图》，集合了全天下的“孝子”方阵。到了朱元璋临朝时，他还令全国的孝子到处宣讲，现身说法，让全国人民学有榜样。不过，《二十四孝》里的有些孝子孝行，实在不敢学、不能学，就是想来也是令人毛骨悚然。

这里说的是《资治通鉴》中记载三国时王祥的一种行孝范式。且让我们来学一下，即使学不到他的全部，学点皮毛也行。

小时候，王祥母亲去世得早，他老爸“梅开二度”娶了继室朱氏。朱氏这女人凶悍无比，且蛇蝎心肠、刻薄寡恩，视王祥为眼中钉。虽然如此，王祥不怨不怒，反而对继母更加恭敬，侍奉至孝。

朱氏对王祥的虐待，连她亲生儿子王览也看不下去，每见到王祥被母亲鞭打，他就哭泣着抱住母亲，恳求鞭下留情；朱氏让王祥干超重的体力活，王览就主动和王祥同去，共同承担这些超出年龄的沉重。朱氏见此，为了亲儿子，只好减轻、减少给王祥的农活。

长大后，王祥娶妻生子，但朱氏依然狠毒，且将这份暴虐延伸到王祥的妻子身上，役使她干脏活、累活。每逢这个时候，王览妻子就会向老公学习，赶快跑去帮上嫂子一把。因为心疼自己的亲儿媳妇，朱氏还是有所顾忌，分派王祥妻的工作量也减少了很多。

因为事继母至孝，王祥在方圆百里内逐渐有了一些名声。王祥赢得的好名声，反衬了朱氏的坏名声。朱氏听说后，对王祥只有更加记恨，必欲置王祥于死地了。有一次吃饭时，她暗地里在酒里下毒，想毒死王祥。幸运的是，王览看穿了母亲的坏心思，赶忙跑去和哥哥抢酒杯。

长辈说什么就听从什么，给什么就吃什么，这些是入选孝子的基本条件。王祥自然死活不给弟弟王览，即便他知道是杯毒酒。朱氏见此僵持，生怕毒死自己的亲儿子，马上上前夺杯并故意将酒杯打碎在地。自此之后，母亲每次给哥哥吃东西，王览总要先尝一尝，因为有这道屏障，朱氏再也不敢给王祥下毒。

东汉末年天下大乱，王祥隐居了三十多年，拒绝州郡两级政府的招聘，留在家里以事继母。朱氏去世后，王祥“毁瘁，杖而后起”，哀伤得身心交瘁，拄着拐杖才能站起来。

王祥的孝心，引起朝廷的关注。徐州刺史吕虔学命他担任别驾，委任他管理州中事务，结果“州界清静，政化大行”，境内平静安定，政事教化顺利推行。当时有人写了首打油诗赞扬王祥：

海沂之康，实赖王祥；
邦国不空，别驾之功。

看来，王祥不仅是个大孝子，行政也有相当的能力。我坚信一点，孝心是成就大事的基础。很难想象，一个人不爱父母，不爱家人，他会爱别人、爱国家？！当然，对那种变态式的孝行，不要学！

相比于王祥，赵苞算不算孝子呢？

终于熬出头了！汉灵帝的一纸任命，让赵苞坐上了辽西郡太守的位子。镇守一方，可不是件容易的事。端坐在官廨中，他马上想到了一个人，也是他最想感谢的一个人，这就是自己的母亲。赵苞百感交集，没有她老人家的含辛茹苦，怎么会有儿子的今天呢？

公务稍作安顿后，尽管上任不久，赵苞还是决定派专人到老家甘陵，将母亲和妻儿接来一起生活，以享天伦之乐，承膝下之欢。接母亲的人出发也有一段日子了，想必她们很快就可以抵达辽西郡城。赵苞欢喜地掰着手指算着日子，憧憬着全家人团聚的温馨场景。

人算不如天算，赵苞没能等到这一天。

没想到，已近在咫尺，就在赵苞母亲、妻儿途经柳城时，突然遭遇上一万多鲜卑人的入侵。混乱中，赵苞母亲和妻儿被鲜卑人劫持，并用车载着她们作为人质来攻打辽西郡城。

与亲人以这种方式见面，对赵苞来说无疑是晴天霹雳。忍着万分悲痛，赵苞率两万骑兵布阵迎敌。两军对垒时，鲜卑人在阵前把坐在车上的赵母推出给赵苞看，意图很明显：要赵苞投降，至少也可动摇汉军的斗志。鲜卑人喊话道，如赵苞不从，将杀死他的母亲、妻儿。

赵苞悲从心头起，忍不住放声大哭。哀哭之后，他遥对母亲说："我这个儿子罪不可赦，本来打算用微薄的俸禄在您左右早晚供养，想不到反而为您招来大祸。过去我是您的儿子，现在我是朝廷的大臣。大义不能顾及私恩，自毁忠节。现只有拼死一战，否则没有别的办法来弥补我的罪过。"

听到孩子的哭腔，赵母淡然一笑，对儿子叮嘱道："我儿呀，各人生死有命，怎能为了顾及我而污损忠义？你应该放手去做。"多么深明大义的老太太！母亲的话音刚落，赵苞立即下令出击。赵母的从容与气度，也大大激励了汉军士气。一阵厮杀后，汉军风卷残云般，很快将鲜卑摧毁攻破。不幸的是，鲜卑人眼见不妙，残忍地将赵苞母亲、妻儿杀死。

亲人的惨死，让赵苞悲痛欲绝。在向朝廷奏凯的同时，赵苞请求允准护送母亲、妻儿的棺梓返回故乡安葬。收到赵苞的奏请，连一向是非曲直不分、忠奸善恶不辨的汉灵帝，对赵苞这份忠义也十分感动，颁令大力褒扬并封他为鄃侯。

回到故乡，赵苞含泪将母亲、妻儿安葬，然后召集众乡亲，含泪对他们说道："食禄而避难，非忠也；杀母以全义，非孝也。如是，有何面目立于天下！"言毕，大口吐血而死。

中国人讲究忠孝两全，但往往是"鱼与熊掌不可得兼"，赵苞在万难中作出的抉择，至今仍不失为中国人追求"家国情怀"最感动的注脚。

相比之下，赵苞的孝行更具超越性，是大孝！

为什么是太监呢

朋党之争、藩镇割据、宦官专权是压垮大唐王朝的最后三根稻草。

如果说李唐对朋党之争、藩镇割据的危害还始料不及的话，那么对宦官专权可能带来的灾难，则是一开始就心怀警惕。遗憾的是，尽管各种制度、规定板上钉钉、琳琅满目，却依旧是积祸于忽微，直至最后坍塌。后人念兹在兹的“贞观之治”、“开元盛世”终究是昙花一现，盛唐传奇未能走得更远。

唐太宗李世民不愧是一代明主。他对这些不男不女的宦官，心生厌恶，但为保“万世一脉”又不能不用。如何是好？于是，他命有关部门制定极为严格的规定，如“内侍省不置三品官，黄衣廪食，守门传命而已”。管理宦官的部门内侍省，不设三品官职，内侍也无非是身着黄色朝服，领取皇家发放的禄米，做着一些把守宫门、传达诏命之类的事情。

注意到了吗？Ta们的职责不过是“守门传命而已”！

这个传统延续到武则天时代。虽为一介女流，武则天很清醒，严格规定“宦官亦不用事”。宦官虽在权力中心的边缘，宦官也只不过是看客，与权力间有着一道巨大的鸿沟。

情况开始发生变化是在唐中宗时期。走上权力顶峰过程中的一路刀光剑影，让唐中宗心存阴影。坐在空荡荡的朝堂中，他对朝臣，乃至亲人，多有不信任，唯独对身边的近臣宠爱有加。这个群体不断膨胀，唐中宗当国不久，仅官秩七品以上的宦官就达一千多人。尽管如此，“衣绯者尚寡”，官位是给你了，但你还是不能干预朝政。当时，穿着绯色朝服的宦官还是不多见的。

改变从高力士开始。他把宝押对了！

唐玄宗还在王府时，高力士就预测到李隆基必拥有天下，于是“倾心奉之”，侍候得很好，十分熨帖。当李隆基刚刚被立为太子时，他做的第一件事，便是向唐睿宗打报告，要求任命宦官高力士为内给事。李隆基即位后，遭遇到的第一场政治危机，就是太平公主的谋反篡位。这个过程惊涛骇浪，应该说，唐玄宗能成功化解这场危机，高力士居功厥伟，特别是在诛杀公主党羽萧至忠、岑羲的过程中，表现了过人的胆识与精明。

也正是因为这一机遇，政变尘埃落定后，高力士便飞快蹿升至右监门将军。此头一开，祸水如洪水冲闸而出。不多久，宫中的宦官就增至三千余人，被任命为三品将军的人也越来越多，穿红、紫朝服的达一千多人，宦官势力渐成大唐政坛的“巨无霸”。

人数不是问题，品秩也不是问题。但一班身体残缺、心理扭曲的不男不女的人进入权力中心，那就是问题，而且是大问题。

宦官之害，宋代文坛领袖欧阳修曾作《宦者传论》予以抨击。历朝历代的开国君王对此也抱有万分警惕，如朱元璋，曾专门铸铁柱，上书“内臣干预政事者斩！”但之后的继任者大都视之如无物。有明一朝，宦官可谓是巨奸辈出，尾大不掉，刘谨、王振、魏忠贤……Ta们造成的祸害尤烈，罄竹难书啊！

什么原因呢？或可从人性中找出一条：皇帝们都喜欢奴才，因为在皇帝眼里，只有这些奴才最听话，最贴心。

太监虽是皇上的香饽饽，但在民间名声一直很臭。在唐懿宗时代，士大夫甚至对宦官十分憎恶并耻与为伍。如果谁敢与宦官接触、交往，就可能会遭到士人的集体唾弃。

建州有一位进士，名叫叶京。没取得功名之前，他曾参加过一次宴会，觥筹交错间，认识了一个宦官监军。碰了碰杯，寒暄了数句，本以为只不过是萍水相逢，曲终人散之后，人海茫茫，各走各路，或此生不再相见。

几年后，叶京进京赶考，“既而及第”，中榜进士。

当时，读书人有个雅好，榜上有名后，常相约结伴外出郊游，一来释放一下多年备考带来的压力；二来面对秀美景致，青春放歌，吟诗作赋，一展才情。

这些幸运儿登科后的喜悦，以及同游的场面，从唐代诗人孟郊的一首作品中隐隐可见：

昔日龌龊不足夸，今朝放荡思无涯。
春风得意马蹄疾，一日看尽长安花。

是的，中榜后的叶京也正享受着这份惬意与喜悦。

无巧不成书，世界真的很小。就在骑马外出游览的路上，叶京恰与当年遇到的那位宦官监军碰了个正着，异地且又是他乡故人相见，彼此还是透着几分惊喜。出于礼貌，叶京赶忙在马上抱拳作揖，那宦官监军见状，也深深施以还礼。

叶京此时正专注于与监军的寒暄，没能留意到同游的士人，向他投来的鄙夷目光……

就这一简单的礼节性问候，叶京万万没想到，后果很严重，竟让他身败名裂，并为此付出了惨痛的代价。

待与监军告别后，叶京转身策马，想重新回到队伍，但吃惊的是，同游的士人早已绝尘而去，扔下孤零零的一个他。

回到城后的情况更为糟糕，叶京遭遇到的是“谤议喧然”，各种毁谤、非议纷至沓来。叶京无法解释，也没人听他的解释。昔日的同窗好友，纷纷与他断交。从此，叶京再也抬不起头，不见容于士林，当然，更无法出来做官。

唐懿宗在位时骄奢无度，淫乐不改，致宦官专政、民生凋敝。虽如此，士大夫仍能整体保持某种节气，这实在是不容易。想想明朝末年大阉人魏忠贤专权时，天下多少有权的读书人为夤缘一附，不惜削尖脑袋。更有甚者，为达到往上爬的目的，或为虎作伥，或认贼作父，无耻地为魏阉广造生祠。癸丑科进士崔呈秀，见魏阉“直呼为亲父”，成为当时读书人堕落的标本。

就因为这一场浅交而将叶京逐出官场，似乎有些小题大做，况且宦官中也未必全是奸人巨恶。但士林中存有的这种集体知耻，让后人在读史时发出一声叹息外，还是感受到了一种道德力量。

孝武帝的嗜好

北魏时刘宋政权的孝武帝喜欢给大臣起绰号。在他当国时，朝中大臣， 自太宰刘义恭以降，没有一个能够幸免。面对孝武帝所赐的绰号，众大臣虽倍感侮辱，但不敢怒更不敢言。

金紫光禄大夫王玄谟，老家在北方，孝武帝因此给他起的绰号是“老伧”。什么意思呢？“北方佬”！仆射刘秀之，则被称作“老悭”，意为“老抠门”。颜师伯虽是孝武帝的宠臣，但也不能幸免，而且得到的绰号更土鳖，叫“齴”，是“大板牙”的意思。重臣如此，对于其他大臣，孝武帝更是随意，根据他们高矮胖瘦等身材特点，大量批发绰号。

黄门侍郎宗灵秀身体肥胖，除了得到赐予的绰号外，孝武帝还特别喜欢整蛊他。因为肥胖，宗灵秀每次叩拜后起身非常不方便，偏偏这个时候，孝武帝故意不断地赏赐给他东西。接收一次赏赐，就要不断地“谢主隆恩”。看到他反反复复、跌跌撞撞地谢恩的样子，孝武帝“以为欢笑”，乐不可支。宗灵秀呢？手里拿着赏赐，尽管已是气喘吁吁，还得强装欢颜……

孝武帝很宠爱一个“昆仑奴”。他经常命令“昆仑奴”拿着棍棒殴击朝中文武。真是悲催，自尚书令柳元景以下，都挨过这厮的重重杖打，一个也没能少！

在这样的皇帝手下做事，岂不倒霉透顶？但这不算最坏，相比于吏部郎江智渊的结局，挨上一顿打，算是无比幸运。

孝武帝非常喜欢宴请饮酒，酒过三巡之后，便命令臣属彼此之间相互嘲讽、攻击。每看到这种群臣间的唇枪舌剑、你来我往，孝武帝就会手舞足蹈，乐得只见牙齿不见眼睛。江智渊这人平时较为安恬、文雅，但他的言行多有不合孝武帝心意。有一次，孝武帝让江智渊传令，要大臣王僧朗出一个游戏，用以嘲弄、整蛊自己的儿子王彧。站在一旁的江智渊觉得这样不妥，对孝武帝直言劝谏：“恐不宜有此戏！”孝武帝不但不接受，反而勃然大怒，说道：“江僧安真是个大傻瓜，傻瓜同情傻瓜。”江僧安是江智渊的父亲，孝武帝这句话同时骂了江氏父子。侮辱自己也就算了，听见孝武帝还这样侮辱自己的父亲，江智渊听罢顿时“伏席流涕”。自此，孝武帝对他越来越疏远。

江智渊却对孝武帝这一变化毫无察觉，依然用恪尽职守来表达对孝武帝的忠诚。殷贵妃是孝武帝的宠妃，可惜红颜薄命，年纪轻轻就告别了人世。殷贵妃的香消玉殒让孝武帝悲伤欲绝，为减轻孝武帝的哀痛，江智渊提议追谥殷贵妃为“怀贵妃”，意即皇上怀念的妃子。有一天，孝武帝和众大臣骑马来到殷贵妃的坟墓前，孝武帝举起鞭子，指着墓前的石柱，对江智渊呵斥道：“什么怀贵妃？！这上面绝不能有个‘怀’字，这不是刺激朕吗？你安的是什么心？！”

好心被当成了驴肝肺。一听到这番训斥，江智渊心存恐惧，后来竟忧郁成疾……天意从来高难问，与这些昏君相伴，忠诚反而可能成为忠臣的墓志铭。

孝武帝乱给臣属起外号，拓跋晃呢？喜欢做“包工头”。

北魏国主拓跋焘想得明白，这天下迟早都是儿子的，因此他将国家事务交给太子拓跋晃打理，自己则早早就过上半退休的生活，躲一边静享清福，乐得清闲。

可惜，拓跋晃是猪脑子，没能理解老爸的良苦用心，怠于政事，像那些无良的包工头一样，将国家大事层层发包。小包工头又是谁呢？拓跋晃的左右近侍。国家大小事务全由这些权力泼皮打理，弄得一片乌烟瘴气。拓跋晃自己又干什么去了呢？没闲着，《资治通鉴》中说他“又营园田，收其利”。用现在的话来说，就是私下里经营农庄。做皇帝不上心，但拓跋晃颇有经营头脑。他把农庄分成若干块，分别租赁给农户，然后“收其利”，也即收取农民的利润。拓跋晃追逐利益的最大化，还亲自在农庄里养了许多鸡鸭狗。鸡鸭狗养大后，拓跋晃安排专人“至酤贩市廛”，将劳动产品运到市场上设摊贩卖，做上生意了。

好吧，能自食其力，也不算坏事，挣点小钱为拓跋晃的一项业余爱好。但权力的小爱好做得过头了，容易成为民生大问题。每当拓跋晃的人在市场摆摊设点时，必须封锁清场，只许他独家专营，这意味着其他小商小贩不能进来摆卖。这是一出臭招，不是明摆着与升斗小民争利吗？许多小老百姓由此断了财路，这可关系到他们的一日三餐啊。

果然，“谤声流布，不可追掩”，拓跋晃的欺行霸市惹来一片骂声。市场管理部门千方百计为他掩口，怕骂声传到拓跋晃耳里。唉，骂声有什么用呢？小商小贩至多是敢怒但不敢言，即便拓跋晃听到了骂声，也不可能改变他逐利的执著。当然，还有一种可能，久在宫禁中的他，未必能听到这些骂声和不满。

有人实在看不下去了，侍郎高允就专门进宫劝谏，对拓跋晃说："天地因为不存私心，所以能覆盖、承载万物；帝王因为没有私心，所以能够宽容养育百姓。如今殿下您是国家的储君，是国家上上下下作为典范的人。国家是殿下您个人的国家，富裕得拥有四海，要什么会没有？现在却沦为与市井小民一道争逐蝇头之利！臣斗胆建议您将所占有的田地庄园，分别赏给下边的贫苦百姓。如果能这样做，您的美好声誉将会一天天增多起来，各种诽谤也会离您而去。"拓跋晃冷冷地看着高允，一言不发。好久才回了一句："你会把家里的东西分给那些穷棒子吗？"

听闻此言，高允一声长叹，摇着脑袋走出宫门……

拓跋晃身边不乏小人，其中的中常侍宗爱，为人阴险，恃宠犯奸。他的许多不法行为被拓跋晃的心腹仇尼道盛、任平城所掌握，宗爱对此胆战心惊，生怕他们俩会对自己进行检举告发。小人自有小人的智慧，宗爱采用蚂蚁搬家式的先下手为强，只要有机会就不断在北魏国主耳里进仇尼道盛、任平城的谗言。北魏国主耳根子浅，听多了，也就信了。后来因为一件小事，惹怒了国主，拓跋焘令人把拓跋晃的两位亲信仇尼道盛、任平城绑到街市上斩首示众，太子宫的很多官员也因此受到牵连被斩首。

无力、也没有智慧保护自己的心腹，拓跋晃自己也受惊不小，竟"以忧卒"，吓死了。唉，作为储君的拓跋晃分不清孰轻孰重。既为储君，本当好好学习积累治国理政的经验，却剑走偏锋，一门心思经营一点私产，赚点蝇头小利。稍遇政治风浪，又束手无策，只会"垂泪对宫娥"。如此格局，即使继承了皇位，也未必是天下人之福，还是爱干嘛干嘛去吧！

海底针

北中郎将卢植十分悍勇，亲率汉军多次挫败张角，曾一次斩杀和俘虏黄巾军万余人，终于挡住了黄巾军的如水潮涌。起事以来，张角还是第一次如此受挫，沮丧之余情知不能再与卢植硬碰，于是退踞广宗县城，打算休整一番后卷土重来，择机再与卢植决一死战。

战场上角逐的就是双方的彼此算计。张角暂时刀枪入库，来一个以逸待劳，小九九是拨得好，但他没料到卢植会来个釜底抽薪。卢植安排重兵，将广宗城里三层、外三层团团围住，然后马不停蹄动员军士、民夫连夜修筑长墙，挖掘壕沟，彻底断绝城内外的交通。这样下来，广宗城成为了一座孤岛。与此同时，卢植找来了大量的工匠，实行“三班倒”，连轴转加紧制造攻城所需的云梯。面对敌军的兵临城下，张角不知从哪来的自信，听侦察员的报告后，只回一句："知道了！"

这边厢，卢植准备就绪，攻打广宗城指日可待。

就在这个时候，卢植的军营来了一个不该来的人——宦官小黄门左丰。你千万别小看了左丰，他虽仅是一个宦官，却是一个可以通天的人物，是汉灵帝最宠幸、信任的贴身宦官。

按理说，战事如此吃紧，一个宦官跑来凑什么热闹？原来是代表汉灵帝前来劳军。不过，前来劳军是假，更多的目的是来督军、监军，说明白点，是来监督卢植，看他打仗是否卖力。看来，帝国的老板不那么信任卢植啊。

东汉末年，宦官已成帝国的政治毒瘤，他们的黑手触及帝国的方方面面。帝国的统治者尤其喜欢把他们安插军中，作为自己的"顺风耳"、"千里眼"，可惜这些宦官不争气，往往成事不足，败事有余，或以钦差自居，瞎乱指挥军队；或公然索贿，欲壑难填。如果目的没有达到，便利用身份的特殊、便捷，动辄到皇上那儿打你小报告，说闲话，进谗言，或者干脆给你穿小鞋，总之够你喝上一壶。许多前线将士为此吃尽苦头，苦不堪言。

这不，左丰来了，不祥之物！

多少血与泪的教训啊！手下人纷纷劝卢植也按"潜规则"贿赂左丰，以减少不必要的麻烦。卢植是谁？是位有血性的军人，对此建议不屑一顾。

卢植的不流于俗果然带来大麻烦。一根毛都没捞到的左丰，悻悻然离开军营。回到洛阳后，他越想越生气，我左丰是谁啊，敢不给面子？！好吧，别怪我不客气。赶紧进宫去，和老板汉灵帝说说你卢植的事。

你看左丰这小人是怎样上卢植眼药的：皇上啊，其实龟缩在广宗城的贼寇是很容易荡平的！那为什么久拖不决啊？汉灵帝不解地问道。还不是因为卢植吗？他只是让军队躲在营垒里休息，闭门不战。照这样下去，看来只有等到上天惩罚张角，才能取得最后胜利了！

唉！说到这里，左丰还长长叹息一声。

你瞧瞧，说的都是些什么？添油加醋，指鹿为马。脑残的汉灵帝听罢大怒，不问青红皂白，马上下诏将卢植撤职，并用囚车押解到洛阳，还判了个“减死一等”，只是比死罪轻一等的惩罚。

怎么样，小人的力量大吧？封建官场上的“逆淘汰”，劣币驱逐良币，小人总是可以用最合理的方法，取得伤害君子的最大效果。

人生要平安，但愿不要遇到小人，祈祷吧！

但是，人生路上很难绕过小人，谓予不信，看看渤海王刘悝的郁闷吧！

刘悝原本过着要风得风、要雨得雨的日子，后因一件小事忤逆圣意，被汉桓帝贬降为瘿陶王。

人是很奇怪的动物，由苦到甘易，由奢入俭难，对那些已习惯于钟鸣鼎食的官宦人家尤是如此。固有的生活水平和方式，如果稍有降低或改变，就会惶惶然不知所措。

刘悝就是这种人。

非常不甘于被贬谪的生活，刘悝做梦都想回到原来渤海王的封国。有想法，就会有办法，刘悝想到了走高层路线。他把请托的希望放在中常侍王甫身上，希望通过王甫说服汉桓帝，进而实现自己的愿望。他找到王甫并表示，如果达到目的，愿为此支付五千钱作为酬谢。

王甫说，小事一桩。不久，刘悝果然如愿以偿，但这不是王甫的功劳。

原来汉桓帝在驾崩之前，知道自己时日无多，其言也善，在遗诏里，命令有关部门抓紧恢复刘悝原来的封国。这一切，刘悝不知道究竟，还以为是王甫的助力。他大喜过望，准备兑现诺言，送钱到王府。恰好这个时候，有位权威人士、也是知情人士告诉他，恢复他的封国，与王甫一毛关系都没有，他还来不及和汉桓帝说项，老板就驾鹤西去了。

哦，原来如此。于是，刘悝决定省下这笔钱，不再前去王甫处打点，并且很快把这事抛在脑后，忘了！

不怕贼偷，就怕贼惦记。刘悝忘了，但王甫还念着这五千钱呐。久等不来，王甫先失望后愤怒。想玩我？叫你刘悝好看！王甫心里狠狠骂道。

报复计划开始，王甫决定从中常侍郑飒身上打开缺口。

郑飒是刘悝的老友，彼此亲密无间，常有往来。封建社会，皇帝是信不过任何人的，包括自己的父亲母亲、兄弟姐妹。因此，皇帝对朝廷命官与王侯间的来往颇为忌惮。王甫派人暗中对郑飒与刘悝的来往进行跟踪，并详细记录在案。如某年某月，两人在哪里见面，在哪里吃饭，有谁作陪等，很快记满了厚厚一本子。

待时机成熟，王甫将这些证据交给司隶校尉段颎。段颎完全听命于王甫，找了个“莫须有”的罪名，将郑飒收监。

王甫是小人，且是智商很高的小人，他明白这样做还不足以彻底扳倒刘悝，便又唆使尚书令廉忠上书朝廷，诬奏“飒等谋迎立悝，大逆不道”。检举郑飒等人阴谋迎立渤海王刘悝当皇帝，这可是大罪啊！

欲加其罪，何患无辞。没想到，只会胡吃海喝的新主汉灵帝竟然信了，即命冀州刺史逮捕刘悝，就地审问核实，还没搞清楚就责令刘悝自杀。而且殃及池鱼，刘悝的妃妾十一人、子女七十人、歌舞伎女二十四人，全部收监并死于狱中。渤海封国的太傅、宰相以下官吏，全部伏诛。王甫呢？这回可是立了大功！他和他的十一位小兄弟被汉灵帝一并封为列侯。只能怪自己遇人不淑，刘悝为了五千钱和王甫结了“梁子”。君子可以包容小人，而小人绝对容不下君子，何况是小人间的对对碰呢？！

小人心，海底针。血的教训啊！

“大唐好人”

男女间吃醋，有时就像“茶杯里的风波”，动静大，但影响有限。因权力引发的醋意则不同，有可能引发一场海啸，导致死伤无数，哀鸿遍野。

李林甫是个喜欢吃醋的政客，而且还是个天才，除了留下个“口蜜腹剑”的成语外，他还留下许多“见人人话，见鬼鬼话”的长袖善舞，尤其能最终从背后猛击一掌，将他人彻底打倒在地，这类经典案例非常值得后来者注意和研究。

自从得到唐玄宗信任出任宰相那天起，李林甫就开始担心被人取代。这也正常，封建专制下的权力更替，大都取决于当权者的心情，而心情往往是靠不住的。每天上朝时，他都是以鹰隼般的眼睛扫视朝中文武，一旦看出某种苗头，也就是说，如果有人因才能在己之上，并可能会受到唐玄宗的宠信重用，李林甫必定会以雷霆万钧之势予以清除，不过他的出手还是春风化雨、润物无声式的——所有的可都是为了你好。

有一次，唐玄宗在勤政楼垂帘观看乐舞。兵部侍郎卢绚以为皇上已经离开，于是提鞭按辔，蹑手蹑脚从楼下穿过。老卢这人风度清雅，深得士林敬重。唐玄宗目送着他远去的身影，禁不住感叹卢绚含蓄不露的风度。没想到，皇上的这一感叹让李林甫知道了。他怎么会知道呢？原来他把唐玄宗身边的人搞定了，唐玄宗的一举一动，李林甫都能及时接到线报，因而了如指掌。

听到唐玄宗对卢绚如此评价，李林甫吃醋了。这是一位潜在的对手！于是，李林甫把卢绚的儿子找来，装着一片好心对小卢说道："小伙子，令尊素有名望，现在交州、广州需要有才能的人去治理，皇上想让你老爸去，不知令尊愿不愿去呢？"卢公子一听急呀，赶紧说："不能去啊，这两地山长水远，乃烟瘴之地，他老人家身体吃不消的！"不去？不去可是要降职的喔！一听李宰相的恫吓，小卢赶紧问道：那该咋办啊？看到鱼儿上了钩，李林甫心中大喜，然后故作神秘但又装着好心说，我给你指条路吧，但不能告诉别人啊，我还真看你爹是贤才的份上才支招的，其他人我才懒得理呢！小卢恨不得立马叩头谢恩，于是眼巴巴地望着宰相。看到火候到了，李林甫抖开包袱，叫你爸主动提出愿以太子宾客或詹事的身份到东都任官。

尚蒙在鼓里的卢绚还以为遇到了贵人，恨不得马上照办。第二天上朝即向唐玄宗奏请，没想到，唐玄宗竟然恩准了！但是，李林甫还是不放心，又找了个理由，把卢绚贬为华州刺史。刚到任没几天，又诬说卢绚有病，不理州事，唐玄宗只好下旨给他安了个闲职，任他为詹事、员外同正。

绛州刺史严挺之也曾遭到李林甫这样的暗算。

在一次述职后，严挺之给唐玄宗留下了深刻的印象。退朝后，唐玄宗随意说了一句："严挺之此人可以重用！"一旁的李林甫听后又是醋海翻波，感到了某种危机。如出一辙，李林甫将严挺之的弟弟严损之找来，对他吹风说：皇上十分器重你的哥哥，为何不乘此机会奏请皇上，说自己得了风疾，请求回京师治病呢？

信息之所以有价值，是因为不对称。如获至宝的严损之，赶紧回家告诉哥哥，严挺之决定听从李林甫的好意。李林甫见状抿嘴一笑，转头对唐玄宗进言道，严挺之衰老中风，还是安排他做个散官好（无实际职务），这样便于他治病养身。实际上，此时的唐玄宗正准备下令升严挺之的职务，听李林甫这样一说，大叹一声可惜，只好任了他一个詹事，闲职！

可怕吧，假如你摊上李林甫这样的领导或者同侪，被卖了还可能帮他数钱，甚至死了都还不知咋回事！李林甫们背后下刀之所以屡屡得手，除了个人品性之外，还因为他位居帝国权力中心，掌握到两头的信息。当事的另一方，却因信息的不对称，不得不吃尽了苦头……

交什么样的朋友

人生在世，总要有三五知己。快乐时，一同分享；遭遇苦难时，借肩膀分担。交什么样的朋友？如何交友？“万世师表”孔子，尽管一生颠沛流离，还是抽出宝贵时间对这一问题进行思考。在薄薄的《论语》中，记载了他这方面的许多言行，最耳熟能详的是这句：“无友不如己者。”

我非常同意老夫子的观点。“朋友”除了满足情感上的需要外，本质上应是一面镜子。借朋友这面镜子，照出自己的缺点与不足。如果你同意这种功能认定，那么，所交的朋友应在道德情操、学识见闻方面都要有超己之处。我想，这也应是孔子最直观的表达。当下，物欲横流，交友也变了味道，所持的唯一标尺，就是对我的升官发财有何可资利用。这大抵只能算是酒肉朋友，往往过河拆桥，利尽而散，甚至翻脸不认人。想必，孔夫子也会唾弃这种人。

如何交友，朋友间如何相处是个难题，考验你的眼光与处世能力。南北朝时刘宋政权的将军刘湛就为此绞尽脑汁，并且不惜一次次做了小人。

刘湛和仆射殷景仁一向私交很好，被人誉为“同穿一条裤子”的死党。刘湛之所以能够入朝做官，实际上还得感谢殷景仁，这是他多次向宋文帝推荐的结果。

本应心怀感激，但刘湛如愿以偿到朝廷任职后，心中却很快就感到愤愤不平，老朋友殷景仁的职位为什么比我高呢？自己的能力一点也不比他差啊！刘湛确实有才能，工作开展得大刀阔斧，并很快就得到宋文帝的宠信，他和老朋友殷景仁一道成为皇上的左膀右臂。宋文帝对他们俩进行分工，殷景仁负责内部事务，说白了就是保障宋文帝的吃喝拉撒；刘湛呢？负责处理公文。一里一外，都很重要。但刘湛对这样的工作分工感到有压力，你说老朋友天天围着皇上转，会不会找机会说我的坏话、进谗言呢？这样想多了，久而久之，刘湛对老朋友殷景仁暗生了猜忌之心，然后急迫想更进一步将老朋友废掉！

想想容易，做起来难。因为殷景仁深得宋文帝的信任，是皇上须臾不可离的股肱之臣。刘湛深知，要扳倒老朋友单靠自己的力量几无可能。于是他想到了外援。当时，宋文帝的弟弟、司徒刘义康掌握着朝中大权。刘湛和刘义康有段渊源，刘湛曾担任刘义康的上佐。刘湛以此为敲门砖，对刘义康尽力巴结、攀附，试图借刘义康之手，影响、改变皇上的喜爱，罢黜殷景仁，然后自己独得专宠，进而独揽朝政。小算盘打得不错。

有年夏季，宋文帝加授殷景仁中书令、中护军官职，有了这份头衔，对殷景仁来说意味着什么呢？他从此可以享受在私宅办公的权利，这算是很大的恩宠。宋文帝也没忘了刘湛，加授他为太子詹事。各有所得，两全其美啊！但刘湛心里还是不痛快，对老朋友更加恼怒，恼怒的增加不断加快他的破坏步伐，他多番怂恿刘义康在宋文帝面前上殷景仁的眼药，大加诋毁。

没有不透风的墙，老朋友的恶行传到了殷景仁耳中，他很难过，对亲朋旧友叹息道：“引之令入，入便噬人！”把他引荐入朝为官，却像疯狗一样到处咬人。算了，眼不见为净，不与他同朝为官了。于是，殷景仁多次以生病为由，要辞职返乡，但宋文帝不批准，只是让他在家安心养病。

宋文帝对老朋友的宠爱有加，又再次引爆了刘湛的妒忌之心。他想干脆来个“一不做、二不休”，欲将殷景仁置于死地。想了很久，他向刘义康出了一个恶计，趁殷景仁外出时，派人假扮强盗将其杀掉。刘义康说这样不好吧，万一让哥哥知道了，恐死罪难免啊。刘湛不依不饶，对刘义康撺鼓道，即使皇上知道了真相，也可以找个理由解释，皇上总不致因一个外人而伤害手足之情。幸运的是，在他们动手前，宋文帝无意间获知了这一阴谋，把殷景仁的宅子搬到皇宫附近，并委派重兵加以保护。

一计不成，刘湛又不断施以一些下三滥的手段，对老朋友频下绊子，如指使党羽、幕僚“潜相约勒”，即不准别人登殷景仁的府门。彭城王府主簿刘敬文的父亲刘成，不知内情，一天来到殷景仁家请求担任郡守。刘敬文知道后，赶紧拜见刘湛并谢罪说：“我父亲是老糊涂了，竟到殷景仁家求职。都怪我愚蠢浅薄，辜负大恩，我们全家惭愧恐惧，无地自容。”

刘湛与殷景仁最后的结局如何，司马光先生在《资治通鉴》中没再作记载，我想双方的友谊肯定是破裂了。不过，我觉得结局如何已不重要，仅读这一片段，其中的沉重已值得后人反复咀嚼了。

史思明的宿命

史思明是安禄山的造反“拍档”，经一番蛰伏后粉墨登场，两人联手上演了一出惊天动地的历史大戏。持续七年之久的“安史之乱”，自一开始，便意味着“开元盛世”神话的终结。就始作俑者而言，这也是安、史从此坠入万劫不复的第一步。

安禄山自不必说，且看史思明一门的结局。

《资治通鉴》中说，史思明此人“猜忍好杀”，部下稍有不如他的意，便动辄诛杀三族，导致手下人人自危，朝不保夕。

虽是亲生的，大儿子史朝义却没有遗传到他爸的猜忌和残忍，滥杀无辜、草菅人命。这孩子善良多了，谦恭谨慎，爱兵如命，将士们多归心于他。

就这样一个好儿子，却得不到史思明的宠爱。为什么呢？因为次子史朝清在老爸的心中更有分量。

嗯，看来史思明也是一个俗人，一个俗父亲。中国式父亲很奇怪，大都宠爱小儿子，也即老幺，即便他不成器。个中原因，值得多加研究。

史思明对小儿子的宠爱可不是体现在多分了点家产上，而是在造反的生死关头，史思明赋予了老二绝对的信任——让史朝清镇守老巢范阳。除此之外，他还寻思干脆杀掉老大史朝义，再立小儿子史朝清为太子。关于这一点，史思明从不忌讳，多个场合吹风，致“左右颇泄其谋”。连身边的人，都知道了他心中的小九九。

造反前期，史思明非常顺利，一路攻城拔寨，所向披靡，真是“要风得风，要雨得雨”，这不，转眼间又将大唐名将李光弼击败，乘胜西进入关。长安啊，长安，你很快就会成为我胜利狂欢盛宴中的一道菜。

上阵父子兵。毕竟是父子，史思明还是想给史朝义一个机会。长安就在前头，老大，你率兵作为前锋进发吧，你从北道上去，先拿下陕城，老子我则亲率大军自南道进攻，到时咱爷俩在长安会师。

好一盘棋！可惜，天不假人。

史朝义率军刚刚到达礓子岭，就遭到大唐将领卫伯玉的顽强抵抗，史朝义组织了几次进攻，均被卫伯玉打败。北道进军受阻，南道出兵也不顺利，史思明只好退守永宁。史思明对自己的军事计划不能实现颇感郁闷，于是把责任迁怒到大儿子身上，对左右说道：“终不足成吾事！”想按军法斩杀史朝义及诸位将领。

师出有名，杀人也需要理由。没几天，史思明又命令大儿子史朝义修筑三隅城，用以贮存军粮，限期一天之内修成。这不是坑人吗？但又有什么更好的选择呢？史朝义只好率部挑灯奋战。“白加黑”地连轴转，总算将工程做得七七八八，只还差最后一道工序：抹泥。就在这个时候，史思明策马前来检查，见到工程仍没完工，气得破口大骂史朝义，接着又命令随从骑在马上监督抹泥。剩下的工程收尾，史朝义三两下将它完成了，但史思明仍不满意，说要等到攻克陕州后，再算账，威胁要将史朝义杀掉。

你想想，史朝义听到这样的话，还有心思干活吗？“朝义忧惧，不知所为”，被老爸吓得有些神情恍惚了。

史思明从工地回来便就近住在鹿桥驿，晚上由心腹曹将军守值。史朝义也在附近的招待所住宿，他的部将骆悦、蔡文景对史朝义说：“我们与您已死到临头了！自古以来就有废立君王之事，请您召见曹将军，共商大事。”意思是说，要拉拢曹将军共同反爹。毕竟是自己的老爸，有违人伦啊！明白过来的史朝义低着头，一言不发。骆悦等人又说道：“假如您不允许的话，我们今天就归附朝廷，那么您也就完了。”听到这样一说，史朝义吓得六神无主，哭着说，诸位妥善处理这事，但千万不要惊吓到我父亲！

什么叫妥善处理，实际上是默许对父亲史思明动手。于是，骆悦等人命令许叔冀的儿子许季常去召见曹将军，曹将军来到后，将计划告诉了他。曹将军心里清楚，如果不答应将会当场死得很难看，哪敢说半个“不”字？当天傍晚，骆悦等人率领史朝义的三百名士兵，全副武装来到驿站。值班的卫兵感到奇怪，但又惧怕曹将军，不敢问，更不敢动手阻拦。骆悦带兵闯入史思明卧室。说来也真巧，正好史思明上厕所去了，骆悦只好问他的卫兵，还没等到回答，就咔嚓杀了好几个人，吓呆的其他亲兵只好指出了史思明的去向。

正在出恭的史思明感觉到情况有变，一个鲤鱼打滚逾墙来到马厩，随手牵了匹马逃跑。这当口，被骆悦的侍从周子俊发现了，赶紧搭弓射箭，一箭射中了他的手臂，史思明应声坠落马下。于是，老史束手就擒。

五花大绑的史思明，面对眼前一张张熟悉的脸孔，胆气又得到了恢复。他声色俱厉地问道：“乱者为谁？”骆悦答话说：“奉怀王史朝义的命令。”毕竟是聪明人，史思明一听就明白了其中的因果："早上我说话失言。应该得到这样的下场。但是这样杀我太早了，为何不等到攻下长安呢！如今不能成就大业了。"

言毕，双眼一闭，仰天一叹！

骆悦将史思明押送到柳泉驿囚禁，然后回去向史朝义复命："大事已经完成。"史朝义一听，第一句话是："没有惊吓到我父亲吧？"骆悦答道："没有。"当时，周挚、许叔冀率领后军驻扎在福昌，骆悦派遣许季常前去通告此事，一听之下，周挚惊倒在地。史朝义率领军队回来，周挚、许季常出来迎接，骆悦劝史朝义拿下周挚并将他杀掉。军队到达柳泉，骆悦害怕众心不一，于是勒杀了史思明，毡毯裹尸，用骆驼运回洛阳。

一代枭雄史思明，以如此不堪的方式结束了自己的帝王梦，儿子史朝义由此得以提前接班。不久，史朝义将年号改为"显圣"，又秘密派遣散骑常侍张通儒等人赶到范阳，将弟弟史朝清及其生母辛氏杀掉，另有数十名不肯归附自己的人，也被一一诛杀。史思明的死去，使叛军内部乱了套，彼此不服，相互攻击。直至在城中火拼了数个月，死掉数千人，范阳才得以安定。

在这一过程中，折腾得最起劲的当是骆悦。其实也可以理解，他不这样捣鼓、撺掇，肯定会先死在史思明的手里。

假设一下，如果不是史朝义先下手，史思明会对大儿子下手吗？回答这个问题之前，想到一个故事。

某地有个村子，村民大多以盗墓为生。干这样的缺德事，有分工也有协作，一个人很难完成，需要一两个帮手。这种组合模式有三种：朋友、兄弟和父子。前两者的合作模式都不可靠。盗墓时，需要一人先下到数米深的墓地盗挖，另外的人在上面接应。大功告成后，站在墓地上面的人往往难抵诱惑，常常抱着珠宝独自而去，将财宝独吞了，有的甚至推入巨石将下面的伙伴砸死，这个时候管不了下面的是朋友还是兄弟。

那么，父子模式应该可靠吧。未必，关键看是谁在上面。有些儿子在上面拿到财宝时，也可以扔下老父不管。只有这种方式最安全：儿子下坑，父亲在上面接应。真符合人性，因为再爱财的父亲，也不至于丢下儿子不管。没人送终，金玉满堂又如何？

由此观之，史思明并不想真正杀掉大儿子史朝义，只是像小时候，孩子做事不认真，不听话，便吓唬上两句，否则，史思明有大把的机会，何须要等到攻克长安才杀掉大儿子？只是大儿子史朝义当真了，特别是他的部下当真了！

从中可以看出，史思明确实不是成就大事的人，连自己的亲生儿子都笼络不住，遑论其他？活该！

一场“日食”惹来的杀身之祸

人要倒霉，喝凉水都塞牙。

杨恽就因为一场日食，被人深文周纳、罗织构陷，惹来杀身之祸。说得更清楚些，是被自己的马夫上书检举控告，处以腰斩，还牵累了妻儿和朋友。

杨恽可不是一般人，标准的高干子弟，老父杨敞曾任朝廷丞相，自己呢，“有材能，少显朝廷”，才华卓著，年纪轻轻，就在朝廷中崭露头角。木秀于林，风必摧之。后来，因为受到别人暗地里的语言中伤，竟遭到汉宣帝的罢黜，回家做了个寓公。

如此也就罢了，既然皇上对你有意见，回家好好反省就是。年轻人嘛，往后还会有大把翻身的机会。其实，汉宣帝见他年轻气盛，本来也就是想杀杀他的锋芒，毕竟人才难得，以后找机会还要用他。可惜的是，杨恽没有理解透老板的苦心，失掉爵位之后，

“家居治产业，以财自娱”，广置产业，大肆以炫富的方式进行自我娱乐。

安定太守孙会宗，也是杨恽的铁哥们。这老兄目光如炬，看到了哥们杨恽如此挥霍张扬背后隐藏着的危险，觉得杨恽被皇上罢黜后，理应在家诚惶诚恐地闭门思过，以示可怜之意，而你老兄现在倒好，到处买田购地，广交天下英雄，如此这般，你想干嘛？不忍眼见朋友坠入万劫不复，孙会宗赶忙写信来劝，叫老朋友夹起尾巴做人，收敛些，低调些。

读罢来信，又激起了杨恽蛰伏的怒火，于是恨恨地回信道：我经过反思，知道自己罪过无边，所以带着老婆孩子躲到乡间，不就是想默默无闻地做名农夫，了却此生吗？唉，我这样做都不行吗？还要受到别人的讥评！我得罪皇上已经三年，田间劳作甚苦，每当三伏、腊月，煮羊杀羔，配上美酒一斗，自我犒劳，乘着酒兴，仰面朝天，敲击着瓦盆，放声高歌，就算是荒淫无度，又有什么不可呢？我碍着谁了呢？

恨意未了，信的最末，杨恽还赋诗一首，以明心迹：

田彼南山，
芜秽不治；
种一顷豆，
落而为萁。
人生行乐耳，
须富贵何时！

流淌在字里行间的是牢骚与愤懑。看到叔叔杨恽如此颓废，侄子安平侯杨谭宽慰道：叔叔的罪不大，又曾于国有功，将来还会被任用。不说也罢，杨恽听后更是不满。他愤然答道：有功有什么用！没必要为皇上尽力了！杨谭见叔叔如此不高兴，也就随口附和；也是啊，司隶校尉盖宽饶、左冯翊韩延寿都是尽力国事的大臣，还不是被皇上找个借口杀了。

正巧这晚出现了日食，杨恽有一个名叫“成”的马夫，觉得升官发财的机会来了，于是上书控告杨恽，说：“恽骄奢，不悔过。日食之咎，此人所致。”真是欲加之罪，何患无辞！天上出现的日食，跟杨恽可有一毛钱的关系？

不幸的是，汉宣帝故意当真了，立着廷尉调查处理。看了上交搜来的信件后，汉宣帝笑了，即判杨恽大逆不道之罪，腰斩；妻、儿放逐酒泉郡；杨谭被贬为平民；孙会宗等一帮老友被罢职免官。

“日食”只是借口。明眼人都知道汉宣帝早有杀杨恽之心，只是杨恽自恃才华且有功社稷，看不到步步逼来的杀机。封建专制之下，有时才华不是你晋升的资本，反而是你走向万劫不复的开始。

才华，在权力面前算得了什么？多少人因才华而死！

传统社会的读书人，大都像杨恽那样有个毛病，忍不住恃才傲物，轻易看不上人。三岁就“能让梨”的孔融，“小时了了，大未必佳”，也患此病不浅，最终脑袋搬家，还连累了老婆孩子。

《资治通鉴》上载：“融恃其才望，数戏侮曹操。”怎么说呢？孔融仗着八斗才高，以及在士林中的人望，一逮到机会就戏弄、甚至嘲笑曹阿瞒。曹操志存高远，是想做大事的人，做大事自然需要有知识分子的支持。本想发作的曹操，每念及此，也就没有与孔融计较，忍了！

可惜的是，孔融没有读懂曹操。面对曹操的一忍再忍，孔融没觉察到危险，有所收敛，反而顺竿子往上爬，看到曹操不吭声，愈发张狂，更在稠人广坐间随便评骘时事，臧否人物，对曹操实施的政策也是屡番极尽调侃之能事，其中不乏刻薄、恶毒之语。久而久之，曹操萌生了必欲除之而后快的念头。

老板眉头一皱，自然会有人去揣摩。与孔融早有矛盾的郗虑就读出了曹操的杀机。因为祢衡曾称孔融是“仲尼（孔子）不死”，孔融则回敬祢衡乃“颜回复生”，这本是文人雅士间玩笑式的吹捧，但郗虑借此大做文章，巧构罪名，曹操也就顺势以蔑视名教、大逆不道的“莫须有”之罪，将孔融处以极刑，并且传令，任何人不得为他收尸，违者格杀勿论。曹操此番出手太狠，被同时送上刑场的，还有孔融的老婆以及两个年幼的儿子。

孔融最终走到这一步，他的好友、京兆人脂习早就预料到了。之前，作为老友的他多次对孔融予以规劝，警示他“刚直太过，必罹世患”。很遗憾，孔融没能好好听老友的话。

孔融被杀后，曝尸街头。慑于曹操的淫威，没人敢去收殓。只有脂习，这个昔日的老朋友义无反顾地来到刑场，一边抚摸着孔融已经僵硬、冰冷的遗体，一边放声大哭道：“文举舍我死，吾何用生为！”孔融你弃我而去，我活着还有什么用？！脂习悲痛欲绝，如丧考妣。

消息传到曹操耳后，他勃然大怒，竟敢跟我作对？你有几个脑壳？盛怒之下的曹操，马上令人赶往现场逮捕脂习，关入大牢，并准备送脂习上路，以遂其所愿，到下面去好好陪伴老友孔融。

脂习敢走这一步，必定是早已将生死置之度外。但是，很奇怪，曹操并没有将他处死，而是将他关押几天之后，想了想，传令下去，赦免了脂习。

Why？什么原因？司马光老先生没给出答案。窃以为，不管是王公贵族，还是贩夫走卒，都不是“独孤不败”，也需要情感的支持与慰藉，特别是在遭遇人生大难的时候。脂习对友谊的坚守与忠诚，恰恰一举击中了曹操厚重铠甲之下的柔软。

李世民的抱怨式自夸

得意时，人都容易翘尾巴。只是没想到，一代明主唐太宗也不能免俗，因此还被人敲打了一下。

国库殷实，万邦来朝，李世民谱就了一阙让后世传唱且经久不衰的“贞观长歌”。如此盛世繁华，他有一百个理由君临天下、笑傲江湖。作为天下之主，最重要的是什么？王闿运的“帝王学”认为是必须稳重，具体而微就是一言一行、一笑一颦，都不可有丁点儿的失态。说得也是，重重宫禁，讲究的就是神秘与肃穆。

言行中的细节，往往是一个人的内心使然，也折射出一个人的精神世界。有些所谓的“大师”，就是通过细节的观察、把握，千方百计寻找你的蛛丝马迹，并由此破译你的人生密码。即使再怎么装，总有些东西会在不经意间渗透出来。

这一天，李世民照例早朝。公事谈完后，李世民没让众大臣退下，而是留下他们闲聊。君臣间的谈话没有固定的主题，东拉西扯，大到内政外交，小到家长里短，其乐融融。很快，一个时辰过去了，就要结束这段轻松的聊天式谈话时，唐太宗似有意无意间轻叹一句："朕为人主，常兼将相之事。"我虽是万民之主，唉，却也经常要兼做本是武将文相所应承担的工作。这句抱怨听来很耳熟，客家话中有句异曲同工的："虽已做了婆婆，却还常操儿媳妇的心！"嗯，意思很相近。

众臣一听这话，僵在那儿了，不知如何回答。大伙不太明白，皇上这话是批评属下尸位素餐么？误会唐太宗了，他与其说是抱怨，还不如说是自夸或自我表扬。潜台词无非是天下虽"武将如云，文臣如雨"，但都须臾离不开我。天下之事，悠悠万口，还得靠我呐。朕虽身处一室，却负全天下之重呐！

领导开腔，下属附和。左右听罢，沉默之后便纷纷作答，或曰"臣等无才，不能为皇上分忧"；或曰"皇上圣明，千古奇才。臣实愚钝，恨不能及万分之一二"；或曰"皇上日理万机，当注意休息，以保重龙体"，如此等等。

皇上如此一说，咱们也就如此一答，这事也就算是过去了，何况是皇上的自我表扬呢！但这个世界上就是不乏"打破沙锅问到底"的人，不过也真怕这类人，因为执著，这个人还被写进了历史。

此人大名叫张行成，时任给事中。当时，站在一旁的他，听了李世民这自夸式的抱怨，心中付之一哂，低头不语。退朝回家后即洋洋洒洒写了个上千字的折子，上奏唐太宗，说："禹不矜伐而天下莫与之争。陛下拨乱反正，群臣诚不足望清光，然不必临朝言之。以万乘之尊，乃与群臣校功争能，臣窃为陛下不取。"

话说得很出格，哪像作为臣属当说的话！仿如在大庭广众之下被人扒下了裤头，代之以温情脉脉面纱的，是一个男人的全部私处。

皇上您羞不羞啊，以天子之尊荣和群臣争功比能？是的，您做了很多开创性的工作，我们都看在眼里、记在心中，但还要您亲口说出来吗？上古时候的大禹却不这样做的，他从不自大自夸，他也从不和天下人争过功争过能！

似“匕首”，似“投枪”，读罢张行成的折子，李世民可是“日落西山红霞飞”，脸红一阵紧一阵了！冷静下来，他不愠不怒，反而对张行成“甚善之”。

窃以为，李世民是非常幸福的，理由之一就是有这样敢于给自己上眼药的臣属。通过这些“人镜”，不断给自己正正衣冠，红红脸，出出汗，让自己藏在厚实衣袖中的“小”能及时灭了，借外力修正自己可能偏离的人生航道，成就“大”者。

张行成呢？则更是满满的幸福，直言上司的不足，不但没掉脑袋，反更得到善待。职场中，有些领导听不得任何反对意见，揽功诿过。若稍有差池，则迁怒于他人。在这种领导的眼里，下属只不过是他的出气筒、垫脚石而已！

木篇

木，代表的是仁，性直，情和。属木之人温良博爱，积极上进，慷慨，公正。木太过则是非不分，胆大包天；不及则褊狭吝啬，自私不公。

“卿子冠军”

被项梁、项羽叔侄拥立的楚怀王，突然对一名叫宋义的人有了浓厚的兴趣。

首次听到宋义的名字，是由于齐国使者高陵君显的力荐。“大王，此君实乃高人啊，要拿下大秦天下，必先得到此公！”高陵君显对楚怀王恳切说道。

高陵君显何以对宋义如此充满信心呢？且听道来。几天前，楚怀王令时为武信君的项梁领兵，与强秦拼抢某一关隘。项梁率军出发时，派宋义出使，路上遇到去见项梁的高陵君显，宋义对高陵君显悄悄说道：“项军此次出征必败！”高陵君显将信将疑，拭目以待吧！没过几天，消息传回，项梁果然大败。

高陵君显对宋义的洞若观火，深为折服。于是进宫拜见楚怀王时，高陵君显提起了这件事，并说：“军队尚未出征，便预见到了败亡的征兆，宋义肯定是位谙熟兵法的人！”

楚怀王求贤若渴，听高陵君显如此一说，马上宣召宋义。经过一番深谈，楚怀王对宋义“大说之”，喜欢得不得了，马上任命宋义为上将军。各路部队由宋义统领，时人称他为“卿子冠军”。“卿子”何意？是褒尊之辞，相当于现在所说的公子；“冠军”者，上将也。

其他的人事任命，楚怀王也做了胸有成竹的安排：项羽为次将，范增是末将。看得出，宋义的地位很高啊！

宋义上任后的首次出征是和项羽领兵援救赵国。此时，赵国正处在水深火热之中。秦军张开着血盆大口，欲一口将其吞下。

救援大军行至安阳时停了下来，这一停就是四十六天。项羽有点纳闷，更有些着急，赶紧跑去与宋义理论，说：“秦军围困赵军，形势危急，应速渡黄河，与赵军内外夹攻，秦军一定败亡！”宋义不听，并轻蔑说道：“错！我们要拍的是足上的大虻虫，而不是牛毛中的小虮虱。现在最好让秦、赵两军相斗，到时我们尽可渔翁得利！”

项羽还想说什么，宋义摆手制止并继续说：“老弟呀，披坚执锐，冲锋陷阵，我不如你；但运筹帷幄，决胜千里，你则不如我啊！”说罢，下令不服从指挥者一律处斩！

你大爷，刮我耳光？！项羽恨不得利剑出鞘，将宋义一刀结果，但还是忍下了。但杀宋义之心却自此埋下。后来因宋义的私心，果然给了项羽最好的机会。

一朝权在手，便把令来使。虽然战事吃紧，宋义还是决定先把家事处理一下。举贤不避亲，他安排儿子宋襄去齐地为相，并亲自把儿子送到无盐县，还大摆宴席招待各路贺客。

当时天气寒冷，士兵饥寒交迫。项羽对宋义实在顶不顺，对部属说：“将戮力而攻秦，久留不行。今岁饥民贫，士卒食半菽，军无见粮，乃饮酒高会……今不恤士卒而徇其私，非社稷之臣也！”项羽对宋义的这一骂大快人心：攻秦的正事不干，只关心儿子的前程；士兵碗里难觅米粒，自己却整日大宴宾客。

此人该杀！

第二天一早，项羽利用进见的机会，三两步闯入营帐，一个箭步上前将宋义斩首。然后召集部队，对将士们发令："宋义与齐合谋反楚，楚怀王密令我杀掉他！"

众将还能说什么呢？都是酱缸中人，很识趣，马上共同拥立项羽为代理上将军。项羽派人快马加鞭向楚怀王报告。楚怀王接报后，便下诏正式任命项羽为上将军。

无论是声讨宋义救赵久停不前，还是最终矫诏将其杀掉，窃以为，这都是项羽最好的借口。当初楚怀王任宋义为上将军，项羽为次将军时，便注定了宋义的悲剧性结局。只是宋义迫不及待的私心，给了项羽机会，并让宋义的身首异处提早到来。

敢自称西楚霸王的项羽，从来就没准备给别人打下手。可惜，"卿子冠军"没看到这一点。

宫心计

石显是汉元帝身边的大宦官，炙手可热。

主子的沉湎酒色、不理朝政，给了石显许多专权祸国、排斥异己的机会。名臣贾谊的曾孙贾捐之对石显的做派十分憎恶，多次上书汉元帝，要他远小人。折子虽没明确点名，石显心中有鬼，自动对号入座，因此对贾捐之咬牙切齿、恨之入骨。汉元帝有心让贾捐之出来做官，但耳根子软，经不住石显的一番磨叽，便坏了贾捐之的好事。

虽然如此，汉元帝对这位名门之后还是颇加青眼。即位之初，就经常诏令贾捐之进宫，垂询国是。贾捐之也是知无不言、言无不尽，贡献了许多治国理政的好点子。但自从得罪石显后，因他从中作梗，贾捐之得到的这种恩宠少了很多。石显屡屡使绊子，多番设置障碍，目的是司马昭之心，无非是不想让贾捐之有机会再见到皇上。

小人也心虚啊！

没了面圣的机会，纵有满腹经纶又与何人说？贾捐之有些着急，有些烦躁。好在天无绝人之路，他的好友杨兴最近倒春风得意，正“以材能得幸”，因为才具丰赡而受到汉元帝赏识，多次被召进宫，君臣无间，促膝交谈天下事。

于是，贾捐之兴冲冲登门拜访，呷一口茶后对老友杨兴说：“京兆尹这个位置已空缺了许久，难道老兄你对这个位置没兴趣吗？”杨兴含笑不语，眼光却是充满期待。仿佛受到了鼓舞，贾捐之干脆和盘托出自己的打算：“如果我能面见圣上，一定保举你，并且有把握让兄弟你坐上这个位置。”那敢情好啊，杨兴兴奋莫名。于是，投之以桃李，报之以琼浆。杨兴来了个回报式的赞叹：“贾老兄你笔下生花，言语精妙。假如你能当尚书令，肯定会比现任做得更好！”

唉！一声长叹后，贾捐之接话道：“如果我能当上尚书令，老兄你做京兆尹，京师是全国的政治、文化、经济中心，而尚书则掌握全国官员的政治命运，我们哥俩联手，便是强强联合。果若此，天下一定政治稳定，经济繁荣，皇上与士人间也就不再有任何隔阂了！”言罢，贾捐之又是一声叹息，然后又“复短石显”，大骂石显恶人当道，坏了国事。

“显方贵，上信用之；今欲进，第从我计。”哎，老兄，别骂了，石显现正得宠，是皇上跟前的红人。如果我们真要谋求上进的话，你必须听从我杨兴的计划。

杨兴有什么好计呢？臭棋一着！他撺掇贾捐之联名上书汉元帝。如此这般之后，贾捐之觉得老友的办法可行。熬了一个通宵后，折子一早通过杨兴的“绿色通道”送入宫里。折子里除大大赞扬石显的一番美德外，还建议封石显为关内侯。两人想得周到，还在折子最后举荐石显的弟弟入宫，充任中书或尚书下属的官员。注意到了吗？是尚书的下属。尚书呢？自然有更合适的人选——留着给贾捐之呀！

汉元帝要应付许多的宫妃，他老人家忙得很呐！贾、杨上的折子还没来得及批阅，贾、杨哥俩见没回音又迫不及待地再上一书。这一回，折子虽由两人共同拟定，却由贾捐之单独署名，核心内容是保荐杨兴，建议朝廷任命杨兴为京兆尹。

这算是哪一出呀？刘家的官职，再怎么着也是国之名器，难道是你贾、杨两家饲养宰杀的猪肉，可随意分配、瓜分？！

真是太傻太天真了！果然，贾、杨的小伎俩一出手，就被石显看透了。前两天还天天敲打我，给我上眼药，一转身便给老子戴高帽？打的什么主意？哼哼，非奸即盗！

石显的一番条分缕析，让汉元帝大为赞同。玩我？汉元帝很生气，石显读懂了皇上的愤怒。妥了！石显拊掌大笑，然后一使眼色，贾、杨这两位难兄难弟就被关入大牢。两人扛不住严刑拷打，只好全招供了。My god，天上掉馅饼了！石显一见，大喜过望，连夜向汉元帝报告："贾、杨心怀奸诈，互相标榜，意图攫取朝廷高职，欺骗陛下，实乃大逆不道！"

如此一说，再加上石显的添油加醋，汉元帝可是要发雷霆之怒，立将贾捐之绑赴刑场斩首。杨兴呢，则被剃光头发，罚去充作苦工。

有些时候，君子若不走正道，非要学小人之术，君子也会成为小人。如此，事情办不成，反而贻笑天下。

贪吝的项羽

项羽做事似乎缺少恒心。

《资治通鉴》说他少时学书，不成；去学剑，又不成。学什么都是朝三暮四、浅尝辄止，这毛病惹得他叔叔项梁很生气。项羽顶撞道："剑，一人敌，不足学；学万人敌！"于是，项羽埋头学兵法，但略知其意后，又半途而废。

不好好学习，心比天高。但项羽"长八尺馀，力能扛鼎，才器过人"。想象着当年项羽的英武，直令吾辈自叹弗如。这般男儿，该会是如何云水襟怀？！

历史老人常与后人开玩笑。项羽虽是身高八尺，孔武有力，却十分贪吝，不像个顶天立地的男子汉。部下作战立功，按律当赏，但他就是万般心痛与不舍，犹如割自己身上的肉。

举例来说吧。在攻破帝都咸阳之后，天下尚未安定，鹿死谁手尚难估料。此时占据优势的项羽，未能超越眼前暂时的胜利。放眼天下，两眼只是直直地死盯着触手可及的宝货和美女。令人将这一切打包好后，项羽便大肆杀戮，然后在阿房宫里撒了一泡尿，放了一把大火，扬长而去。

项羽的这一把火，让人心痛，让历史心痛。

不过，项羽也有仁慈的一面。他对待部属恭敬有礼，言语温和。部下生病时，项羽会亲手把专供自己食用的营养品送给他们。看到部下被疾病折磨得非常辛苦，项羽还会因此难过而流泪。

仅这样做就够了吗？项羽知道部下真正需要什么吗？

项羽不懂，或者即使懂，他也是揣着明白装糊涂。韩信用近似刻薄、挖苦的话语形容道："至使人，有功当封爵者，印刓敝，忍不能予。"项羽遣将派兵外出攻城略地，得胜回朝，按规定对有功者本该封赏爵位，他也打算兑现诺言，但却把刻好、准备授予有功之人的封印捏在手里，反复把玩，直到封印的棱角都被磨平了，仍舍不得授给这些将士。

赏罚分明是治军的基本原则。你说，那些出生入死的将士，面对项羽吝啬如葛朗台，他们心中又该是何种滋味？

从中也可以看出，项羽与刘邦之间的云泥之别。韩信打了几场胜仗，不断向刘邦开条件，要兵、要钱、要田舍，乃至讨封王侯。刘邦心里一样不痛快，但着眼于争夺未来的天下，他能舍弃暂时的蝇头小利。说得也是啊，没有"舍"，岂会有"得"？对于韩信的欲壑难填，刘邦还是慷慨地一一予以满足。

最终，刘邦得到的是整个天下。

垓下一战，是项羽人生的"滑铁卢"，穷途末路中跟随他左奔右突、拼杀血路的，只剩下了二十八名骑兵……

吝啬属于私德范畴，不好对此类人指责过多。但如果是公众人物，则要好生小心。这毛病会影响人的智商，关键时刻不能作出正确判断。四年的楚汉之争，吝啬的项羽为此吃亏不少。

两军对垒勇者胜。

制胜之道除了勇气外，许多时候靠的是武器。但我觉得，是否笑到最后，还得靠脑子。

公元前204年四月，汉王刘邦在荥阳又一次陷入绝境。楚军四面围攻，荥阳被围得像箍铁桶般密实。

命当绝矣！刘邦吓得六神无主，食不甘味。荥阳是军事险地，关乎刘邦集团的生死，不能再像当初一样，把老婆孩子往地上一掷，来一段说跑就跑的逃亡之旅了。

还是陈平的脑子好使，他进帐向刘邦献上一计：主公，咱们可向项羽请求议和，只求他将荥阳以西划给我们就成。

刘邦何等聪明！他一听就明白了，取法乎上，得乎其中嘛。得不到西瓜，捡两粒芝麻充饥也不错啊！

人很容易犯这样的错误：只有自己聪明，别人都是傻瓜蛋。刘邦、陈平自以为妙的计划，却被楚王项羽的谋臣、亚父范增看得真真切切。范增“劝羽急攻荥阳”，赶快把荥阳拿下！

眼看一盘好棋即将落空，接报后的刘邦急啊！这个时候，卫兵进来报告说，项羽的使者明早就到。

次日一早，项羽的使者就趾高气扬地进入了汉营。这边厢，陈平指挥、调动所有厨子，“使为大牢具”，准备了丰富盛大的宴席。然后，命侍者端去款待楚使。但侍者一见楚使，马上假装吃惊地说：“吾以为亚父使，乃项王使！”我还以为是范增派来的使者呢，没想到是项王的说客。说罢，一转身将好酒好菜又端了出去，留下一个目瞪口呆的使者。

接下来，陈平更是一连串的恶搞，他派人“更以恶草具进楚使”。有没有搞错，美酒珍馐端走，换上的却是粗茶淡饭，打发乞丐吗？！楚使愤愤不平。

是可忍，孰不可忍。楚使当即拂袖而去，返回楚营，当即上报楚王。心高气傲的项羽听后，自是气得七窍生烟，我和范增的差距有这么大吗？谁是西楚霸王？大声告诉全世界，是我项羽！自尊心深受伤害的项羽，把范增划到刘邦阵营，自此对他更加不信任了。

有些阴谋诡计之所以能有术有效，就是因为像楚使、项羽的人太多了。他们总是过于自信，脑子又少了一根筋，最终就这样心甘情愿坠入他人挖好的陷阱。

范增呢，不知道自己已失信于项羽，还在不断地撺掇项羽加紧攻打荥阳。项羽翻翻白眼，懒得听。范增主动找上门来，项羽干脆闭门托辞不见。“天下事大定矣，君王自为之，愿赐骸骨归！”一来二去，范增彻底绝望了，递上请辞报告，踏上归途。但还没走到彭城，背上毒疮发作，一代谋士遂告不治。

碰到这样一个猪脑子的上司，纵是万古英雄，也只能落得个“出师未捷身先死”！

另类“牧民术”

读史有一个好处，即可以让时光倒回。用当下流行语来表达，就是“穿越”。回到过去，去了解一下先人的风土人情、生活方式，乃至体味他们的内心情感、喜怒哀乐。

如果有空，不妨也穿越一回，翻开《资治通鉴》，跟随辛公义的脚步，考察他官宦生涯的一两个片段。

辛公义是隋朝的尚书省驾部侍郎，后放任岷州刺史。赴任时正值炎炎夏季，他发现途中道路两旁，有许多身子蜷曲的乡民。他们气若游丝，奄奄一息。辛公义对此好生纳闷，问询于当地皂隶，才知道岷州地区有一奇异风俗：当地百姓特别害怕疾病，如果家里有人生病，因担心被传染，家人会赶紧把病人抬往野外，任其自生自灭，唯恐躲避不及，更别说侍候在侧了。

听罢，辛公义觉得好气又好笑，但他不动声色，马上带着工作人员，亲手将府衙附近的病人抬到厅事大堂内，用自己的俸禄延请医生前来望闻问切，还搭起炉灶，亲自煲煎药石，一口一口喂服病人。晚上，他在病人身边铺设榻床，昼夜守候。当时，收留的病人最多时高达数百人。

每当病人痊愈后，辛公义会把他们的亲属叫来，对他们说："死生有命，岂能相染！若相染者，吾死久矣。"辛刺史以身说法，让许多病人的家属深受教育，赶忙领着病人拜谢而去。

后来，再有人生病时，他们都争着要住到辛公义身边。但与往昔不同的是，病人的家属也愿意留下来照顾他们。久而久之，岷州人家人父子彼此间的关系变得和睦慈爱，遗弃病人的陋习也终于改掉了！

那时为官，也讲究交流任职。辛公义后来调任牟州刺史。甫到牟州，他先到监狱中找了个露天的地方坐下，再一个个地提审犯人，十天内，就把监牢里的囚徒判决并按律进行遣送。做完这些工夫后，他才回到州衙办理其他公务。

按律例，审理案件原则上是要当天判决的，如果白天判不完，当事人必须暂时拘禁。辛公义尽管夜以继日，但积案太多，他无法全部审理完毕。怎么办？他就住在审理案件的厅堂里，绝不返房内歇息，以示对自己的监督。手下人心疼他，劝说道："公事有程，使君何自苦！"是啊，处理案件总是需要时间的，身为刺史，何必如此自讨苦吃呢？辛公义怎样回答的呢？他说："我作为刺史没有德行，不能让老百姓和睦相处，安居乐业，已是罪过。现在怎么能把人拘禁在牢里而自己却在家呼呼大睡呢？"

听辛公义这样一说，犯人都深受感动，赶快认罪伏法。有些人想上官府打官司，消息传出，他们的父老乡亲都会赶紧劝解："小事一桩，就不要去劳烦刺史大人了！""讼者多两让而止"，大家相互谦让，握手言和。

古时百姓多以"父母官"来称呼当地的行政长官。比照于辛公义的这段为官经历，足可明白“父母官”蕴含着百姓怎样的期待。所谓“以吏为师”，为官者承担着地方的文明教化，应该造福一方。或许可以这样说，有什么样的刺史，也就有什么样的社会风气。

封建时代是人治社会，官员“牧民”政策弹性很大，奇招迭出，不乏稀奇古怪者。韩延寿是汉宣帝时的左冯翊，其“牧民术”和辛公义有异曲同工之妙，他治理地方善用怀柔之术，有时不惜以自责甚至自伤来感化、教育百姓。

有一次，韩延寿出外巡视。来到辖下的高陵县时，百姓中有兄弟俩因争夺祖上遗留下来的田产而控告上堂的，官司久拖未决。兄弟俩听说韩延寿前来视察的消息，赶忙跑到韩延寿马车前，急赤白脸，争相申诉，相互指责。

听完兄弟俩你一言我一语，韩延寿伤感地对手下人说：“承蒙皇上信任，让我坐上了左冯翊这个重要的位置。但是我无能啊，本应是全郡的表率，而今却不能对百姓宣明教化，致使民间出现亲骨肉因争夺产业而相互控告的事，有伤风化啊！”言毕，自责不已。

工作人员一听，马上劝慰韩延寿：“大人，您不必过于内疚，这与您无关，都是基层官员不作为，应该治他们的罪！”韩延寿一听，赶紧摆摆手说道：“重使贤长吏、啬夫、三老、孝弟受其耻，咎在冯翊，当先退！”

老韩为官确有担当，绝不诿过于他人。他的意思是说，出现骨肉相争的事情，万不要怪当事方，要怪就怪我吧，是我这个父母官的无能才使贤德的地方长官及啬夫、三老等民间乡官蒙受耻辱，我应先闭门思过。

韩延寿当天就自称有病，不再处理公事，也不吃饭，躺在住处闭门反省。

首长不吃不喝，这事动静弄大了！全县官员见韩延寿自责如此，竟一时束手无策。县令、县丞、啬夫、三老赶紧把自己绑起来，等待处罚。诉讼的两兄弟被同族轮番责备，两兄弟也深感悔恨，自己主动剃去头发，袒露身体，前来领罪，并表示愿将土地让给对方，终生不再相争。

榜样的力量是无穷的。全郡上下自此一片和睦安宁，都以两兄弟的幡然醒悟警戒自己，不敢再犯同样的错误。“延寿恩信周遍二十四县，莫敢以辞讼自言者。”韩延寿的威信自此遍及所属的二十四县，没有人再敢挑起诉讼争端。

正人先正己。看来韩延寿吏道纯熟啊！本来是对当地官员管治能力不满，却说他们是“贤”，以自责代替他责，以律己代替律人，这一招还不吓尿地方官员吗？无权无势的兄弟俩更只好剃发露体前来领罪了。

看来一方的善治，还得靠权力的魔杖啊！

张释之的脾气

久坐宫禁之中，闷得慌，十分无聊。

这一天，好不容易才将堆积如山的奏章批阅完毕，汉文帝仰了仰发酸僵硬的脖子，然后猛地站了起来。刹那间，他觉得美轮美奂的皇宫是监牢，皇帝做得也很无趣。案牍劳形，伤脑筋！

出去遛遛吧！不大一会儿工夫，汉文帝带着几名随从，坐上专用马车“皇家一号”，朝城外疾驰而去。

外面的世界很精彩。汉文帝贪婪地观赏着路两旁的景色，大口大口地呼吸着清新的空气。还是民间好，做什么劳什子皇帝！汉文帝心里发出一声感喟。

可惜，安保工作的百密一疏，坏了汉文帝的心情。

“皇家一号”行驶到中渭桥时，突然，有一个人冷不丁地从桥底下蹿了出来。受此惊吓，汉文帝专车的马匹撒蹄丫子一路狂奔，车内端坐的汉文帝被颠簸得东歪西倒，“龙头”狠狠地撞到车厢的横木上，人还险些被摔出车外，头上瞬间发紫起了好几个大包。

“咦、咦……咦！”惊出一身冷汗的车夫终于将马车喝停。从惊吓中回过神来的侍从都狂奔过来爬上车，七手八脚将汉文帝搀扶下车。此时的汉文帝脸色发青，呕吐不已。

“给我把这个人抓住！”只见气喘吁吁的汉文帝恼怒不已。

吃了豹子胆了，竟敢惊动圣驾？！肇事者很快被逮住并移交给廷尉治罪。

此时担任廷尉的是张释之。这一年，他刚刚被汉文帝提拔担任了这一职务。事关重大，张释之亲赴案发现场，经详细调查和推演后，张释之心中有数了。他把处罚意见上报汉文帝。这人犯了什么过错呢？“此人犯跸，当罚金。”用现在的话来说，就是犯了交通管制的有关规定，应当罚款。

报告没看完，汉文帝就狠狠地扔在地上。他对张释之怒喝道：你想搞什么名堂！你知道吗？这个人惊了我专车的马匹，幸亏我的马脾气还算温和，要是换了匹烈马，我的命就没了！你现在仅仅判他罚金了事？你安的是什么心？你是他的同伙吗？

一怒而四海秋。面对雷霆之怒，张释之并没有丝毫慌神，他走前一步，对汉文帝解释道：“皇上，如果这个人在惊动马匹时，将他抓住并当场杀死也就算了。可是您现在将他交给廷尉，那我只能按法办事。法，是天下人应共同遵守的。如果执法者稍有倾斜，天下就没有公正稳定的法律了，百姓还怎样生活呢？”

历史上，汉文帝算是位开明之君，是“文景之治”的开创者。他注重德治，贵为天子，还亲自为母亲煲药。听罢张释之的一番高论，也只好就坡下驴，表扬说：“廷尉当是也。”嗯，你张释之说得不错，做得也不错，准了吧！

另有一次，有个小毛贼胆子忒大，在太岁头上动土，竟敢偷盗高祖庙中神位前的玉环。那可是大不敬啊！汉文帝接报后震怒无比，要求有关部门限期破案。皇上的脾气便是命令。有关部门很快破了案，这名小偷同样交给廷尉张释之处理。张释之按“偷盗宗庙服御器物”的律条，判案犯斩首示众。听完张释之的报告，汉文帝又不高兴了。他冷冷地对张释之说：这个人偷的可是先帝的器物，我以为你一定会判诛其全族。没想到，你却拘泥法律条文仅判他死罪，你这样做，不是违背了我恭奉宗庙的虔诚了吗？你叫我怎样向太后交代？

“法如是，足也。”皇上，按照法律只能判他斩首。张释之脱下帽子，一边顿首谢罪，一边申辩解释。但汉文帝余怒未消。张释之站起身来，缓缓对曰：“今盗宗庙器而族之，有如万分一，假令愚民取长陵一抔土，陛下且何以加其法乎？”那也是啊，如果以后有人去盗窃高祖长陵上的一掬土，相比之下这罪就严重多了，到时皇上又用什么法律来惩罚他呢？难道也来个夷十族？

一语点醒梦中人。汉文帝“许之”，批准了张释之的判刑意见。怕太后想不通，汉文帝还亲自前去做她的思想工作。

张释之不揣圣意依法办案，在“家天下”的封建王朝，这种胆识和职业操守值得让人翘起大拇指。但我觉得，汉文帝更值得让后人敬佩，没有他的法律意识，纵有十个张释之也枉然，说不定一同成了刀下鬼。

张释之的坚守，体现的是一种“气”，这种浩然之气不独士大夫有，有些草根的表现或更为纯粹。不信？且看一位老农的“三不”。

不给王侯让路，不接受王侯的赏赐，不告诉王侯自己的姓名。牛气！这三“不”，一位老农民做到了。

荆州，地处咽喉，也是税赋之地。南北朝刘宋政权统治者对这一要津极为重视，行政长官由皇室成员驻守担任，宋武帝在遗诏中还作了进一步的规范，遗命以后将由几个儿子依照长幼次序，轮番驻守荆州。当时，临川王刘义庆在荆州已经驻扎了八年，朝廷准备另选一个亲王代替他，有内部干部交流的意思。按照顺序，这回应该派南谯王刘义宣接任。新任宋文帝却认为刘义宣的人品和才能都很平庸低下，难堪大任，于是改变主意，对刘义宣不予任用。

候选人流产，安排谁去呢？宋文帝颇费思量。数月之后，衡阳王刘义季的名字进入他的视野，并成为继任荆州刺史的最终人选，同时都督荆、湘等八州的军事。

刘义季难道比刘义宣就更合适吗？看看下面这个例子吧。

有年春天，刘义季外出打猎，走到田野上，看到有位老农身披苫衣，弯腰在地里耕种。按规定，平民百姓见到父母官要作回避，何况还是“王”？老农却头都没抬，好像根本没看见，继续忙着自己的一亩三分地。皇上不急太监急，刘义季的随从见老农这态度不高兴了，立即走上前大声斥责。听到叫骂声，老农依然不抬头，边干活边回敬道：“盘于游畋，古人所戒。今阳和布气，一日不耕，民失其时，奈何以从禽之乐而驱斥老农也！”

老农民有文化啊，说得真好，让人痛感畅快淋漓。老人家说的什么意思呢？翻译一下就是：游猎取乐，古人深以为戒。如今天暖气湿，一天不耕种，百姓就会错过农时，怎么可以放纵狩猎的快乐，并为此驱赶勤于耕作的老农呢？说得不卑不亢且又一语中的。听罢，刘义季立即挥手阻止手下人的无礼，对老农说了声“贤者也”。然后，要左右亲信赐给老农食物，没想到又被老农拒绝了，他说的理由是：“大王您不侵夺农时，境内的老百姓都可以凭大王田地上种出的食物吃饱，我老汉怎敢独自领受您的赏赐呢？”

话说得可是字字在理，刘义季一时愣住了，但又无法反驳。为掩饰内心的尴尬，也想体现一下亲民，他下马走前一步询问老农的姓名。面对王侯兼刺史的垂询，老农不慌不忙干完农活的最后一道工序，朝刘义季拱了拱手，不发一言，转身告辞而去。

刘义季久久地望着老农渐渐远去的背影，若有所思……

读到《资治通鉴》这段记载时，正值夏夜，虽已汗流浃背，心里仍如春风拂过。刘义季不耍特权，从善如流；老农则不卑不亢，据理力争。敢在权力面前说“不”，岂是一般人可以做到的？不容易啊！

欠农民工薪水的后果

太尉周亚夫的儿子是个大孝子。

他的尽孝，不仅表现在老爸活着的时候，而且对百年后的周亚夫都做了精心的安排。周公子通过特殊管道，从专为皇室服务的工官处，耗巨资购买了五百件铠甲盾牌，准备给老爸百年后殉葬之用。

老爸一辈子戎马倥偬，杀敌无数，到了另一个世界，会不会有冤魂寻上门来？嗯，还是有备无患的好。这五百件铠甲盾牌，可构筑起里外三层的特级护卫，刀枪不入，苍蝇也飞不过去，从此无忧矣。

皇室特供，却流入社会，虽贵为太尉，也当判以“僭越”之罪。嘴上无毛，办事不牢啊。周公子没想到自己的一片孝心，竟让老爸周亚夫陷入万劫不复，可惜了一世英名。

五百件铠甲盾牌分量不轻，凭一己之力难以搬回家里。周公子没办法，临时从街上找了几个农民工帮忙。费了九牛二虎之力，农民工终于把这五百件铠甲盾牌搬回周府并一一置放妥帖。

已是一身汗的农民工，并没有离开的意思，他们还等着周亚夫的儿子派发工钱呢。没想到，周公子竟然是一混蛋，想打马虎眼，不肯支付薪水。几位农民工苦苦哀求，好话歹话说尽，周公子充耳不闻，还叫家丁将他们赶了出去。

几位农民工咽不下这口气，不给是吧？好，向朝廷告你去！

告周公子什么罪呢？那可大了去了，就告你私自购买皇室专用物品！上面说过，这些铠甲盾牌是皇家专制专用，除此之外，若私人敢买敢用，说明什么？轻者是僭用，重者则是谋反。

虽然举告的是周公子，肯定免不了牵连到周亚夫。

汉景帝阅罢几位农民工的检举信后，心里非常不舒服。什么玩意儿，还讲不讲规矩？！他马上下令把周亚夫移送司法部门进行审理。司法部门的官员按照文书上写的情节，对周亚夫一一进行审问。面对审查，周亚夫却来了个“徐庶进曹营——一言不发”。审问记录自然是一片空白，汉景帝很是恼怒，指着鼻子对周亚夫骂道：“其实我不要你的供词，也可以把你杀掉！”

话虽这样说，法律程序还是要走的。于是，汉景帝下诏把周亚夫交给廷尉审判。廷尉执行圣意不过夜，马上对周亚夫进行提审：“你为什么要造反？”周亚夫答道：“我买的东西都是殉葬用的，怎能说是要造反呢？”周亚夫终于开腔了！审案的官员备受鼓舞，但又无力反驳周亚夫，左支右绌间竟有些口不择言，留下一句“流芳百世”的审问词：“君纵不欲反地上，即欲反地下耳！”什么意思呢？说你周亚夫即使不想在地上造反，也是准备在地下造反！

这样的话听来很耳熟，在哪儿听过呢？

有这样的歪理，也为了表达对汉景帝的忠心，审案官员接下来对周亚夫的审讯越来越严酷。周亚夫的血肉之躯难以忍受，他决定绝食。五日之后，吐血而死。

交给廷尉之前，见惯风浪的周亚夫，料到此番必是凶多吉少，本想自我了断，以免受辱，但被夫人劝阻住了。夫人对他说：如果自绝于朝廷，就是畏罪自杀，蒙垢于身再难洗刷。周亚夫想想也有道理，只好苟延残喘。

周亚夫乃将门之后，他是西汉名将、绛侯周勃的次子。将门无犬子。周亚夫遗传了父亲的基因，“七国之乱”发生，他统帅汉军，用三个月的时间就平定了叛军，居功甚伟。不过，在皇上眼里，功劳越大，能力越强，也就意味着危险越大，越让皇上睡不着。你让我睡不着，我就让你永远睡觉去。

周亚夫落得这般结局，早有先兆。有一次，汉景帝在宫中召见周亚夫。赏赐食物时，只在他面前放一块没有切好的熟肉，也没备双筷子。周亚夫见状，自是不太高兴，面露不悦之色，要主管宴席的官员补一双筷子。周亚夫的不满，汉景帝看在眼里，于是他阴阳怪气地问周亚夫道：“这样没满足到你的要求吧？”一听这话，周亚夫赶忙摘帽谢罪。此时汉景帝面无表情，冷冷地说道：“起来吧！”周亚夫赶紧起来并快步退了出去。目送着周亚夫的背影，汉景帝若有所思地说：“这位愤愤不平的人，不是年幼君主的臣子啊！”

可能从那一刻起，就注定了名将周亚夫未来悲催的命运。谁叫你功高盖主、让人主寝食难安呢？！

白昼与日影

中国人很聪明，自古皆然。

鄙人不是阿Q，不会盲目认为祖上曾经阔过。说先人聪明，咱们可信手拈来一个例子。隋朝的太史令袁充，有些不务正业，不潜心编写史书，反而对白昼的长短产生浓厚的兴趣。他曾就自己的研究成果专门上书隋文帝。他有什么新发现呢？袁充在折子中说，自大隋兴起之后，我发现白昼竟然是在渐渐变长。

这不是溜须拍马吗？与臣子献什么祥瑞如出一辙，无非求个加官晋爵。如果也这样评价袁充，那就过于主观和武断了。他可是经长期观察、研究得出的结论。他还在折子里举例说明：开皇元年冬至那天，太阳影子的长度是一丈二尺七寸二分。呵呵，还蛮精准的。他还通过肉眼观察发现，太阳离北极近时，日影则短。比如，开皇十七年冬至那天的日影，比过去的冬至日影短了三寸七分。

言之凿凿。但为什么会这样呢？杨坚很好奇，袁充很得意。他走上一步解释道：太阳离北极近时，日影较短，白昼较长；离北极远时，日影较长，白昼较短。太阳在黄道的北侧运行时，离北极星相对要近些；在黄道的南侧运行时，就离北极星远些。

袁充的说法是否有科学根据，我这个文科男答不上。但想到中国人如此厉害，在那个时候就有人注意到了这种天象，而且还能说出些道理。就这一点，晚生深为佩服。

告诉您吧，没想到的事情很多，我们还有更骄傲的。在袁充之前，一本叫《春秋元命包》的书中有这样的记载："日月出内道，璇玑得其常。"说的是，日月在黄道之北运行，季节则正常。

真让人激动！请先别激动，我们祖上在"穷天人之际"方面的"威水史"还有很多，比如纬书《京房别对》里曾载有这样一段话：太平之时，太阳在黄道之北运行；盛世之时，在黄道运行；乱世之时，在黄道之南运行。

隋文帝听后眼睛瞪得像灯笼般大，按捺不住好奇，继而对袁充说了句："朕愿闻其详。"虽然是一位科学爱好者，袁充也学到了溜须拍马的那一套，他这样答话："因为大隋启动了天运，感应了上天，所以日影缩短，白昼就变长，这是自古少有的啊！"或许，也不能说他拍马屁，可能是变着法子向皇上进言吧。

隋文帝信了。第二天上朝时，他对百官说："影短日长的福庆是上天对我大隋的庇佑。现在刚刚立了太子，应当改年号。年号用什么合适呢？我也没想好，但一定要取'日长'之意。"

影短日长对帝王家或许是件高兴的事，但对引车卖浆者则未必，许多壮丁工匠还为此怨声载道。

为什么呢？因为白昼延长的缘故，他们的劳动时间就要相应延长，工作量相应增加。工作量增加也就罢了，工钱却是没增多一星半点。白干了这么多的活！

穷天地之想的，岂止袁充？近读《容斋随笔》，又为他找到一位同样具有探索精神的同路人。

《容斋随笔》引用《列子》中的记载：商汤曾问他的老师，也就是商朝的大夫夏革：“上下八方有极尽乎？”夏革无以言对，只好老实说：“不知道啊！”

商汤非要打破沙锅问到底，继续追问夏革。老师只好答道：“无则无极，有则有尽。”“无”就是没有终点，“有”就是有个范围。看到学生一脸茫然，老师继续发挥：“无极之外，复无无极；无尽之中，复无无尽。无极复无无极，无尽复无无尽。”

这段绕口令的玄虚大意是说，在无终点以外，就不再存在没有终点之说；在没有范围的说法之内，也不存在没有范围。没有终点之外不再没有终点，没有范围之内不再没有范围。

我不知道生活在三千多年前的商汤有没有听懂他老师的话，反正我是一头雾水。但对商汤的不耻下问，倒觉得相当的可爱。

无独有偶。佛教《大集经》里也有这样一段对话：

> 问：风住何处？
> 答：风住“虚空”。
> 又问：“虚空”为何所住？
> 再答：“虚空”住于至处。

那么，“至处”在哪里呢？这一地方没办法说清楚。因为“至处”是远离所有地方的地方，是约束不了、也是无法丈量的地方。这样的地方是找不到的。所以，“至处”没有停止的地方。

马云曾说，愿在自己一无所知的领域永远保持好奇。我认为，正因为人们有这种“穷天地之想”的好奇以及对好奇的追问，才得以让这个世界日新月异、五彩斑斓。

唐太宗的历史观

做了好事，怕后人忘了；做了坏事，则担心有闻必录。这种心态，体现了中华民族深刻的历史感。古时候的皇帝，尽管手握生杀予夺的大权，但也有不可轻易触碰的红线，即不能随意阅看史官所写的当朝历史，特别是有关自己的《起居注》。

“率土之滨，莫非王臣”，何况区区的几页黄纸，身为天子还有什么不能看？！翻阅史乘，看到有关章节时感到颇为纳闷。对此心怀不解的不仅是我，连一代雄主如唐太宗者当年也想不透，他也曾就此询问过以宰相身份监修国史的房玄龄：“前世史官所记，皆不令人主见之，何也？”

该如何回答啊？想了很久，房玄龄给出了这样的答案：史官不虚饰美化，也不隐匿罪过，如果让皇上看见了必然会动怒，所以不敢贸然进呈。

唐太宗听罢微微一笑说，怎么可以把我和以前的君主等同起来呢？我还是很想亲自翻阅当朝国史的，想知道自己有什么过失，作为以后治国理政的镜子，你还是在写完后给我看看吧！

天子开了金口，能拒绝吗？房玄龄左右为难。谏议大夫朱子奢知道后，决定帮房玄龄一把。朱子奢上书唐太宗劝谏道，皇上想要翻阅《起居注》，对记事的史官当然没什么损失，但是如果开了这个先例，以后陛下的曾孙、玄孙中偶有不太明智的君主，想要刻意掩饰自己的过错，袒护短处，史官坚持如实记录必然会遭受刑罚诛戮。这样下去，史官都顺从旨意行事，以保全自身，远避危害，那么悠悠千载的历史，还有什么可信的呢？这就是前代君主不阅读国史的缘故。

言之有理。但没想到，一向从善如流的唐太宗，这次却显得很固执。

房玄龄没辙，只好与给事中许敬宗加班加点、通宵达旦对国史进行删减，经一番实干苦干巧干后，终于形成“洁本”《高祖实录》和《今上实录》。“两录”对当年的玄武门之变，用词尤多隐讳曲折。地球人都知道，这可是唐太宗内心深处最大的疮疤啊！

尽管已是小心翼翼，但房玄龄心里仍是忐忑不安。果然，“两录”进呈后不久，唐太宗就召见了房玄龄。

“爱卿小看朕了！”刚一见上面，唐太宗便对房玄龄说：关于玄武门那档事，根本没必要为我隐讳什么，历史上周公诛灭管叔、蔡叔以定周朝，季友毒死叔牙以保存鲁国，朕当年的所作所为，正与此相类似，史官对这有什么好隐瞒的呢？第二天，房玄龄便根据唐太宗指示，删削浮华之词，秉笔直书诛杀李建成、李元吉之事。

这件事显然体现了李世民执政的自信，另一方面也可以看出他对历史的敬畏。因为有这份敬畏，封建时代的唐太宗们，虽然手握大权，言行也不敢太离谱，因为怕写进历史。

近夜读《资治通鉴·唐纪》，又读到了有关他的历史观的故事。他的坦诚以及由此呈现出的云水襟怀，仍值得后人好好体味。

“玄龄监修国史，上语之曰：‘比见《汉书》载子虚、上林赋，浮华无用。”《汉书》是班固编撰的中国第一部纪传体断代史，但唐太宗对《汉书》不以为然，理由是它“浮华无用”。《汉书》之所以给李世民留下如此不堪的印象，是因为选载了《子虚赋》和《上林赋》两篇文章。

《子虚赋》《上林赋》怎么了？一代明君李世民岂可一叶障目，一棍子将人打死？

还是先说说《子虚赋》《上林赋》吧。这两篇文章是西汉辞赋家司马相如的代表作，也是汉赋中具有开拓意义和典范作用的成果。这两篇作品不作于同时，《子虚赋》写于相如为梁孝王宾客时，《上林赋》则写于受汉武帝召见之际。尽管前后相去十年，但两赋内容连属，构思一贯，结体谨严，实为一部完整作品的上下章。

作品虚构了子虚、乌有先生、亡是公三人，并通过他们讲述齐、楚和天子畋猎的状况，表达他们对此事的态度，这构成作品的基本骨架。《子虚赋》写楚臣子虚使于齐，齐王盛待子虚，悉发车骑，与使者出猎。畋罢，子虚访问乌有先生，遇亡是公在座。子虚讲述齐王畋猎之盛，而自己则在齐王面前夸耀楚王游猎云梦的盛况。

《上林赋》紧承上篇乌有先生的言论展开，写出亡是公对子虚、乌有乃至齐、楚诸侯的批评，并通过渲染上林苑游猎之盛及天子对奢侈生活的反省，颇具艺术性地展现了汉代的盛世景象，表明作者对游猎活动的态度、对民众艰辛的体恤。

但凡有点文学常识的都知道，汉赋是在汉朝涌现出的一种有韵散文，特点是散韵结合、专事铺叙。但这种文体也有致命伤，篇幅冗长、辞藻堆砌、舍本逐末、缺乏情感。这种文体存在的毛病，与颇有人本思想的李世民的口味南辕北辙。其次，他对文中主人公追求的奢华生活也颇为厌恶。基于上述原因，李世民显然对《汉书》的编辑方针不予以支持。因为收录这两篇汉赋，影响了修史的严肃性。

那么，唐太宗对修史又有什么主张呢？让我们来看看他后面的话："其上书论事，词理切直者，朕从与不从，皆当载之。"凡有上书议论国事，词理直切的，朕从与不从，都应当载入国史。不虚美，不隐恶，唐太宗有这种境界不容易！历史上又有多少皇帝，喜欢把历史当作小姑娘头上的小辫子而随意把玩呢？

王允也想把玩一下历史的辫子。

中国人敬畏历史，这种敬畏欲说还休。在一个没有严格意义上的宗教的国度里，某种程度而言，这一敬畏感发挥了近乎宗教的作用。封建朝代的君主帝王，口含天宪，一言九鼎，似可为所欲为，但也终有害怕的地方。除担心天谴外，就是怕在历史上留下骂名。这一点从王允一定要置史学家兼文学家蔡邕于死地中便可得到充分的印证。

司徒王允因为设计诛杀董卓而声名大噪，一时间似乎已然是东汉政权的救星。王允自己也顾盼自雄，一举一动、一颦一笑间洋溢着"舍我其谁"的英雄气概。

诛杀董卓时，左中良将、高阳侯蔡邕正在王允家作客。消息传来，蔡邕不禁惊叹了一声。没想到这一声惊叹，要了蔡邕的身家性命。刚才说了，诛杀董卓这项工程的首席设计师正是王允。蔡邕的这一声惊叹，在王允听来显得格外刺耳，正高兴得手舞足蹈的他勃然大怒，大声斥责蔡邕："董卓是国家大贼，几乎断了汉室的帝统。你身为汉朝大臣，本当同仇敌忾。而你却怀念与他的私人恩惠，反为他悲痛，这岂不是与他共同为逆吗？"

没容蔡邕辩解，王允即将蔡邕逮捕，移交廷尉。

许多士大夫同情蔡邕，努力设法营救他，但因为王允的固执己见都没有成功。蔡邕深知"共同为逆"的分量，自知必死无疑。他对审案人员说："古今君臣之义，耳中常听，口中常说，我怎会背叛国家而袒护董卓呢？我情愿在脸上刺字，砍去双脚，只求能够让我继续写完汉史。"一番话，让马太尉动容。于是，马太尉决定冒险进谏王允："蔡邕乃旷世奇才，对汉朝史事典章多有了解，应当让他完成史书。况且，他所犯的罪实在微不足道，为此杀了他，岂非让天下士人失望吗？"

王允耐着性子听完，对马太尉说道："老兄你过于天真了！以前汉武帝不杀司马迁，结果使谤书《史记》得以谬种流传。如今国运中衰，兵马就在郊外，怎能让奸佞之臣在幼主身边撰写史书。这既无益于皇上的圣德，还会使我们这些人受到讥讽。"

唉，蔡邕下狱的原因怎是"一声惊叹"呢？说到底，王允还是怕自己的某些言行被写进史书，受到历史的讥讽。毕竟，用"美人计"除掉政敌是上不了台面的。看来，王允是敬畏历史的。只是这种敬畏，以断送一颗饱满的天下读书人种子为代价，历史对其无法原谅。

灭其国，必先去其史。马太尉也看到了这一点。当他劝说失败，走出王允的办公室时，不禁仰天一叹，说道："王允的后代恐怕要灭绝了！善人是国家楷模，史著是国家经典。毁灭楷模，废除经典，国家如何能够长久？！"

蔡邕终死于狱中。

王允后来被叛将所杀，一同走向刑场的还有他的妻儿。观照王允及其家人的最终结局，再回头想想马太尉的一番话，一语成谶中的是无比深刻的历史规律。

留什么给儿女

一分钱掰成两半花，自己可以省吃俭用、粗茶淡饭，却心甘情愿从牙缝里省出一部车、一套房，留给儿女。生怕孩子饿着、冻着，恨不得为他们的未来准备好一切，这就是中国式父母。

人的一辈子，生命不过百岁，到底该给孩子留下点什么，这一问题，现代人在思考，古代人也在思考；现代人饱受困扰，古代人也困惑不少。

“君子之泽五世而斩。”这话也不一定全对，曾国藩的家族就长盛不衰。曾氏一门名人辈出，其子孙在各自的领域皆有建树，成为诸如外交家、化学家、教育家、文学家等等。尤让人称奇的是，自曾国藩以降的一百五十年间，曾氏一脉依然枝繁叶茂，满门标秀，书写了一部薪火相传、弦歌不辍的家族传奇。

唐浩明先生积十年之功，让曾国藩“复活”，并成为许多人膜拜的对象，当中不乏想通过阅读曾国藩寻找能够维系一脉且又能光耀门楣的秘籍的人。个中蕴含的道理其实很简单，不过曾氏这一句话耳："仕宦之家，不蓄积银钱，使子弟自觉一无可恃，一日不勤则将有饥寒之患，则子弟渐渐勤劳，知谋所以自立。"谁说不是呢？儿女若有用，没有祖上家产也能自己找饭吃；若不争气，家产再多也会败光。此类正反例子，不胜枚举。

想起汉高祖刘邦。还是无赖时的刘季，不事家产，老与他人打架斗殴。刘太公为此伤透了脑筋，有一次当众奚落这个儿子，骂他不如老二那样能种田、置家产。待刘邦坐上天下后，他第一时间把刘太公接来享福。当见到老爹后，刘邦得意地问了一句话：是老二置的家产多，还是我置的家产多？

听到这般问话，估计刘太公会噎着。确实也是。不过我们不妨反问一句，假设当年刘太公拼命省钱，留给刘邦娶妻、生儿育女、开基造屋，这种几乎耗一生积累传给刘邦的财富，与刘邦自己打拼得来的"家天下"相比，难道不是大海中的一蜉蝣吗？现在有些官员父母，为了给子孙积攒钱财，不惜贪赃枉法，直至身陷囹圄、身败名裂。有些商人呢？则不惜起早贪黑，兀兀穷年，直至忧劳成疾，乃至劳累而死。如此代价，于己不值；对孩子而言，也未必是好事，甚且可能贻害无穷。

《资治通鉴》里记有唐代的一位家长，他就是唐玄宗时期的工部尚书张嘉贞。张尚书虽身处权力要津，却"不营家产"。有人劝他多买些田、买些房子，他对此不置可否，问多了他才说道："吾贵为将相，何忧寒馁！若其获罪，虽有田宅，亦无所用。比见朝士广占良田，身没之日，适足为无赖子弟酒色之资，吾不取也。"这番话说得太对了！有了一官半职，一日三餐衣食无忧，要这么多钱干吗？家产购置多了，如果孩子又不争气，说不定反成祸害孩子的"资本"，不肖之子成日花天酒地，欺男霸女，如此则是罪过，大罪过啊！

民族英雄林则徐也是目光如炬。他曾说过："子孙若如我，留钱做什么？贤而多财，则损其志。子孙不如我，留钱做什么？愚而多财，益增其过。"看来，在教育孩子这个问题上，无论是张嘉贞，还是曾国藩、林则徐，虽然所处朝代不同，但英雄所见略同，是如此的相通。

留什么给孩子，实际上也在拷问如何做父母。

现在的孩子，大都是独生子女，是父母生命的唯一延续，因此承载了太多的期望，也承载了太多的沉重。这份沉重常常导致长幼无序，令人啼笑皆非。

拙荆是位儿科医生，在她的诊室，每天都在上演溺爱儿女的情景剧。

有位小女孩发烧要打针，她怕疼，哭着闹着，死活不肯，一旁的父亲母亲、爷爷奶奶、外公外婆，一干人都拿她没辙。趁着哭声分贝降下来，四位老人家弯下腰柔声细语地问道："小祖宗，你想怎样？"小姑奶奶用哭腔答道："要回家！"六大"保姆"只好屈服，拎着玩具、奶瓶、图书、衣服等一大摞物什，浩浩荡荡向室外走去。年轻的父母本想干预，但抵挡不住老人严厉的目光，只好一起哄着说："好，听我们家宝贝的，咱们回家啰！"

已经开好的几袋注射液，只好丢弃在一旁。

还有一些场景更让人瞠目结舌。有位小男孩要做智力测试，任凭护士怎样劝说都不肯配合。医生没办法，只好向他的父母投以求助的目光，父亲出马了。父亲说，乖仔听话，等一下给你买麦当劳！我不要！孩子一口回绝。那你要什么？爸爸又问道。

我要骑马马！

听儿子如此一说，众目睽睽之下，父亲二话没说，便双膝跪地，双手趴地前伸，儿子双脚娴熟地跨上父亲的腰际，然后，一声声"驾，驾……"的喊叫，便在医院走廊里来回飘荡。

如何教育好孩子，这个问题困扰着许多年轻父母，如果不解决，将困扰我们民族的未来。

该怎样教育孩子，《资治通鉴》有关南北朝刘宋文帝的记载，可以给后人提供一个借鉴。有一年，宋文帝要在“武帐冈”这个地方为衡阳王刘义季饯行。离开皇宫时，宋文帝告诉儿子们暂时不要吃东西，说等到了“武帐冈”时再设宴进餐，那里准备了丰盛的食物。

孩子们兴高采烈，久居宫中，外面的世界很精彩。

到了“武帐冈”后，玩耍中不觉太阳西斜，但刘义季仍没有出现，此时，孩子们已饥肠辘辘，可是丰盛的食物连个影子都没有看到。

原来这是文帝精心设的一个局。后来宋文帝对儿子们说：“汝曹少长丰佚，不见百姓艰难。今使汝曹识有饥苦，知以节俭御物耳。”是啊，这些皇子从小生活在安乐窝里，含着金汤匙长大，看不到百姓的生活艰难。这一次，宋文帝就想用“饥饿疗法”让他们体验勤俭之道。

生于宫禁之中，长于妇女之手，历史上的皇子皇孙大多不知稼穑之艰，不知使民于时，最终误了卿卿性命，导致朱楼坍塌，江山尽失。西晋惠帝执政时，长年饥荒，百姓只有挖草根，食观音土，许多百姓因此被活活饿死。消息报到朝廷，晋惠帝觉得很奇怪，问近臣：老百姓没有饭吃，为什么不喝肉粥呢？晋惠帝的昏聩在历史上留下了笑话。晚清时，革命斗士章太炎挥起如椽之笔，痛斥光绪皇帝乃“载湉小丑，不辨菽麦”。

回到宋文帝身上，他的用心良苦却最终成空。在他之后，权力的继任者或怯懦，或残暴；或醉生梦死，或荒于政事，在南北朝混乱不堪的年代里，大都死于非命——死于自己人之手，或敌人之手……

真假灵符

唐玄宗执政前期非常清醒，即使有时糊涂，也是故意装的。

《道德经》的作者老子因姓李的缘故，被李唐政权格外追捧。当局先是尊老子为始祖，到了唐高宗李治时，再加码追封老子为“太上玄元皇帝”。李隆基同样热爱、感恩老子，加尊号为“大圣祖”。“开元盛世”的阳光雨露，让他感念不已，六年之后，又加尊号为“圣祖大道玄元皇帝”。如此慎终追远，只有一个目的，我李家系出名门，权力万世一系，祖上很阔很辉煌。看来，中国人这种“吃祖宗”的文化心理是古已有之。

上有所好，下必甚焉。有人从唐玄宗的这一政治动作中嗅出了一些门道，试图从中找到升官发财的“终南捷径”。公元742年，陈王李珪府中的参军田同秀，给唐玄宗上了一个折子，他在折子中说：“我在丹凤门的上空看见了玄元皇帝老子，他告诉我说：‘我在尹喜旧宅第藏有灵符。’”是吗？唐玄宗半信半疑，马上派人到函谷关尹喜台旁，一番艰苦搜寻后果然找到了灵符。

哇，朝野震动。群臣纷纷上表，表达共同心声：在函谷关得到玄元皇帝灵符，暗中与年号相应，这是先于天时而行事，万万不可违背，请于尊号上加“天宝”二字。

深获朕心！唐玄宗自然恩准。

加这两个字哪够啊！唐玄宗心里有更庞大计划，他要把这份“祖上遗产”做大做强，让全天下人看看，我李家曾有的“光荣与梦想”。是年二月，唐玄宗在新玄元庙祭献玄元皇帝老子，然后祭献太庙，又于南郊祭祀天地，并大赦天下。不仅如此，唐玄宗在官制上也尽量遵循玄元皇帝老子的主张，改侍中为左相，中书令为右相，尚书左、右丞相为左、右仆射；东都、北都分别改为东京、北京，改州为郡，改刺史为太守。

当然，始作俑者田同秀也成了最大的赢家，唐玄宗任命他为朝散大夫。

糊弄一人，糊弄不了天下；糊弄一时，糊弄不了一世。关于灵符一事，当时就有人怀疑是田同秀的假造，只是碍于陈王李珪的颜面，不敢点破。孰知一年之后，清河县人崔以清又上言道：“我于天津桥北看见了玄元皇帝，他说在武城县紫微山藏有灵符。”唐玄宗又下敕派遣使者前去搜寻，一番捣腾后，果然又发现了灵符。

东都留守王倕为人刚正，他料定其中必定有诈，于是把崔以清抓来，一阵拷打之后，崔以清扛不住，只好竹筒倒豆子般将造假过程一五一十招了出来。王倕赶紧上奏唐玄宗，本以为唐玄宗会对此报以雷霆之怒，但没想到，唐玄宗只是笑了笑，对崔以清并没有深究，将他“流之而已”，欺君之罪，只是判了个流放而已。

我敢断言的是，自始至终，唐玄宗都知道所谓的“灵符”只是一出假戏，但唐玄宗需要这一出戏目，需要有人对他的“领导意图”加以附和、印证。否则，田同秀也好，崔以清也罢，纵有十个脑袋，也担待不起“欺君”这一罪名。

红颜祸水，这话也不能说没一点道理。在遇到杨玉环之前，唐玄宗还是很求上进的，政治上也有足够的清醒。关于这一点，绝非空穴来风，且看《资治通鉴》中一段有关他的记载。

唐朝初年，朝廷规定公主的食邑实封只有三百户，但这只是原则上的规定，实际操作中户数时有突破。譬如说到了唐中宗时，大红大紫的太平公主食邑就多达五千户，几近规定的十六倍。

李隆基上台后，对此进行了拨乱反正。开元年间，皇妹的食邑减到一千户，对公主们又实施减半政策，且严格规定每户最多不超过三个成年人。对于公主老公驸马爷呢，也有明确规定：“皆除三品员外官，而不任以职事。”就是说，驸马虽身份显赫，但只能任以三品员外官，而且不实际视事，顶多也只是名义上的，带有“顾问”的意思。唐玄宗制定的这些针对皇室的硬规定，让公主们的食邑收入很少，生活颇为拮据，《资治通鉴》中说以至于“不能具车服”，在车马服装方面的花销，常常是捉襟见肘。这种寒酸样，让皇子皇孙心里嘀嘀咕咕，认为有损皇家气派和皇家尊严。左右似乎也看不下去，纷纷对唐玄宗进谏道：万岁爷，这些公主的食邑确实太少了，大幅度提高她们的食邑是当务之急啊。

问题提出来了，唐玄宗对此是怎样考虑的呢？虽然一千多年过去了，但现在读来，唐玄宗的回答仍是充满着温度。他说：“百姓租赋，非我所有。战士出死力，赏不过束帛；女子何功，而享多户邪？且欲使之知俭啬耳。”普天之下，莫非王土。唐玄宗的境界让人赞叹，他认为百姓的税赋不是私人的财产，应用之于民。纵览史册，能有此认知的君主帝王实是凤毛麟角。前方的战士出生入死，得到的也只不过是一段布帛的打赏，相比之下，这些女子又有什么功劳呢？最重要的是，控制食邑是要让这些天潢贵胄知道什么是节俭生活！

鞭辟入里且又一言中的。想想唐玄宗的眼光与视野，比我们现在许多独生子女的父母，特别是握有权柄的父母或要远得多、宽得多。

这一时期的唐玄宗，确实对“家”与“国”之间的分界拎得很清。只可惜，权力有时是清醒的腐蚀剂。后来，唐玄宗手中的权力之柄也慢慢地生锈斑驳并大片脱落，如宠爱杨贵妃及其家人，宠信宦官，不断走向自己当初的反面，最后闹腾起一出“安史之乱”，马嵬坡上的一曲《长恨歌》，令人唏嘘不已。作为天下共主，唐玄宗竟然连自己心爱的女人也无法保全，落了个“此恨绵绵无绝期”！

权力的生锈往往是个渐进过程。以公主的食邑为例，执政初期，唐玄宗对此虽然卡得很紧，但最终也是难过儿女情这一关。公元735年秋天，唐玄宗的女儿咸宜公主将要出嫁，唐玄宗特别恩准将咸宜公主的食邑增加至一千户。这头一开，便是有样学样，其他公主和大臣不干了，纷纷上书反对唐玄宗的“厚此薄彼”。没办法，面对汹汹舆情，唐玄宗只好选择妥协，将其他公主的食邑一样加到一千户。

由清醒变为糊涂，人大都是从食言开始。

皇宫里的一亩三分地

朱元璋坐上龙椅后，浙江的官员进贡了金华地区出产的一种香米。御膳房精心炮制后呈上，朱皇帝用金筷子夹着尝了一口，顿觉齿颊生香，好吃！于是，朱元璋大笔一挥，诏令当地官员每年进贡，作为皇家特供。

诏令还没走出宫门口，朱元璋马上差贴身太监将使者唤回，然后又当着众人之面把诏令撕毁。皇上的朝令夕改，让近臣们颇感纳闷。朱元璋解释道："这劳什子一旦定为贡品，地方官说不定会趁此加码，层层盘剥百姓，果真如此，必定给当地农民增加负担，最终受苦的，还是当地的老百姓啊！"

算什么呢？不就一把稻米吗？何况天下都是你朱家的！

窃以为，历朝历代的帝王中，对农民最有感情的，当数朱元璋。此种情感，源于他的苦大深仇的出身。朱元璋数代赤贫，老爹死后连副薄棺也找不到，只能草草一葬了事。再加上他早年的流民生活，因此对稼穑之难、农民之苦，有足够深的体认与足够多的发言权。

人都有口腹之欲，虽贵为天子，朱元璋也不能免俗。特供虽然免了，但他的胃还会不时地痉挛，对金华稻米有着老牛反刍般的念想，就是忘不了这一口。怎样办呢？多亏农民皇帝朱元璋想得出来，他居然独辟蹊径，命人在宫中开垦出一块耕地，专门用于种植这种金华香米。

一派繁忙、热闹的景象在巍峨的宫禁中出现了。每到春耕时节，朱元璋总是亲自率领龙子龙孙，挽起衣袖，捋起裤腿，在这块方寸之地上播种、插秧、施肥……按照时令，一个环节都不少。待到收获季节，又同样下田收割，然后不辞辛劳地晒谷、归仓。朱元璋试图以这种执著，一来满足自己的口腹之欲、心头之好；二来告诉朱氏子孙，不要忘记稼穑之艰，农桑之苦。由此提醒皇子皇孙千万不要忘记自己从哪里来，并希望他们清楚地知道未来该往哪里去。绝不能因“变修”而成为纨绔，毁了大明的锦绣江山。

老朱还真有创意，佩服！

宫禁之中开辟田地种植庄稼，私以为上下五千年，唯朱元璋一人而已，没想到这是孤陋寡闻一如鄙人者的武断和浅陋。历史上赫赫有名的唐玄宗李隆基也干过同样的事。与朱元璋稍有不同的是，他种的是小麦。

《资治通鉴》记载：“上种麦于苑中，帅太子以下亲往芟之。”和朱元璋一样，李隆基在宫禁中开地亲自种植，亲自除草，亲自收割。李隆基出生于钟鸣鼎食之家，与朱元璋出身完全是“南辕北辙”，那他的目的是什么呢？也许有三个原因，一是把亲自种植、收割的这些小麦，用来祭祀祖先宗庙，慎终追远，这事不可以不庄重，以表虔诚；二是借此机会，让皇子们知道耕种庄稼的艰辛。还有一个呢？先卖个关子，暂且不表。

李、朱两位皇帝出身不同，情怀一致，就凭这一点，我认为李隆基的所为或许比朱元璋更难得。

又是一个丰收年。金灿灿的麦子，唐玄宗一部分用于祭祀，剩下的则赏赐给侍臣。侍臣们手捧麦子，一边高呼“谢主隆恩”，一边趁机把所有的困惑和盘托出。唐玄宗环视侍臣一圈后，慢慢道出自己亲种小麦的最后一个缘由：“比遣人视田中稼，多不得实，故自种以观之。”说的是什么意思呢？原来唐玄宗心系农桑，每年都派人到农村去调查老百姓的庄稼丰歉，但是都难以得到实情，派出去的人报喜不报忧，传回宫内的消息，不外乎又是一个丰收年。所以，他以这种亲自耕种的方式，来考察一年的农业生产状况。

没想到吧？唐玄宗居然有如此高的境界，在宫苑的方寸之地，耕耘出政治的大文章。

小心眼曹丕

魏文帝曹丕让后人记住的，不是他的槃槃大才，而是他的小肚鸡肠。“煮豆燃豆萁，豆在釜中泣。本是同根生，相煎何太急？”读着这首诗，再想想诗背后的故事，曹丕的心胸狭窄不让人脊背生凉吗？毕竟是手足啊！

有人说这是对曹丕的污蔑，但流言也往往源于生活又高于生活。骠骑将军、都阳侯曹洪的遭遇，就可以证明曹植遭遇到的不幸绝非孤证。曹洪是个富二代，家里很有钱，但很吝啬，因这一性格，他差点丢了宝贵的性命。

说来话长，容我慢慢道来。当年，曹丕还是太子的时候，曾向曹洪提出借用一百匹绢。曹洪对这一要求不是很乐意，但抹不开脸面，最终还是借给了曹丕，不过显得磨磨蹭蹭、忸忸怩怩。他的不爽快，弄得曹丕不痛快，并从此记恨在心。

曹丕终于如愿以偿坐上了皇位，也终于有大把报复曹洪的机会。有一次，曹洪门下某位宾客触犯了法律，被有关部门带走。本来是一事归一事，曹丕倒觉得机会来了，顺便把曹洪也收了进去，并且下手很重，判他死刑。消息传开后，舆论一片哗然，大臣纷纷上书为曹洪求情，但曹丕不屑一顾，对求情者说道：“此事免谈！”

卞太后无意间知道了这件事，很生气。她责备魏文帝曹丕说：你不记得了，当年在梁、沛两地之间大战时，若没有曹洪，我们怎么会有今天！曹丕无语。卞太后还不解气，又对曹丕的老婆郭皇后说：你老公今天如果敢处死曹洪，我明天就要他废掉你这个皇后！

郭皇后心里害怕，多次哭着为曹洪求情。眼泪是女人最犀利的武器。曹丕挡不住，只好免了曹洪一死。死罪可免，但活罪难逃，曹洪的官职被撤，爵位和封地也被悉数削去。

曹洪是什么人啊，他对曹魏天下可是居功厥伟。当年曹操起兵讨伐董卓时，兵至荥阳，为董卓的部将徐荣所败。败逃中，慌慌张张的曹操不小心又把所骑的马弄丢了，敌兵追得很急，就在屁股后面。曹洪见状，赶紧跳下马来，把自己的战骑让给曹操，曹操推辞不受。曹洪说，天下可以没有曹洪，不可以没有你曹操。

命都可以不要，还在乎一百匹绢？想来曹洪不是一个吝啬的人，但就这样一个有功于曹家的人，曹丕还睚眦必报，欲痛下杀手，如果换了其他人，不是更没活路吗？嗨，你还别说，还真有这样一位倒霉蛋，他叫鲍勋。

鲍勋怎么会和曹丕结下梁子呢？话说当年曹丕还在做太子时，他的小舅子，即老婆郭夫人的弟弟，可能仗着上边有人，以身试法，被官府逮了个正着。小舅子收监后，由时任魏郡西部都尉的鲍勋负责审理。太子曹丕烦不过郭夫人的哭哭啼啼，只好纡尊降贵向鲍勋请求赦免。但鲍勋是什么人啊，刚直之士，执法如山，对太子的金口当即予以严词拒绝。

没想到，仇恨的种子就这样埋下了。

待到曹丕升任皇帝后，鲍勋依然一根筋，对曹丕的许多言行看不惯，且屡屡直言相谏，曹丕不但不从善如流，反而是“旧仇未报又添新恨”。

终于，一个雪心头之恨的机会来了。

曹魏部队征讨吴国后退兵，驻扎在陈留地区。鲍勋此时担任“治书执法”一职，陈留太守孙邕前来晋见魏文帝，工作汇报完出来后，顺路去鲍勋处拜访。当时营垒尚未筑好，只刚刚立下界标，孙邕穿行时没有正路可走，只好踉踉跄跄走在泥路上，在当时，这可是“大不敬”的事，军营令史刘曜要治孙邕的罪，事情反映到了鲍勋这里，他认为营垒尚未建成，情有可原，因此劝阻了刘曜。

本以为这事就这样过去了，孰料让曹丕知道了，他马上下诏将鲍勋抓起来交给廷尉治罪。廷尉根据法律议定，大概以包庇或知情不报的理由判处鲍勋五年徒刑。廷尉正、廷尉监和廷尉平等三位官员对此持有异议，认为判得太重了，依照相关法律，顶多也就罚黄金两斤。

争论报给曹丕裁决，没想到出大事了！曹丕气得火冒三丈地说，鲍勋罪该处死，而你们却要放掉他，将廷尉正、廷尉监、廷尉平三位官员及其下属抓起来交给有关部门治罪。曹丕扬言要把这些“老鼠”埋在同一个坑里。

朝中忠直之士钟繇、华歆、陈群、高柔、卫臻等一起上表，说鲍勋有功于武皇帝曹操，请求赦免鲍勋。曹丕不许。廷尉高柔拒不服从曹丕的诏命，这让他更加愤怒，命人将高柔召到尚书台，然后派人到监狱将鲍勋处死。鲍勋被杀死之后，才将高柔放归回家。

权力的笼罩之下，实在是太危险了。一言一行，一笑一颦，自己可能不以为意，但就在这不经意间，却可能已埋下祸根。要命的是，这祸根的潜伏期还可能很长。当觉得已经淡忘时，仇家却在暗处一刀劈来，顷刻间便是身首异处。曹丕就是这样的杀手！

看来，将曹丕的小心眼刻进史碑并不冤枉。他对弟弟曹植的小心眼，除了忌惮权力之争外，还有嫉妒弟弟诗才的原因，《七步诗》就是一个铁证。鲍勋也好，曹洪也罢，他们的遭遇都是最好的例子。

曹爽：愿做富家翁

曹爽本来可以不死，可惜他遇到了司马懿；遇到司马懿，本也可像其他王公贵族那般有尊严地活着。但曹爽最终还是死了，死于自己的私心，死于自己的短见，死于自己的猪脑子。

一人之下，万人之上。作为曹魏政权下大将军的曹爽，一度高调地过着近乎嚣张的生活。曹爽骄奢无度，目中无人。比如，他的饮食、衣服与皇帝几无二致。这是明摆的僭越，罪当夷灭三族。但他大权在握，是曹魏政权的柱石，谁敢说他半个不字啊？！不仅如此，曹爽胆儿贼肥，明目张胆地把皇宫的各种珍宝玩好搬回将军府。更令人瞠目的是，他还私自留用先帝宫中的女官当作歌舞乐伎。曹爽在追求有创意的生活方面可谓殚精竭虑。他突发奇想，掘开府内的地面建造一个地下宫室，宫室四周雕饰华丽的花纹，经常呼朋引类在此通宵达旦饮酒作乐。

权柄在握，锦衣玉食，此时已是位极人臣的曹爽，当是志得意满了吧？不是的，他有一丝丝说不出的担忧。每次退朝后，他觉得在同僚的低眉顺眼中，总有一缕若隐若现的阴鸷眼神。是谁的呢？扫来瞄去，他终于一把逮住了这缕投向自己的寒光。

准没错，杀人般的寒光来自太傅司马懿……

自此，司马懿成为大将军曹爽的心病。哼，得找个机会，先下手为强。想到这里，曹爽忍不住咬紧了牙关。

都是聪明人，在眼睛的对视中，司马懿从曹爽的脸色的瞬间变化中感受到了紧迫的危机。怎么办？甘为鱼肉？这不是司马家族的性格。

谋定而后动。这年春天，河南令尹李胜出任荆州刺史，赴任前到司马懿家辞行。进得司马家来，所见让李胜大吃一惊，但见司马懿在两个婢女的搀扶下，蹒跚着脚步从内室出来迎客。婢女让他更衣，司马懿颤巍巍中把衣服掉在地上。他不停地嘟哝着说口渴，婢女端来了粥，司马懿却拿不动碗，只好由婢女端着喝，喝一口漏一口，流出的粥沾满了前胸。李胜见状说道：唉，没想到你的身体这样糟糕！司马懿佯装气喘吁吁地说："我年老体弱，不久就要死了。你屈就并州刺史，并州靠近胡地，要加强战备。恐怕今后我们难再见面了，我把儿子司马师、司马昭兄弟就托付给你了。"

前言不搭后语，简直是一派胡言乱语。李胜一听有些哭笑不得，只好更正答道，我是回去愧居家乡的州官，不是并州。司马懿自导自演的小品需要丰富情节，又赶忙装聋作哑，顺口答曰："你刚刚到过并州？"李胜答道："是愧居荆州。"一番鸡同鸭讲后，李胜感到情报搜集的任务已圆满完成，于是满意告退并向曹爽禀告："太傅的病体不能复元了，实在令人悲伤。"自此，曹爽也就把司马懿当成死猫，自认为天下无忧矣！

司马懿真是位杰出的表演艺术家，获奥斯卡最佳男主角奖绰绰有余。他的装聋作哑只是"潜龙在渊"，韬光养晦罢了。冀州刺史孙礼实在看不惯曹爽的胡作非为，忍不住跑到司马懿家里哭诉，并毫不客气地批评太傅说："本谓明公齐踪伊、吕，匡辅魏室，上报明帝之托，下建万世之勋。今社稷将危，天下凶凶，此礼之所以不悦也！"言毕，"涕泣横流"。是啊，你司马懿身为太傅，本应追循伊尹、吕尚，拨乱反正，维护社稷，建功立业，没想到却和我一样碌碌无为！

面对刺史孙礼暴风骤雨般的指责，司马懿劝慰说："且止，忍不可忍！"哭什么，没出息，忍不能忍的才是真君子。

机会来了！公元249年，曹魏皇帝祭扫高平陵，大将军曹爽和他的弟弟曹羲、武卫将军曹训、散骑常侍曹彦等随驾前行。从这种安排上，可以看出曹爽的大意与愚昧。曹爽出城不久，司马懿就以皇太后的名义下令，关闭各个城门，率兵占据武库，又派兵出城据守洛水浮桥，然后命令司徒高柔持节代理大将军职事，占据曹爽营地；太仆王观为代理中领军职事，占据曹羲营地。一切安排妥当后，派使者向曹魏皇帝禀告曹爽的种种罪恶。

报告自然是落在了曹爽手里，他看后可不敢呈给曹魏皇帝御览，里面字字如刀啊！面对局势的急转直下，曹爽惶急窘迫得不知所措。城里的老巢是回不去了，他只好扣着曹魏皇帝暂时留宿于伊水之南。

司马懿派人去劝说曹爽，希望他尽早归降认罪。司马懿还指着洛水发誓说，如果曹爽情愿认罪，顶多也就把你的官职免去而已，其他的待遇，一切好说！

有这样的承诺，曹爽动摇了。但他的智囊桓范看透了司马懿的心思，遂劝说曹爽兄弟挟持天子到许昌，然后调集四方兵力勤王。这是一条好计，毕竟天子还在自己的手中。可惜，曹爽兄弟脑子进了水，尽管桓范一再劝说，曹氏兄弟仍是犹豫不决，从黄昏坐到五更。眼看黎明在即，曹爽忽然把刀扔在地上说："我亦不失作富家翁！"意思是说，我投降了司马懿，仍不失为富贵人家！听到这混账话，桓范悲伤地说："曹子丹这样的伟人，却生下了你们这群如猪如牛的兄弟！"

曹爽乖乖地回到城里做了名富家翁，但这种富家翁的生活实在过得如芒在背。大将军府被重兵包围，呼吸到的自由空气越来越稀薄。司马懿还在大将军府的四方建瞭望塔，用于监视曹爽的一举一动。曹爽有时到庭院散散步，瞭望塔上的兵士马上高声报告："故大将军向东"，一会儿又报告说："故大将军现改向南"。如此下来，弄得曹爽索然寡味，只好匆匆折回室内，独自生闷气。虽是如此，这样的日子，也是屈指可数了。古语说得对，卧榻之侧，岂容他人鼾睡？！果然像桓范所说，不久，司马懿找了个借口，将曹氏兄弟和他们的一帮狐朋狗友推出去斩首，还夷灭了三族。

本想奔向宽阔的草原，却一头扎向了马厩。曹爽的结局是性格所致，当时就有人说他"驽马恋栈豆"。曹爽不就像匹劣马吗？只贪恋马房的草料，这种眼界与心胸，还好意思出来混？！

其实，在随皇帝祭扫高平陵时，桓范就提醒过曹爽，大将军您总理万机，又掌管城内禁兵，弟兄万不可同时出城，如果有人关闭城门，又有谁在城内接应呢？

当时的曹爽很自信，回答道："谁敢尔邪！"谁敢这样做！

真的没人敢吗？

权力的毒酒

“秦失其鹿，天下共逐之。”只要有机会，对这“鹿”先是垂涎欲滴，接着就直接动手了。“千里无鸡鸣，白骨露于野”，为了这“鹿”搞得天下不得安宁，流血漂橹。

没想到，有人傻帽到家，居然不想做皇帝！

北魏献文帝拓跋弘从小就显示出成大事者的特质：聪明睿智，刚毅果断。当国后，除了处理日常政务外，更多的时间是在研究黄老哲学和佛学。研究学问是件痛苦的事，穷尽其想，却找不到答案。好在是皇帝，不会缺乏各种资源。想不透，那就找人一起来研究。于是，拓跋弘常常召集朝廷官员以及和尚、僧侣，共同谈玄论理。言谈间，拓跋弘对世俗的荣华富贵显得非常淡泊甚至鄙薄，还流露出离家修行的念头。

初时，大伙觉得皇上也就随便一说，谁不想做皇帝啊？皇上您也太矫情了。嘿，你别说，拓跋弘当真了。作为第一步，他心中选定了接班人。是谁呢？拓跋弘的叔父、中都大官、京兆王拓跋子推。

为什么是拓跋子推？因为他沉稳、文雅、仁厚，在满朝文武的眼里“素有时誉”。大家的一致叫好，临门一脚助力使他进了拓跋弘的法眼。

拓跋弘准备禅让的想法，引发朝野的一片哗然，反对之声蜂起。承继大统可是有规矩的，你说撂挑子就撂了吗？那不乱套了吗？又不是过家家！置国家社稷、天下苍生于何地？但这些质疑、反对都无法撼动献文帝的决心。他去意已决。

不过，拓跋弘并不想以权压人。一般而言，信佛和崇尚老庄的人都有好脾气，修行嘛！于是，他召开了一次“公卿会议”，以此统一思想，让大家心平气和地接受他的想法。

一句话，理解万岁！

接到会议通知时，太尉源贺正率军驻防漠南。当他风尘仆仆赶回帝都进入会场时，还没坐定便感受到了紧张的气氛，全场鸦雀无声，没有人说话。半晌之后，还是任城王、拓跋子推的弟弟拓跋云率先打破冷场。他起身说，正逢太平盛世，君临四海，陛下怎么可以上违祖宗，下弃百姓。而且，皇位之事，父子相传，由来已久。陛下如果一定要放弃尘世上的俗务，那么也应由皇太子来继承大统。天下是祖宗的天下，陛下如果把朝廷授予旁支，恐怕不是明圣祖先的本意，将会引起奸人的乱心，这是祸福的源头，望陛下三思。

源贺旗帜鲜明地支持这一观点。他接上拓跋云的话茬说道，陛下打算禅位给皇叔，我深恐扰乱皇家祖庙祭祀的顺序，后世将讥讽我们逆祀，恳望皇上谨慎再谨慎！

这一年，皇太子拓跋宏年仅五岁，但他很懂事，有孝心。在他三岁时，献文帝的身上长疮，小小年纪的他居然用嘴为父皇吮脓。

禅让的纷争传开后，有大臣要他准备接受父亲的皇位，这话使他悲泣哀伤，不能自已。献文帝获悉后，感到非常奇怪，忙把他叫到身边询问缘由。拓跋宏的回答是：“代亲之感，内切于心。”如果让我接替父亲的位置，内心非常痛切。这说明我们做臣下的没能尽责，让父皇烦心了。

小小年纪，有此境界，难得！于是，这小屁孩感动了许多人，尚书陆馛就决然说道，陛下若舍弃太子，传位亲王，我宁可在金銮殿上自刎，也不敢奉诏。献文帝一听，勃然大怒，脸色拉黑，转头问宦官、吏部尚书赵黑，赵黑的回答显得气定神闲：“我以死效忠皇太子，不知其他。”

献文帝沉默不语。没辙，会场再次陷入沉寂……

事情总是要解决的。这时候，中书令高允的一句话动摇了献文帝的坚定：“我不敢多言，愿陛下不忘祖先托付之重，而追念周公辅佐幼主成王的故事。”唉，提到了周公，就意味着传位模式是传子不传弟。献文帝一声长叹后，命人把玉玺呈献给皇太子拓跋宏，任命尚书陆馛和源贺一同持节，辅佐年幼的新皇帝。

几天后，权力还没交接完毕，献文帝就迫不及待地迁到崇光宫居住。崇光宫建得十分粗糙，房椽用刚采来未经加工的木材制作，台阶仍是大片黄土裸露。他在最后一次以皇帝名义颁布的命令中说：朕向往太古生活，志向恬淡，不图名利，特命太子升为皇帝，朕只求悠闲自得，修身养性。

权力的交替往往伴随着腥风血雨，但献文帝拓跋弘的主动让位，让后人再次感受到尧舜之风。他的动机未必高尚，但内心有追求、有信仰，仅这一点，就足以让后人充满敬意！

读历史，读到常识，读到温暖，也读到伪善。不信？看看刘裕的权力占有欲吧！与献文帝拓跋弘相比，可谓天上地下。

卧榻之侧岂容他人鼾睡？南北朝刘宋武帝刘裕非常忌恨东晋废帝、已改封为零陵王的司马德文，一门心思想让他早日人间蒸发。

有一天，刘裕拿出一瓦罐毒酒，交给琅邪郎中令张伟，要他去结束司马德文的性命。张伟看着这瓦罐毒酒，叹息道："鸩君以求生，不如死！"毒杀君王而求活命，如此猥琐的活怎能干呢？但君命不可违，只有自求一死。就在送毒酒的路上，张伟自己端起毒酒，一饮而尽，自杀了！

张伟的举动犹如电光火石，撞击心房，让后人感到温暖，虽然是以张伟的生命为代价。君要臣死，臣不得不死，在政治伦理与人性良知间，张伟选择了人性良知。在物欲横流的当下，多少人因为上司的一句话，或者某一暗示，或犬儒，或乡愿，有些人甚至为虎作伥、助纣为虐，比照之下，张伟的事迹对后人具有不凡的教化意义。

一计不成，又生一计。反正刘裕决意要置司马德文于死地而后快。太常褚秀之、侍中褚淡之，这两人是司马德文的王妃褚灵秀的哥哥。司马德文的妻妾中，一旦有人生了儿子，刘裕都要褚秀之兄弟趁机扼杀，以斩草除根。司马德文逊位后，他深恐自己也不免惨遭毒手，就与褚妃同住一室，甚至煮饭煲汤都在床前进行，油盐酱醋等生活所需皆由褚妃亲手操办。由于防范严密，刘裕一时无从下手。

但是，权力终归还是有办法的。刘裕想出一计，有天命令褚淡之两兄弟前往探视妹妹褚妃。没办法，褚妃只好到另一间房子与两位哥哥见面，司马德文一时不在视野里。就趁这当儿，刘裕指使伏兵翻墙而入，把毒药递给司马德文。司马德文不肯饮服，大声对来人说道："佛教，自杀者不复得人身。"呵呵，司马德文还是佛教徒。他意思是说，佛教规定，人如果自杀，就不能再投胎做人。

既然如此，那我们就不客气了。杀手一拥而上，用被子蒙住司马德文的脑袋，将他活活憋死。

司马德文死后，刘裕"帅百官临于朝堂三日"，亲率文武百官在朝堂上，为司马德文哭泣哀悼三天。

权力就是虚伪！

宫女没白头

寥落古行宫，宫花寂寞红。
白头宫女在，闲坐说玄宗。

元稹的这首《行宫》，抒发的是盛衰之感，但诗歌的“底子”还是直言宫女的人生之痛。不妨想象一下，一代又一代，不计其数的宫女，在花季自愿或被迫进入重重宫阙，韶华青春就在这无尽的等待中，慢慢被岁月这把“杀猪刀”磨得满额沟壑纵横，一头青丝换成满头华发。结果是，与理论上的“丈夫”——当朝皇上，至死都可能未曾打上个照面，所有的青春梦想都化为一缕青烟。面对如此凄惨的结局，是嗟怨上苍，还是哀叹个人际遇?

多少年后，当希望成了绝望，怀着对曾共有的憧憬与梦想，闲坐闲谈中，这帮白头宫女果真能如老僧入定般看破红尘？元稹的这首诗带给后人太多的想象。

“闲坐说玄宗”，并非仅仅是诗人的艺术创作，而且是冰冷的曾经。史册记载，天宝末年，也即公元742至756年，一批宫女先后被“潜配”到上阳宫，在这冷宫里一“闲”便是四十多年，成了名副其实的白发宫人。这首短小精悍的五绝便倾诉了宫女无穷的哀怨之情，当然更寄托了诗人深沉的盛衰之感。

唐代另一位大诗人白居易写有《上阳白发人》，可以和这一“潜配”事件互照。先重温一下这首诗：

上阳人，上阳人，红颜暗老白发新。
绿衣监使守宫门，一闭上阳多少春。
玄宗末岁初选入，入时十六今六十。
同时采择百余人，零落年深残此身。
忆昔吞悲别亲族，扶入车中不教哭。
皆云入内便承恩，脸似芙蓉胸似玉。
未容君王得见面，已被杨妃遥侧目。
妒令潜配上阳宫，一生遂向空房宿。
宿空房，秋夜长，夜长无寐天不明。
耿耿残灯背壁影，萧萧暗雨打窗声。
春日迟，日迟独坐天难暮。
宫莺百啭愁厌闻，梁燕双栖老休妒。
莺归燕去长悄然，春往秋来不记年。
唯向深宫望明月，东西四五百回圆。
今日宫中年最老，大家遥赐尚书号。
小头鞋履窄衣裳，青黛点眉眉细长。
外人不见见应笑，天宝末年时世妆。
上阳人，苦最多。
少亦苦，老亦苦。少苦老苦两如何？

君不见昔时吕向《美人赋》，又不见今日上阳白发歌！

“入时十六今六十”一句，至今读来还让人心痛无比。封建统治者为了展现至高无上的权力，同时也为了满足生理欲望，大肆从民间采选未婚美少女，动辄“同时采择百余人”。这可能还是比较客气的。隋炀帝曾在江浙地区一次征选美女三万名；崇祯皇帝在内有李自成造反、外有清军环伺之时，仍派出国舅爷田畹到江南强征美女入宫。问题还在于，这些入宫的美女绝大部分至死都没机会一睹龙颜，有些更惨，在各种“宫心计”中死于非命，甚至株连家人。即使得到宠幸，不少人的结局也不太美妙，皇帝驾崩后，活活成为殉葬品。朱元璋驾崩时，仍有残忍的“活殉”，暴殄天物。

读完这两首诗，让我又想到了《资治通鉴》中所记唐太宗在同类事情上实行的“仁政”，从中既看到他从善如流的襟怀，也看到他的人本思想。

公元628年，天气干旱少雨，中书舍人李百药上书说：“往年虽放出过宫女，但我私下听说太上皇宫与掖庭的宫女，深锁宫中的还是比较多，这种积压岂止是白白耗费衣物粮食，而且阴气郁积，也足以造成干旱。”

李百药的理由当然牵强附会，甚至胡说八道，但唐太宗还是恩准了，只不过是另一种理由：“妇人们常年锁在深宫里，实在值得同情。洒扫庭院之外，还有什么用呢？应该全部让她们出宫，听任她们另寻配偶。”于是，唐太宗马上让尚书左丞戴胄、给事中杜正伦牵头办理有关遣返事宜。戴、杜两人雷厉风行，短时间内遣返的宫女就达三千余人。

不能说是史无前例，但唐太宗此举足以成为值得颂扬的历史事件。封建统治者宁愿宫女老死于斯，也不会让她们重新回到民间，原因有二：一是皇帝的御用品岂能由他人染指？二是宫中尤其是宫闱之事，岂能流播于民间？

学者吴稼祥在《公天下》中说，唐太宗是中国封建社会最具人文关怀精神的皇帝之一。窃以为，从这一件事来看，李世民是戴得起这顶高帽的。

什么是最好的兵器

宰相房玄龄比往常起得早了些，三两下用毕早餐，便兴冲冲进宫。他要向唐太宗报告一件好事儿。

有什么好事呢？行过君臣之礼后，房玄龄开口启奏："阅府库甲兵，远胜隋世。"原来自手握天下后，唐太宗对朝廷府库的兵械数量心中无数。于是，他便派房玄龄前去查看。房玄龄丝毫不敢怠慢，赶忙率一帮人前去细细点数，结果让人倍感鼓舞，无论是数量还是质量，唐府库里的兵械都远远超过了隋朝。兵者，国之大事也。这对皇上而言，不是件大好事吗？

想象中，听完报告，唐太宗准会龙颜大悦，这也是房玄龄为什么一早匆匆赶来的原因。食君之禄，忠君之事嘛。作为部下，做好工作是本分，想方设法让领导高兴也是本分啊！但是，这一次，唐太宗的脸上，并没有出现本应有的喜悦。

李世民若有所思。一时间，君臣上无语，朝堂上一片寂静。

好一阵工夫过去了，还是唐太宗打破了沉默。他缓缓抬起头，把眼光投向窗外，说道："甲兵武备，诚不可阙；然炀帝甲兵岂不足邪！卒亡天下。若公等尽力，使百姓乂安，此乃朕之甲兵也。"

精辟，值得热烈鼓掌！我认为，就凭这段话，足可以把唐太宗列入中国历史上的十大明君之列。不信么，先翻译一下吧。唐太宗是这样说的："铠甲兵械等武器装备，诚然不可缺少；然而隋炀帝的兵械难道不够吗！最后还是丢掉了江山。如果你们尽心竭力，使老百姓人心思定，这就是朕最好的兵械。"

战争中，最终的成败胜负，是由武器决定还是由人心决定？对这个答案，唐太宗显然是了然于胸。这也是李世民从刀口舐血、血雨腥风中得出的结论。前事不忘，后事之师啊！当年的隋炀帝不可谓不强大吧？七征吐谷浑，开凿大运河，创建科举制，远征高丽半岛……每一件都是大手笔，每一件都震古烁今，每一件都开天辟地，然而又怎么样呢？上帝要他灭亡，必先让他疯狂。伟大的大隋王朝不也就"历二代"而戛然而止吗？

民心，就是最锋利的兵器，它坚不可摧，所向披靡。

还想起唐太宗的另一件事。《资治通鉴》中载："己未，突厥寇边。朝臣或请修古长城，发民乘堡障。上曰：'突厥灾异相仍，颉利不惧而修德，暴虐滋甚。骨肉相攻，亡在朝夕。朕方为公扫清沙漠，安用劳民远修障塞乎！'"

说的是公元628年，突厥人又大举来犯，怎么办？有位大臣给李世民建议如下：一是修长城，二是征发百姓利用城堡以巩固边防。

唐太宗怎么看？他说，突厥近年来天灾人祸不断，颉利可汗并不因此而积德修善，反而更加暴虐。骨肉相残，其灭亡的日子也就不远了。朕正准备扫除沙漠上的敌人，何必劳累百姓到远方去修筑城堡要塞呢？遑论修什么"劳什子"的长城？

唐太宗目光如炬，自信满满，意志坚强。谋略、自信、意志，三位一体，成就了不一样的唐太宗。

虽然时代不同，但英雄所见略同。满清入关取得天下后，就决定不再修筑长城。我们知道，从春秋开始，历朝历代的统治者一旦坐稳天下后，就一门心思修筑长城，兀兀穷年，劳民伤财，为的是御敌于外，实际上也是求得心理上的安慰。但你说，哪个朝代的政权靠长城能御敌于外呢？恰恰相反，不少还因为修筑长城造成国库空虚，百姓怨声载道，最后还把自己的“朱楼”搞塌了。孟姜女哭长城的传说大家耳熟能详，这可不仅仅是个传说。

起初也有不少大臣上书提出修筑长城，清朝统治者对此也曾一度犹豫，修还是不修，这是个问题。但到了康熙皇帝的时候，他明确表态不再修筑长城。满清统治者何来的觉悟呢？窃以为至少有三：其一，满清祖祖辈辈生活在白山黑水间，曾是长城的主要防御对象，如今已坐拥天下，长城原有的功能已不复存在；其二，满清统治者用怀柔政策，拉拢、恩宠蒙藏上层王公，声称对中原实行“共治”，在某种意义上讲，已成功筑造了另一道“长城”；其三，满清统治者虽猎户出身，但十分善于学习借鉴，他们清楚地认识到，历朝历代中，没有哪个政权靠长城保住了身家性命。

分析虽不算高明，但也不是一点都不靠谱，从康熙皇帝到东海巡视时吟的一首诗中可窥探一二：

> 万里经营到海涯，纷纷调发逐浮夸。
> 当时用尽生民力，天下何曾属尔家。

诗的矛头直指秦始皇。康熙皇帝的批评直接而中肯，修长城工程浩大，费尽了民力，但是嬴秦政权仍然没有保住天下。因此，康熙皇帝决定改变统治的策略，采取所谓的“怀柔”政策，笼络蒙、藏等少数民族的上层王公，用这种办法修筑了另一道长城。

从康熙、乾隆皇帝过古北口长城时，臣子们的奉和诗中，可以看出满清统治者的心态，如“奉使蒙恬工力拙，过秦贾传论言该。当时北客难游牧，今日南人任往来”；“即论胜国何能守，说到秦人更可嗤。毕竟成城需众志，皇图巩固在于斯”等等。虽是臣子们盛饰华辞，希奉承旨，但事实证明，清王朝罢修长城，无论从政治还是经济的角度来讲，都是大大地赚上了一笔。

不管怎样，大清当国者，还是不乏远见卓识的！为了一项大而不当的工程，穷年累月，劳民伤财，使民间哀号声声，防不了敌人，却成为压垮自己的最后一根稻草。孟姜女的眼泪唤不醒统治者的固执。如此固执地修筑长城，是没自信的表现，也是汉文化“内向”的典型体现。

毫无疑问，在历代帝王中，唐太宗、康熙皇帝在这方面最具眼光！

皇上的玩偶

后唐帝王李存勖打小喜欢音乐，经常和伶人混在一块，有时候干脆自己粉墨登场，和伶人一道登场插科打诨。因为这一喜好，李存勖长大继位后，对伶人青眼有加，倍加宠爱。

狗仗人势，有些伶人依恃有李存勖这棵大树，便恃强凌弱，欺男霸女，甚至还敢肆无忌惮地欺负士大夫。大臣非常愤怒，但打狗要看主人面，对伶人的飞扬跋扈，他们只能是敢怒而不敢言。个别大臣还很贱格，竟然多方攀附或请托伶人，借此求得后唐帝的恩泽，谋求垂涎已久的官位。有些藩镇官员对伶人也是争相贿赂、巴结。

在这些伶人中，干预政治最深、害人最多也最阴险的，当属景进。伶人景进喜欢收集一些民间趣事说给后唐帝听，这一切让深居宫中的后唐帝看到外面世界的精彩。同时，后唐帝也想知道宫外之事，以了解民怨，因此乐于把景进当作自己的耳目。景进每次觐见，后唐帝李存勖都要屏退左右，亲聆世事。景进总是利用这样的机会，对看不惯的人大进眼药，弄得许多官员都很害怕他，能躲则躲，躲不过，只好到景府贡钱献物。

景进到底如何进人谗言？司马光很厚道，怕后人学坏，没作详细记录。老先生的担心真是多余，坏人怎需要教呢？这些人都能无师自通。其实，没有任何一个群体打从娘肚子里下来就是坏人。修行在个人，虽然也受到环境的熏染。这话可不是乱说的，在围着后唐帝转的伶人中，也不乏正直、智慧之辈。

如伶人敬新磨。

开头说了，后唐帝喜欢登场说唱，还取了个艺名叫“李天下”。在演戏时，后唐帝李存勖一到激动时，连连喊自己“李天下，李天下”。有一天，演到情浓处，后唐帝又来了，大喊自己“李天下！”这个时候，就见这个叫敬新磨的戏子，突然走上前来，狠狠地给后唐帝一记耳光，李存勖一下子懵了，众戏子也吓得变了脸色。只见敬新磨慢条斯理地说：“理天下者只有一人，尚谁呼邪！”谁说不是呢，治理天下的，只有你李存勖，您还呼谁为天子呢？这不是欠揍吗？

一番话说得李存勖眉开眼笑。他回过神来了，是啊，自己才是天下的最高统治者，自己才是天子呐！一高兴，仿佛忘了脸上的痛，马上赐给敬新磨以丰厚的礼物。

后唐帝李存勖有次跑到中牟县打猎，践踏了百姓的庄稼。中牟县令为民请命，站在李存勖的马前进谏说：陛下是老百姓的父母，怎么能够毁坏他们所吃的东西呢？是想让他们饿死后尸体被扔到山沟里吗？

就你才知道爱民如伤吗？沽名钓誉！李存勖很生气，大声斥责让他快点离开，并示意手下将他杀死。敬新磨瞅见不妙，上前一把将县令揪回后唐帝马前，责骂他说，你当县令，难道不知道我们的天子喜欢打猎吗？为什么你要任意让百姓耕种，来妨碍我们的天子驰骋打猎呢？你罪当处死。“因请行刑，帝笑而释之。”

喜欢音乐的人，当然不会是傻子，据说情商还很高。敬新磨的正话反说，让后唐帝听出了其中的弦外之音。因为打猎，践踏百姓庄稼，反把县令杀了，后人怎样说？历史怎样说？不过，我觉得李存勖的从善如流，还是出于对伶人的喜爱。

人都有喜好，本无可非议，何况天子！那年头，也没有什么特别的娱乐，畜养点伶人，来点小节目，也不算过分。但人都是有感情的动物，久而久之，爱屋及乌，让同好者的言行超出了职业范围，这样搞不好就会害人害己。比如说，身为戏子的景进，本应好好演戏，让李存勖高兴就行，可非要踏入政治的泥淖，何苦来着？！

毕竟，像敬新磨这样的伶人少之又少。

历代皇帝口含天宪，口味各有不同，但大多共有一个嗜好：喜欢戏子，或者侏儒，要么干脆兼而有之。就拿唐玄宗说事吧，他身边有位工作人员，叫黄䋎。此人虽是个侏儒，性格却极为机警。机警到什么程度呢？套用一句耳熟能详的话：唐玄宗没想到的，他早已想到；唐玄宗想到了的，他想得更周详。正因为此，唐玄宗对他十分宠幸。宫里宫外，常常拄着他的肩膀走路，并亲昵地称黄䋎为他的“肉几”。“人肉案几”，置满天下大小事务的宗卷，就像现在所讲的“活的百科全书”一样，很形象吧？

《资治通鉴》中说黄䋎被“宠赐甚厚”。“厚”的不仅是唐玄宗的信任，还有无数的赏赐，吃的、穿的、住的，林林总总。这些东西唐玄宗御笔一挥，便源源不断搬进了黄䋎的家中。

黄䋎出生时，他的父母看到儿子只有小白鼠般大，十分伤心，左邻右舍也视之为不祥之物，有辱家门啊！三十年河东，三十年河西。没想到一晃十多年后，自己这个宝贝疙瘩，竟会有这样大的出息——不仅在皇上身边工作，还给家里带来这么多的实惠，这是多大的荣耀啊！邻居当初的鄙视，已然转换为垂涎三尺。方圆数百里，谁有黄颀父母的幸福指数高呢？

人在困境时，谨慎勤勉，内心的“小”容易管控，不至于让它长得张牙舞爪；顺境时呢，却可能信马由缰，说穿了就是容易得意忘形，以为老子全球第一，这个时候往往容易出岔子。黄颀也不例外。有一天，进宫当值的时间已经过去了很久，唐玄宗发现往常准点到的黄颀却迟迟不曾露面。唐玄宗正准备向人打听这是什么情况，一转头恰好看到黄颀正气喘吁吁进得宫门。唐玄宗好生奇怪，赶忙向黄颀垂询，黄颀漫不经心地答道：“臣向入宫，道逢捕盗官与臣争道，臣掀之坠马，故晚。”原来在上班的路上，一位捕盗官急于办案，没给黄颀让道，黄颀觉得大失颜面，两步上前将他掀下马。因为争这口气和出这口恶气，导致上班迟到了！

说完这番话，黄颀无意间抬头看了唐玄宗一眼，这一看不打紧，倒让黄颀的脊背顿生寒气。为什么呢？原来黄颀看见唐玄宗眼里闪烁出一缕阴鸷之气。毕竟是聪明人，黄颀赶忙走下台阶叩头请罪。唐玄宗说：“但使外无章奏，汝亦无忧。”放心吧，只要没有人举报你，你便可高枕无忧！

话音未落，京兆尹就上奏指控黄颀刚才的横行霸道。读罢奏章，唐玄宗脸变得黑黑的，马上将黄颀呵斥出去，然后交给主管部门处以杖刑。一顿杖责，黄颀被活活打死……

和前面的行文风格一

样，司马光先生依然以冷峻的笔触，似漫不经心地对此作了记载。这段文字很短，司马光先生是要批评唐玄宗的冷酷无情、草菅人命，还是要表扬唐玄宗的驭下有术却又不搞法外开恩？

天子的心思难以揣摩，但我觉得唐玄宗这样做还是对的。他以此警告身边工作人员万勿恃宠而骄、恃强凌弱。这个口子还是不能开，否则将一发不可收拾。实际上，唐玄宗统治后期对杨国忠、安禄山等近似溺爱般的宠信，导致大唐政坛最终出现种种乱象，也恰恰可以证明这一点。

司马光写史用笔言简意赅，但对唐宣宗李忱的赞誉却不吝辞藻。《资治通鉴》中说李忱“明察沈断，用法无私，从谏如流，重惜官赏，恭谨节俭，惠爱民物”。直到唐朝灭亡之后，还有不少大唐遗民对李忱念念不忘，称唐宣宗为“小太宗”。

这大抵是真实的。唐宣宗一朝政治较为清明，自唐玄宗以降，国家所积流弊如藩镇割据、宦官专权都得到了一定的遏制。只是冰冻三尺，非一日之寒。大唐政权走向衰亡，已非一人之力可止跌回升的了，哪怕此人有三头六臂。

《资治通鉴》有关唐宣宗的片段较多，老夫子司马光丝毫不掩饰对李忱的喜爱。从这些片段中读到什么呢？窃以为，李忱不失为一个明白人！

先看两个例子，或谓此言不虚。

皇帝在宫里养美女，养宦官，也养优人。优人是什么角色呢？大致与滑稽演员相当，三者都是皇帝的高级服务员，让皇帝开心是他们的职责所在。

唐宣宗李忱未能免俗，也养了不少优人，不同的是他对优人的态度。

宫廷教坊里有个优人叫祝汉贞，为人滑稽敏达。表演时，有时唐宣宗随意一指某物件，祝汉贞每次都能不负所望，按照李忱所指编造出故事、笑话。且常常口若悬河，插科打诨，让君臣捧腹大笑。唐宣宗对他青眼有加，宠爱程度超过了其他的伎优。

有一天，祝汉贞又在唐宣宗面前表演诙谐戏，表演内容涉及许多外朝政事，唐宣宗一听不对，马上要求演出停下，然后正色训斥祝汉贞："我畜养尔曹，正供戏笑耳，岂得辄预朝政邪！"自此以后就疏远了祝汉贞，还找了个机会将他流放于天德军。

罗程是位宫廷乐工，善于弹奏琵琶，自唐武宗朝就得到宠幸。唐宣宗多才多艺，尤通晓音律，因此对罗程颇为宠爱。可惜，罗程没能摆正位置，反而依恃皇帝的恩宠暴虐专横。有次走在街上，因为路人斜视了他一眼，罗程竟然恶向胆边生将其杀死。京兆府将罗程逮捕入狱，宫廷诸乐工想请求唐宣宗赦免罗程。他们待唐宣宗到后苑观看演奏时，在演奏席里为罗程设了一个虚座，并放上罗程的琵琶。唐宣宗觉得奇怪，问了声"罗程怎么没来？"嘿嘿，乐工们等的就是这句话，于是马上一起跪拜于庭前，哭泣不已。唐宣宗忙问何故，众乐工道出实情，并说："罗程负陛下，万死，然臣等惜其天下绝艺，不复得奉宴游矣！"

哦，原来如此。听罢众乐工言，唐宣宗淡然一笑，说："你们可惜的是罗程的演奏技艺，朕所珍惜的是高祖、太宗留下的法律。"最后，罗程依法判处杖刑，被乱棍打死。

玩物丧志，玩人误国。因"演而优则仕"导致的误国亡政，宋代文坛领袖欧阳修在《五代伶人序》中有专论。应该说，唐宣宗对优伶干政还是保持着相当的警惕，将个人爱好与家国大事泾渭分明，这一点殊为不易。多少年后，还有人对唐宣宗念念不忘，看来自有道理。

宠也罢，恨也罢，不管伶人最终结局如何，无非都是权力手中的一个玩偶。

“法在”与“法亡”

柳公绰是大书法家柳公权的哥哥，曾任唐穆宗的尚书左丞。《资治通鉴》对他评价甚高，说他为官忠于职守，清正廉明，刚正不阿，知人善任。

虽为文臣，柳公绰却谙熟“十八般武艺”。他在率兵讨伐吴无济时，与士兵同甘共苦，且身先士卒。柳公绰颇有识人之功，是军中伯乐，麾下的将领大都是“能将之人”。出师以后，连连奏凯，不久便将吴无济平定，深得朝廷信任。

公元823年，唐穆宗经过再三考虑，决定任命柳公绰为山南东道节度使。柳公绰久居中枢，也渴望到基层历练，体察民生之艰，于是欣然赴任。

履新途中，必经邓县，在这里，柳公绰发现有两个官吏犯法：一个贪污，一个舞文弄墨。众人都以为柳公绰肯定要杀贪污者，但结果却让大伙大跌眼镜，柳公绰对贪污者依法惩戒，而对舞文弄墨者却处以死刑。

理由是什么？柳公绰的回答掷地有声且发人深省：“赃吏犯法，法在；奸吏乱法，法亡。”就是说，贪污的官吏虽然犯法，但法律仍在；舞文弄墨的奸吏扰乱了法律，则法律已亡。

大智者总是比常人多走两步，柳公绰就是这种人。犯法行为不可怕，只要有法可依。就怕法律名存实亡，或被作奸犯科者捏为私器，如此，天下必乱。

目光如炬！

柳公绰还非常“硬颈”，不畏强权。他敢于对唐穆宗说“不”，对前任皇帝唐宪宗也一样敢说“不”！

在任京兆尹时，柳公绰第一天早上上班，走在路上，便遇到神策军的一个下级将官目中无人，纵马横冲开路的仪仗。见此蛮横之举，柳公绰喝住坐骑，命人将他一把拉下并当场杖打而死。

第二天，柳公绰进入延英殿奏对，行过君臣之礼后，抬头一看，吓了一跳，原来唐宪宗怒容满面，开口便责问他为何擅自杀人。

柳公绰不慌不忙，淡定地答道：陛下不认为我不贤能，才让我任职京兆尹。京兆尹是京城的表率，现在我刚刚就任，一个下级军官竟敢如此横冲直撞，这是轻视陛下的诏命，并不只是轻慢了我本人。我只知道杖打不守礼教的人，不知道他是神策军的将领。

如此一说，唐宪宗口气暂缓，叹了口气说，那你也应将此事奏报吧？！

“臣职当杖之，不当奏。”我的职责是应当杖打他，而不是考虑是否上奏。柳公绰答得不卑不亢。

那你说说，杖打什么人应当上奏？唐宪宗口里有点愠怒。

“本军当奏；若死于街衢，金吾街使当奏；在坊内，左右巡使当奏。”嘿，分工还挺明确的！柳公绰的意思是，遭受杖打的人的所属部队应当上奏此事。倘若此人死在街道上，金吾街使应当上奏。倘若此人死在坊市里边，左右巡使应当上奏！

柳公绰说完，垂首站立一旁，心里在说：皇上，道理都在着了，您看着办吧！

唐宪宗还能怎样呢？柳公绰说的话可是句句在理，没任何瑕疵，凭什么责罚他呢？退朝以后，唐宪宗对左右说："你们还是小心柳公绰吧，连朕也畏惧他呢。"

唐宪宗当然不是怕柳公绰，只是对法律心存敬畏，这一点，对身为天子的他来说殊为难得。柳公绰说得确实无比正确。既然规矩定了，大家还是要听的，否则不是一纸空文吗？

至于柳公绰对这个神策军军官下手是否太重，这可以进行探讨。但需要说明的是，帝都那些平时很横的公子哥们、王公贵族，自此后还真是收敛了些……

盐里的政治

盐，是日常生活必需品，无论王侯将相，还是引车卖浆者流，离开了它，便没法活。政府呢，则难以运转，因为盐税是那年代财政的主要来源。

古时候，囿于技术和资源，盐的开采极为不易。国家对盐进行垄断性经营，朝廷还专门设置盐铁使，负责盐的开采与调配。这官职可是肥缺，多少人削尖脑袋想谋取这个职位。民间有人甚至不惜铤而走险，对盐进行走私贩运。比如说黄巢，他就是做这宗买卖的，后因东窗事发，被朝廷通缉，才不得不走上造反之路。

《资治通鉴》里有许多与盐有关的记载，从这些记载中可以感受到盐在国计民生中的分量。

有一年，唐穆宗的户部侍郎、判度支张平叔上奏，建议改由官府自行卖盐，朝廷每年可增利一倍；又请陛下命掌管食盐专卖的官吏将盐运至村一级进行贩卖，并任命宰相兼任盐铁使；还建议刺史、县令以粜盐多少作为政绩优劣的考察依据。他认为实施这些政策后，如果有钱的大商人向官府行贿，或者出于不满而喧哗闹事，向上控诉的话，对于为首者，应命各地官员用刑杖打死，凡是联名上诉的人都给予杖背的惩罚。

乖乖，不就是为了一口盐吗？竟要日理万机的宰相兼任盐铁使，然后又要以卖盐量作为考核政绩的依据，对不守规矩的人，还要杖责乃至打死……张平叔的建议提出后，引发朝廷的激烈争议，连大文豪韩愈都参与其中。张平叔的建议虽没被唐穆宗全盘接受，但从中可以看出，如果没有盐，老百姓的生活会变得寡味，连帝国的政治似乎都会变得平淡无奇。

大文豪韩愈不太同意张平叔的主张，原因之一就是“若令人吏将盐家至而户粜，必索百姓供应，骚扰极多”。韩愈的担心并非多余，到了唐敬宗朝时，王播担任盐铁转运使后，对百姓严厉征求，急如星火，朝廷规定的盐铁专卖收入往往征收不够，而以节余为名向朝廷进奉的财物却源源不断。王播就打着这样的旗号，一次向朝廷进奉丝绢一百万匹。

羊毛总是出在百姓身上！

大唐政坛上也不乏明白人。唐穆宗时的中书舍人韦处厚就不太主张盐实行专卖，认为“强人之所不能，事必不立；禁人之所必犯，法必不行矣”。意思是说，制定法律禁止商人经营盐，这种强迫令人难以做到，不能执行的法律又有什么用呢？国家就不要管了，还是让商人去折腾吧！

看来，韦处厚的市场意识还挺强。

帝国沉闷的政坛，因为有了盐这一话题，顿时有了些许生气和亮色……

一撮白色的晶体，关乎国计民生，关乎帝国政治，也一样让身为九五至尊的汉武帝食不甘、寝难安！

公元前119年，主管部门上奏汉武帝，报告说朝廷的财政非常困难，但有些大商人通过煮制食盐，家财或“累万金”，却不肯用来资助国家急需。因此建议重新制造发行钱币，以打击浮滑奸邪和吞并别人财物之徒。

汉武帝的国库为何告急？一是需要支付大量的皇家供养，二是需要提供帝国公务员的不菲薪酬。除这两点外，造成囊中羞涩的另一个重要原因是，汉武帝屡番用兵匈奴。

不管什么原因，反正政府没钱。政府不事生产，资金来源唯有民间百姓。作为帝国臣民，交租纳赋本也天经地义，但让人愤懑的是有关部门的腔调，竟将造成政府支出捉襟见肘的原因归咎于所谓的“奸商”，这种思维上的自以为是，除了“家天下”的思想作怪外，便是重农抑商的短视了。

朝纲独断，一言九鼎。有啥能难住汉武帝呢？他有的是办法：推行币制改革！

当时，御苑人工饲养着一种白鹿，少府衙门则有许多银、锡。于是，刘彻命人用一尺见方的白鹿皮，四边绣上五彩花纹，称为皮币，面值为四十万钱。同时还下令：凡藩王、列侯、皇族进京朝觐，或相互聘问，以及参加祭祀大典时，都要将礼物或贡品放在皮币之上。因为有皇命的强制推行，皮币很快得以在全国推行。

这一次币制改革的得失成败，在此暂且不表，只是想借此印证，食盐的煮制与流通，绝非小事，事关国库的丰歉。不是吗？汉武帝还以此为支点引发了帝国的一场币制改革。盐，不再是盐，而是一种国势或国运。

再看看与此有关的一次人事任命。汉武帝委以东郭咸阳、孔仅两人重任，出任大农丞之职，专司盐铁事务；桑弘羊也以精通经济计算而受到重用。东郭咸阳本为齐地的大盐商，孔仅则是南阳大冶炼商，两人都有千金家财。桑弘羊则是洛阳商人子弟，精于心算。从体制外引入体制内，体现了刘彻用人的不拘一格。不过这三人确实不负众望，多方开辟财源，刘彻的腰包很快又鼓了起来，因此出兵匈奴有了更多的底气。

作为政策的系列配套，汉武帝还颁布诏书，禁止民间私铸铁器和煮盐。这两者是关联度很高的行业，铸造铁器为煮盐提供工具，煮盐卖了钱又可开掘更多的铁矿。如果敢于犯禁，判以左脚穿铁鞋之刑，叫你寸步难行，工具和产品一律没收。有些大臣还揣摩圣意，上奏要求从事各种工商末业的人各自申报财产，造册呈报，凡隐匿财产不报，或呈报不实的，流放边塞一年，财产充公。

看看吧，为一撮食盐而弄出这么大、这么多的动静，这说明国计中有哲学，民生中有政治啊！

唐宣宗的干部政策

唐宣宗选拔干部的方法另有一套。

有一次，他走出苑城，往北狩猎。山野间，偶遇一位樵夫，唐宣宗很平易近人地凑上前去，和蔼问道："老人家您好啊，哪里人呢？""我是泾阳县人，"樵夫答道。

"县令是谁？"

樵夫回答说："是李行言！"

"哦，是李行言。他在县里为政的情况怎么样？"唐宣宗再问。

"这人太固执！"樵夫回道。

太固执？樵夫的回答让唐宣宗非常好奇，欲问个究竟："怎么讲？请说来听听！"

樵夫竹筒倒豆子般说，有几个强盗关押在县监狱，宦官领掌的北司禁军来县府要人，李行言就是不放人，还硬是将几个强盗全部处死了！

原来如此，唐宣宗心里笑了。

回宫后，唐宣宗将李行言的名字、行事写在一个帖子上，挂在自己寝殿中的柱子上。不久，升任他为海州刺史。

履新之前，李行言照例要入朝向唐宣宗谢恩。行过君臣之礼后，唐宣宗赐给他金紫衣裳，并问他说，知道为什么赐你紫衣吗？李行言激动之余已摸不着北，只好如实回道，不知道！“上命取殿柱之帖示之。”你的好歹记在上面呐！

金杯银杯，不如百姓口碑。没想到啊，这居然成了唐宣宗用人的依据。

怀州刺史的位置空缺了很久，安排谁来接替呢？踌躇了许久，唐宣宗最终决定选择李君奭！

李君奭又是谁呢？醴泉县令也！他又是怎样走进唐宣宗法眼的呢？说来话长，那年皇上到渭上游猎，看见十几位老人聚集在一座佛祠前，好像正在争论着什么。唐宣宗好奇心重，走上前探询，老人答道，我们的县令李君奭有优异政绩，任期即将届满，按惯例当罢官，我们正商量想到官府乞求他留任，为他在此祈祷，希望能如我们的心愿。

唐宣宗听罢，若有所思，谢过后告辞而去。

李君奭的名字就这样刻在唐宣宗的心里头。怀州刺史一职空缺后，唐宣宗自然想到由李君奭填位，只是李君奭还蒙在鼓里，对自己升迁的原因有些摸不着头脑，当朝的宰相也是百思不得其解。当李君奭入宫谢恩时，唐宣宗主动揭开这个盅，众人才恍然大悟。

知政得失在草野。官员一举一动都在百姓眼里，他们是好官或者坏官，老百姓最有发言权，是最权威的裁判。唐宣宗选拔任用官员，不凭一已之好，注重走群众路线，于“家天下”的封建帝王而言，殊为不易！

不过行文至此，想弱弱地问一句：那位樵夫，那帮老人，该不会是李行言、李君奭们刻意安排的“偶遇”吧？！

如果不是小人之心，就是多虑了，因为唐宣宗还不至于这般糊涂。经过安史之乱，大唐国运急剧下坠，直到唐宣宗一朝才呈一抹亮色，止跌回升，在政治、经济方面还有些作为。唐宣宗人称“小太宗”。在他死后多年，人们仍是念念不忘……

现在对干部的培养，强调基层历练。这既是许多年轻干部的个人意愿，也是组织上的一种制度安排。基层任职可以接地气，最广泛地接触民众和了解中国社会的实际状况。

宰相起于郡县，猛将拔于卒伍。有一些志存高远的年轻人，气魄更大，眼光更远。学校毕业后，孑然一身来到山区、高原、沙漠等“老少边穷”地区，摸爬滚打，脱胎换骨，积蓄未来展翅高飞的巨大能量。

这种选择是正确且必需的，特别是对从“家门”到“校门”再到“衙门”的“三门”干部。从基层干起，有助于培养他们“哀民生之多艰”的道德情怀，以及提升他们的民本思想。

古代的官员倒未必有这样的认知与“境界”，他们常将基层任职视为畏途，对走出京城，多有不愿，往往是一步三叹。他们为官的最理想状态是待在皇帝身边，混个脸熟，织好圈子，好出将入相。

如此一说，可不敢瞎编，至少唐玄宗时代是这种情况。且看《资治通鉴》中的一段记载：

“上虽欲重都督、刺史，选京官才望者为之，然当时士大夫犹轻外任。扬州采访使班景倩入为大理少卿，过大梁，若水饯之行，立望其行尘，久之乃返，谓官属曰：‘班生此行，何异登仙！’”

这段话很短，但信息量极大。看得出，唐玄宗非常重视地方大员的选任，对都督、刺史这样的一方镇守，必定要选拔德才兼备的京官出任。这种安排体现唐玄宗的政治眼光。俗话说：“基础不牢，地动山摇。”选择一个好的地方官，帮你把地方的事处理得井井有条，唐玄宗不是可以省心省事、放手睡大觉吗？唐太宗在位时，就强调为政之基大都在于都督、刺史。嗯，唐玄宗还是很好地继承和贯彻了这一点。但是，唐玄宗的良苦用心，未必得到广大京官的理解与响应。“犹轻外任”中的一个“轻”字，司马光确是举重若轻，将士大夫的心态描摹得淋漓尽致。尽管朝廷很重视干部的外放，但当时的士大夫还是看不起官任京城之外。

上文那个例子就是说，扬州采访使班景倩在基层苦熬数年，终于有机会调回帝都，出任大理寺少卿之职。返京途中，路过大梁，刺史倪若水为他饯行。分手后，倪若水站在原地，遥望班景倩车队所扬起的尘土，若有所思，许久之后才返回衙门，并对他属下的官员说：“班景倩此次入朝为官，真是无异于登仙啊！”

艳羡之情，溢于言表。其实，倪若水也是一位好官。他进士出身，开元初出任中书舍人、尚书右丞。后来，在唐玄宗实施新的干部政策之下，任汴州刺史。这次外放，让他颇感受挫，但他也没自暴自弃，而是在任职期间，修孔庙，倡教育，兴办州学、县学，汴州百姓对他多有称颂。

唉，只要愿为黎民百姓做点事，在哪为官不一样呢？有些士大夫就是虚伪，心口不一，知行脱节，“想”和“做”常常脱节，有时根本上就是南辕北辙！

水篇

水，代表的是智，性聪，情善。属水之人足智多谋，深思熟虑。水太过则自以为是，狡猾；不及则愚笨无知，鼠目寸光。

隐士的难言之隐

汉武帝时，齐人辕固，虽已年逾九十，却因道德文章俱佳而名闻天下。汉武帝是个爱才之人，做梦都想将辕固招至麾下，为己所用，服务朝廷。于是，他连番下诏，要辕固速速赶到长安。封他什么官呢？司马光在《资治通鉴》中没详细提及，只是说以“贤良”的身份将辕固召来京城。“贤良”者何也？相当于做皇家“资政”吧，或者叫“顾问”。

君命不可违。不敢将抗旨进行到底的辕固，择了一个黄道吉日出门，在越千山万水、历千辛万苦之后，终于来到帝都长安。

终究还是来了！汉武帝听说后，大喜过望，马上诏令博士、侍诏官公孙弘作为自己的代表，专程到郊外迎接辕固。

公孙弘学识一般，但因颇得汉武帝欢心，便成为圣上面前的红人，可谓权倾一时、炙手可热，选他作为圣上的代表也就理所当然了。当年在参加对策考试时，公孙弘考得战战兢兢，勉强在规定时间内答完题。评分时，在一百多名考生中，太常将他的答卷列入下等。等次评出来后，太常按惯例将对策答卷呈报御览，汉武帝无意间瞅了一眼公孙弘的卷子。嘿，两眼放光，答得不错嘛！所答大对汉武帝的脾胃，遂将公孙弘的答卷从下等擢升为第一。

你说这还有理吗？公孙弘是什么运气？气死天下读书人！

其实也不用生气啦，皇帝是谁呀？他的喜好就是最好，皇上的口味就是标准嘛。

汉武帝的大笔一挥，虽然成就了公孙弘，但也在公孙弘的心里留下一缕阴影——他的“第一”靠的是“君宠”，而不是真才实学，这多少有些让他在士林间抬不起头。或许正是这一缘由，公孙弘在官场上混，心里自感还是缺少了一份底气、硬气。因此，当被汉武帝安排去迎接辕固这样的高人时，他心里还是蛮紧张的。见到辕固时便“莫敢仰视”，都不敢正眼瞧辕固一眼。辕老也不客气，相见之下即开口教导公孙弘道：“公孙子，务正学以言，无曲学以阿世！”公孙弘听后羞得满脸通红。什么意思呢？辕固说的是，公孙弘先生啊，你一定要遵循儒家的本来学说来谈论国是，千万不要曲解儒学来迎合当今的圣上，拜托，拜托！

辕固的确老辣，参透红尘，点到了一些领导身边人的“七寸”。在领导身边辅政，凡事都应从事物的本源出发，出于公心，多贡献些好的点子、主意，但他们往往根据领导的个人喜恶，无原则地曲意逢迎，直至助纣为虐、祸国殃民。

面对辕老先生的直率，公孙弘还能说什么呢？脸红之后唯有点头称是。

辕固的到来，自然让汉武帝如获至宝，我大汉王朝野无遗贤啊！于是，汉武帝经常放下身段，有事没事都喜欢宣辕固进殿，就治国理政有关事宜向辕固讨教一番。这种礼贤下士的风范，是不是体现了“夜半虚前席”的那份虔诚呢？

汉武帝对辕固的眷顾有加，使其他儒生心里不可遏制地产生了一股强大的“羡慕嫉妒恨”。于是，读书人的“小妾”心态来了。他们对辕固大造舆论，横加诽谤，说他徒有虚名，乃沽名钓誉之徒；骂他倚老卖老，是狂妄自大之辈。坏话传千里，这些诽谤终不免传到辕固耳朵里。辕固他老人家对此一笑了之，毫不生气。过了些日子，亲手写了一封辞职的折子呈给汉武帝，还没得到批复，年逾九旬的他便以年老多疾为名，挂冠而去。

现实职场中，因为有才华、表现好，或其他因素，你可能有幸得到上司的青睐。这本是好事啊，无疑会给个人的发展插上一双腾飞的翅膀。但你可知道，在赢得上司满意的同时，同事的敌意也可能不期而至，使自己成为同事们的共同敌人。如果处理得不好，你将会面临各种诽谤和不合作，从此步履维艰。如何是好？要么“咬得菜根，百事可为”，忍下去；要么也学辕固，留书一封之后，挥手作别西天的云彩，潇洒而去……

人生七十古来稀，何况是九十高龄？！墓木拱矣，于辕固而言，还有什么想不明白、放不下的呢？只是他的潇洒与淡泊，职场中人可不容易学！

历史上，像辕固那样被朝廷点名被迫出山的人很多。这不，又让我想起了汉安帝时的樊英。不同的是，面对皇上一而再、再而三伸来的橄榄枝，樊英比辕固拒绝得更坚决。

帝都洛阳通往南阳壶山的道路崎岖、蜿蜒，往日人影寒清。奇怪的是，一段时间以来，这条山道突然变得热闹非凡、熙熙攘攘，细细打量一下，发现人流中不乏州郡乃至朝廷的官差。千里迢迢，不辞劳苦，他们虽来自不同方向、不同部门，但探访的都是同一个人：樊英；探访目的殊途同归：代表所在的各级政府邀请他出来做官。

天底下还有这等好事？看来樊英是位牛人！

樊英是南阳郡人，江湖上早有他的传说。《资治通鉴》里说他

“少有学行，名著海内”。打小就学问好，又红又专，年纪轻轻便名播海内。有道则见，无道则隐。学富五车，才高八斗。樊英却不愿与朝廷合作，而是学习“伯夷、叔齐好榜样”，独自跑到壶山，深埋其名，做上了“岩穴之士”。

野无遗贤，万邦咸宁。胸有韬略、求贤若渴的汉安帝不答应啊，于是，他多次命令公卿大臣向朝廷举荐樊英。樊英有性格，就是不为所动，任尔东西南北风。汉安帝生气了，又亲自写了一封策书征召，派使者上壶山。樊英瞄一眼，随手丢弃一边，还是不买账。召你不来？生气之余，汉安帝也反思了一下，是不是朝廷的礼节不够呢？好吧，为表诚意，汉安帝决定采用最高礼遇，用黑色的缯帛封装策书，派使者再次送去。面对策书，面对汉安帝放下的身段，樊英想了想，最后还是以身染重病为由，再次拒接了朝廷的征召。

汉安帝伤了面子，又伤了自尊，但又不好将气撒到樊英身上，只好“诏切责郡县”，严厉批评地方官员办事不力。灰头土脸的州郡官员，实在难以交差，只好霸王硬上弓，强行把樊英抬到马车上，专人护送到都城洛阳。

该死心了吧？让人没想到啊，到了洛阳的樊英，决心将拒绝进行到底。他住在京都的宾馆里，称病卧床不起。万般无奈之下，都城的公差们如法炮制，用轿子将他强行抬进金銮宝殿。汉安帝巍峨在上，樊英不抬眼皮，一言不发，只是看着地上，对于授予的官帽，他愣是死活不肯戴上。

汉安帝还真有涵养，一不黑脸，二不发怒，反而对樊英大加宽慰。既然有病，那就医呗。汉安帝下令将樊英抬到太医馆诊治，每月还派专人赠送羊肉和美酒。

不急，汉安帝对人才有足够的耐心。接着他又下旨特地为樊英设立讲坛，给帝国的莘莘学子讲授平生之所学。得天下英才而教之，人生一乐也！樊英对此倒没拒绝。每次出门开讲前，汉安帝赏赐樊英小桌和手杖，安排公车令在前为樊英引路，尚书陪同在侧。这一切，是当时尊师重教的最高规格。政务之余，汉安帝还不时屈驾前往樊英的住处，向他讨教为政得失。

精诚所至，金石为开。几个回合下来，或许是抹不开情面，樊英勉强答应出任五官中郎将。但没到几个月，樊英又声称病重，闭门谢客，坚决要辞任五官中郎将。汉安帝依然保持着良好的修养，由着他，不久还多给他一顶官帽：光禄大夫，并准许他回家养病。汉安帝对他种种的好还没完呢，同时命令地方官一年四季给他送去谷米、牛肉和美酒。

无功受禄，樊英心有不安，屡屡上书请求辞去职位。汉安帝多次就此作出批复：不行！呵呵，这君臣拧上了！

王逸平对好朋友樊英的做派有些看不下去了，特地给他写来一信，引用许多古代的譬谕，劝他接受朝廷的征召，为国效力。信写得情真意切，深深地打动了樊英心里最柔软处。闭门思索后，樊英接受了老朋友的忠告，主动前往洛阳。

终于自愿出山了，真是万众期待啊！

樊英的到来，再次引发朝野震动，他又一次理所当然地成为汉安帝的座上宾。有一次，在宫殿上，汉安帝就某一国事征询众大臣的意见，大家一时无法应答，只好将目光投向樊英，汉安帝也满怀希望看着他：樊英，该你出手的时候了！一阵沉默之后，令人失望的是，但见樊英竟手足无措，口中嗫嚅，不知所云。后来几次在应对皇帝的提问时，樊英的回答要么平淡无奇，要么干脆是“徐庶进曹营——一言不发”，贡献不了什么奇谋远策、“隆中对”。汉安帝很失望，大家对他也很失望。一同接受征聘的河南人张楷，对樊英也颇有微词，忍不住对他说道：“先前以为你应召出仕，一定能够辅佐君王，拯救百姓。没想到，在你做了官、享受爵禄之后，却听不到你扶正补救的计策，现在可是进退失据啊！”

司马光对汉安帝此番礼贤下士，显然不太认可。他认为圣明的君主用的应是隐士逸民的治国方法，而不是隐士逸民本身，应该注重实际效果，而不是重视虚名。司马光目光如炬，说出的话相当深刻。但我不明白了，樊英到底有没有才呢？如果说是浪得虚名，何以“少有学行，名著海内”？如果说有桀桀大才，又何以“应对无奇谋深策”？难道果真像司马光所言：“不受小官而规卿相之位，名与实反，心与迹违”？

我倒觉得，樊英的沉默以对，只是一种自保。如果大家“不能”唯你“能”，岂不是得罪了一大片么？如此鹤立鸡群，只能是把自己放到火上去烤。樊英的选择，或许只是为了活下去。

写到这里，想起一首无题诗，诗中也跟一位隐士有关。

夷甫任散诞，平叔坐论空。
岂悟昭阳殿，遂作单于宫。

这首无题诗的作者陶弘景，也是一位高人，时人称其为“山中宰相”。他老人家学识渊博，多才多艺，尤其精通岐黄之术。这些本是通向官场的敲门砖，但他无意官场酱缸，曾推辞不过，任过南齐朝的“奉朝请”之类的官职，但不久便脱下乌纱帽，辞职不干了，到茅山隐居，学习伯夷、叔齐，做了名“岩穴之士”。

虽然已远离庙堂，但老陶仍与庙堂有着千丝万缕的联系。原因就是南朝梁武帝萧衍，乃陶弘景多年的老友旧雨、班荆故道。萧衍还没登上皇位时，就曾与陶弘景一起出游，观光赏景，谈诗论赋，相谈甚欢，两人颇有共同语言。后来登上大位的梁武帝，对陶弘景仍念兹在兹，且“恩礼甚笃”，给了他许多非同寻常的恩惠与礼遇。举个例子吧，梁武帝每每收到陶弘景的来信，并不急着立即拆看，而是要先点上一炷香，然后才虔诚拆开阅览。

有才就是任性啊！梁武帝对陶弘景尊宠有加，多次诏令陶弘景到朝廷为官，但均被婉言谢绝。梁武帝对他很是无奈，但也不好勉强。但每当遇到吉祥、不祥的征兆，或有出征、讨伐这样的大事时，梁武帝必定要进山咨询陶弘景的意见，然后才做出最后的定夺。平时呢，彼此间则书信不断，有时一个月里要通好几封信。陶弘景的雅称“山中宰相”由此而来。

和魏晋时期一样，梁武帝时的朝廷内外，文武百官，也十分热衷于竞谈玄理，但却疏于学习武事。陶弘景对此看在眼里，急在心里，多次予以直言规劝。可惜，梁武帝在这点上表现得十分顽固，不表态，不接受。

陶弘景心中很是无奈，但依然想尽老友的一份心力。临死之前，写下了前面提到的这一首诗，意在规劝梁武帝和他的臣子们，不要像晋朝的王衍（夷甫）那样散漫放诞，也不要像三国时的玄学家何晏（平叔）那样专事空谈，坐而论道。如此下去，国势日衰，富丽堂皇的昭阳殿，终要变成单于宫。

陶“宰相”的苦口婆心，无非是想给梁武帝敲敲警钟，也可以说是竭尽朋友之道。可惜的是，此时的梁武帝已执迷不悟，老友的话听不进去了，依然开口玄学、闭口玄学。后来的情况更是糟糕，笃信佛教到了走火入魔的境地。公元527年，梁武帝抛下政务，竟到同泰寺做了三天和尚，从此之后再也不近女色，不吃荤。不仅他自己这样做，还要求全国人民效仿。不久，梁武帝心血来潮，又一次到同泰寺出家，这次一住就是三十七天，最后要朝廷出资一亿将其赎回。时人有云：“都下佛寺五百余所，穷极宏丽。僧尼十余万，资产丰沃。”和尚个个都成了大土豪。

其实，个人有点爱好、追求也无妨，但要以权力的名义强行推广到全国，这样就消耗了大量的国家资源，也可能给黎民百姓带来灾难。果然，没多久，一场侯景之乱，让梁武帝陷入万劫不复，这时连多年膜拜的“佛”也救不了他。被幽禁的梁武帝，没人敢给他提供食物，饿得他后背贴肚皮。几天后，终于在喉咙里艰难发出“嗬、嗬、嗬”三声后，便寿终正寝。梁武帝如此不堪的结局，证实了老朋友陶弘景的远见。空谈误国，实干兴邦啊。

翻阅《资治通鉴》，有关“隐士”的记载多了去。他们选择息影泉林，究其原因，多与国运有关，但无非是有道则见，无道则隐。他们的人生选择或许也有难言之隐，其中有太多的无奈与悲怆。

造反的理由

“目重瞳子”的朱友敬

后梁时的康王朱友敬，深信老天对自己特别眷顾，这辈子不会白活，定能王邦天下，成就一番大事。老朱何以如此自信呢？因为他身上某一器官与众不同。《资治通鉴》上说他“目重瞳子”，什么意思呢？原来朱友敬的眼睛与众不同，每只居然有两个瞳子。

有两个瞳子？那又如何？孤陋寡闻了吧，乖乖，那可了不得啊，五百年才出一个呢！据说黄帝、仓颉等历史上的重量级人物，都是“目重瞳子”。

当知道自己也是“目重瞳子”后，康王朱友敬的头脑就一直处于发热亢奋的状态，一夜无眠。“皇帝轮流做，今晚到我家。”想想也是，自己也老大不小了，这回该轮到自己啦。每念及此，朱友敬脚下仿佛生风。

不想再等了，他想到了造反，干脆自己做皇帝得了。

说干就干，但要找机会。这年冬天，恰好遇上梁帝心爱的德妃出殡。按惯例，梁帝晚上要前来守夜，真是天赐良机！康王朱友敬想趁机将梁帝做了。于是，他把几个心腹偷偷藏在寝殿，只待梁帝进来，便动手“咔嚓”。

一切安排都似乎天衣无缝。孰料，梁帝也是一个老手，待进得殿来，像条猎狗般的他，好像嗅到了弥漫空气中的杀机。不对！他赶忙拔腿转身便跑。或许过于仓促，逃跑中把鞋子也弄丢了。由于梁帝反应太快，藏在寝殿里的杀手来不及动手，只好眼睁睁地看着梁帝光着脚翻墙逃走。

想得好但做得不好。朱友敬的政变计划就这样流产了！

逃过一劫的梁帝赶忙召集禁军，对朱友敬及其追随者进行搜捕，抓一个杀一个，一个也不能少。眼看大事不妙，始作俑者康王朱友敬来了个脚踩西瓜皮——溜了！天下虽大，却无他藏身之所。不久，他就被官军抓获，梁帝当即将他斩首。

朱友敬的“帝王梦”，就这样活活地碎了一地。

中国人喜欢相面术，总是希望从五官中寻找自己与众不同之处，并从中破解人生密码。心有大志者，还希望以此强化追随者的信心和获得理论依据，以此来广揽信众，凝聚人心。陈胜、吴广、刘邦、朱元璋等在起事时都用过这一桥段。

古代的相士认为，重瞳是一种异相、吉相，象征着吉利和富贵，拥有重瞳者往往是帝王的命水。其实，两个瞳子又算什么呢？现代医学认为，重瞳子只不过是一种返祖现象。目有双瞳，表现为瞳仁中部的上下粘连，即一个眼睛里有两个瞳孔。也有医学家认为这只不过是眼珠子的色彩较浅，乍一看去，仿佛有两个眼珠子，充其量只能算是一种病态。

可是，朱友敬们不知道啊！还真以为是天命所归，结果误了卿卿性命！

历史上“目重瞳子”的人不少。比如自刎乌江的西楚霸王项羽，一代词主、最终被牵机药毒死的李煜，为黄帝造字的仓颉，春秋五霸之一的晋文公……

同样“目重瞳子”，可人生结局不一，我想，关键还是在于个人的修炼和造化吧。

高欢遭遇“石头局”

目有双瞳，是朱友敬造反的动力。还有更离谱的，一块石头也能成为手下撺掇东魏丞相高欢觊觎皇位的理由。

案牍劳形，整日待在办公室里处理那些棘手的事，着实让人心烦气躁。有一天早上，高欢将手里的公文一扔，向门外喝道：“来人，备马！”他想出去走走，呼吸一下外面的新鲜空气。

去哪儿呢？手下建议高欢到天池一游。这天池在汾阳，与现在东北长白山的不是同一回事。

正合吾意！高欢点头允准，并下令即刻起程，他也要来一个说走就走的旅行。

临近中午，轿夫终于气喘吁吁地将高欢抬上了天池，他兴致勃勃地走下轿子。天好蓝，山好青，水好碧。纵是繁华铺就，宫里的毕竟是人工雕琢的，这一切与大自然的赐予可是相差十万八千里哦。高欢一边贪婪地呼吸着清新空气，一边站在高处，极目远眺，欲穷尽远近的湖光山色。快乐的时光总是短暂的，眼看暮色临近，高欢仍然流连在景色间，不忍离去。手下见状赶忙建言：“丞相大人，还请打道回府吧！”

“好吧，起轿！”尽管万分不舍，高欢还是如此吩咐道。话音未落，正准备上轿的他，无意间看到轿底下溜出一块石头。

高欢弯下腰一看，石头光溜溜的表面上，隐隐约约好像刻着字，定睛细看，是“六王三川”四字。

咦，怎么回事？反复打量捧在手掌间的石头，高欢眼光拉得直直的，双眼充满着困惑、疑惑。

领导身边从来不乏“高参”，并且是懂得“擦鞋”的高手。行台郎中阳休之就自以为该是展示才华的时候了。他凑了上去，咬着高欢的耳朵说：“恭喜大人！”怎么讲？高欢两眼盯着阳休之。“天命依归啊！”阳休之说得不紧不慢，“‘六’是指您的表字；‘王’的意思是应该统治天下。河、洛、伊是三条河流，泾、渭、洛也是三条河流。这表明，上天要您接受赋予的神圣使命。相信我吧，请丞相大人准备做关、洛地区大片膏腴土地的主人！”

直说吧，阳休之的意思，无非是撺掇高欢将东魏天下占为己有。

“不要乱说，现在已经很多人在暗地里说我要谋反了！”高欢严厉地瞥了阳休之一眼。然后，若有所思地离开轿子走前几步，再一次远眺山下那片辽阔的土地。

行台郎中杜弼不甘人后，走到高欢旁边，俯下身子耳语道：效仿尧舜吧，接受东魏孝武帝的“禅让”，自己做皇帝，一享九五之尊。杜弼说着说着，末了便是唾沫四溅。没待他说完，高欢便高高地举起手杖，朝他一顿猛打，打得杜弼满地找牙。

高欢擅权十六年，但自始至终没敢另开炉灶自己做皇帝。直到其子高洋篡权建立北齐后，他才被称为献武皇帝。不过，那时高欢已死去多年，是属于死后追认。

你说，高欢想不想当皇帝？我觉得回答是肯定的。但他为什么不取而代之？在这个问题上，他与曹操有共同的害怕，怕被视为乱臣贼子，并因此写进历史。如此说来，高欢还是有着强烈的道德感与历史感。

历史上总有这样一拨人，老是迫不及待地以天呈异象来撺掇主子当皇帝，有点“皇帝不急太监急”的味道。赵匡胤的“黄袍加身”更是极致。这些手下人是什么心态呢？无非有二：一是自以为摸透了老板的心思，赶快劝进，怕落后于人；二是想水涨船高，老板都升格为皇帝了，那么自己拥戴有功，保不齐可以弄个开国功臣什么的。说来说去，还是为自己打算。只不过是有人成功了，有人掉了脑袋。

但回头一想，那块诡异的石头从何而来？为什么恰巧出现在轿子底下？莫非是阳休之们设的“局”？

并非小人之心胡加揣测。这一点难说啊！

张韶的“皇帝梦”

关于造反的种种理由，张韶与苏玄明的联袂也很是奇葩。

张韶是谁呢？小人物一个，唐敬宗时宫廷染坊局的一名供役人。具体来说，就是在皇家染布做衣裳的地方跑腿。某一天，一个偶然的机会，张韶和术士苏玄明在街头碰了个正着，随即找了个小酒馆，一番酒酣耳热之后，苏玄明故作神秘地对张韶说，昨晚为你占了吉凶，你将来当“进宫升殿而坐，与我共食”，说是两人坐在富丽堂皇的宫殿里，一块吃饭喝酒。

这话说得很含蓄，换句通俗的话来说，你张韶有天子之命，我将辅佐你一匡天下，共享人间的荣华富贵。

张韶一听，愣住了！酒醒了一半。他“嘘”一声，非常严肃地对苏玄明说，千万别乱开玩笑啊，这可是掉脑壳、株连九族的买卖。我是谁啊？一个小跑腿！

哎，英雄莫问出处，王侯将相宁有种乎？苏玄明舌灿莲花，我们有机会啊，你看皇上昼夜踢毬游猎，大多数时间不在宫中，这不是可以趁机成大事么？！

如此这般，苏玄明对着他又是一阵耳语。是喔，我怎么没想到？！张韶猛一拍自己的后脑勺说。接着，他打了一个很响的饱嗝，喷出一股浓烈的酒气。

犹未晚也。张韶和苏玄明决定联手大干一场，于是他们暗地里交结染坊工匠中的一百多个无赖，组建成一支造反的基本力量。过了一段时间，两人自觉时机已到，便把兵器暗暗地藏在紫草中，装在运送染布的车上，命人趁夜幕降临时偷偷地运进云台门，然后准备对宫里来个“一锅端”。

自以为天衣无缝，可惜在经过城门时出了状况。当时的官方也在治理超载，守门人怀疑他们的车辆载物超重，遂上前盘查。因为心中有鬼，张韶不免慌乱，担心事情败露，他只好一不做二不休了提前动手，拔刀将盘查者一把杀死，然后和同党换下外衣，手握兵器，呼着口号大喊着朝宫里杀去……

果然，此时的唐敬宗正在清思殿踢毬呢。宦官们发现有人向宫中冲来，大吃一惊，赶紧奔去关闭宫门，然后再跑去向唐敬宗报告。但是晚了，张韶及同伙捷足先登，已攻破宫门冲了进来。唐敬宗吓蒙了！稍稍醒过神来后，第一个念头是到右神策军营中避难。警卫人员说不行，太远！如何是好啊？唐敬宗没了主意，还是一旁的小太监机灵，低低地说了声：还是左神策军近些，暂时到那儿躲躲吧！

唐敬宗叹一声，只好如此。

张韶没费什么工夫便登上了清思殿。坐在唐敬宗的御榻上，张韶恍如梦中，想起苏玄明的“与我共食”，便迫不及待地催人炒了几碟小菜，又迫不及待地和苏玄明觥筹交错，大快朵颐起来。“进宫升殿而坐”，梦想成真啊，果然像你所说的那样！想到这，张韶感激地向苏玄明竖起了大拇指。

一看到张韶这份洋洋得意，轮到苏玄明吃惊了。他说：“难道你所企求的就是这些吗？”是啊，你张韶也太没志气了，这不是小富即安吗？再傻，张韶也能听出弦外之音，赶紧把酒杯一扔，起身抄起武器，再次朝后宫冲去。但是迟了，这时唐敬宗的御林军已经杀到。惊慌失措的张韶只好躲藏在禁苑中，转眼间又被一把拿下。他的谋士苏玄明及其他同伙或死或俘，全都成了阶下囚，然后又再次在刑场上“共食”，然后便没有了然后。

历史上，像张韶这样幻想做皇帝的无名之辈多如恒河沙数。天下是天下人的天下，无论是张韶还是苏玄明，他们有这样的志气似乎都没有错，刘邦、朱元璋者不也成功了吗？当初，苏玄明选择张韶，无非是看中了他的工作便利，只是苏玄明道行不够，所托非人。临死之前，不知他有没有后悔呢？

“皇帝轮流做，明日到我家”、“王侯将相宁有种乎”……这些经典句子让许多人雄起——都想做皇帝！

“吾皇蒙尘”的笑话

皇帝乃九五之尊，君临天下，口含天宪，坐拥后宫佳丽三千。此等生活，令人垂涎、艳羡。南北朝时，泰山脚下有个叫王始的农民，有一天也突发奇想：自己要是能够做回万人之上的皇帝，该多好啊，哪怕做上一天，即便过把瘾就死！

他还动真格了。

作为“贫N代”，要想做皇帝，大抵只有造反一途。一个好汉三个帮，造反自然需要成批成批的追随者。如何让人追随且死心塌地呢？王始思前想后，绞尽脑汁，最后想出一招：施展幻术！

如何具体施展幻术，司马光可能怕流毒后人，没有详细记载。鄙人道行不够，难于考究，所以在这没办法将历史复原。

装神弄鬼有时会很有效，后来的洪秀全、义和团也曾以类似的手段广聚信众。某一日，在大庭广众之下，王始施了几次幻术，让围观者目瞪口呆。没想到，这一招还真的让他招募到了几万兵力。

人多力量大。这几万人让王始觉得腰杆子粗了。于是，择了个吉日，王始登基自封为“太平皇帝”，还煞有其事地任命了一众三公九卿。

王始“过家家”式的胡闹折腾，当然不见容于当局。南燕桂林王慕容镇受命前去讨伐。王始麾下本是一帮乌合之众，慕容的部队还没来到阵前，王始的人马便吓得作鸟兽散，有些胆壮的稍作抵抗，一两个回合便被官兵斩于马下。王始眼看不妙，撒腿逃命，但为时已晚，慕容镇拍马上前，一把将王始揪下。

造反是要杀头的，还可能要株连九族。王始自然难逃一死，陪斩的还有他的妻子。临刑前，监斩官追问王始，他的父亲及兄弟等跑到哪去了？王始头一昂，自豪答曰：“太上皇蒙尘于外，征东、征西为乱兵所害。”真逗！还真把自己当作皇帝了，顺便把亲爹也提拔了一下，成了“太上皇”，还“蒙尘”呢！

有点酸掉大牙。一旁同样五花大绑的老妻也看不过眼，怒斥王始道：“君正坐此口，奈何尚尔！”正因为你这张嘴不好，才落得今天这般下场！

王始没有生气，估计也没有时间再生气了。他柔和地安慰老妻说：“皇后不知，自古岂有不亡之国！朕则崩矣，终不改号！”“皇后”您有所不知啊，自古以来哪有不灭亡的国家呢？“朕”今天即使“驾崩”了，正统的名号却是永远不会改变的。

真是冥顽不化！言语间，动辄“朕”、“驾崩”、“名号”什么的，就凭这些，都可杀几回头了！想象中，面对屠刀，王始倒可能很淡定，一旁的老妻则可能是“泪眼已吹干，无力再回望”吧？

历史上，想做皇帝的人多如牛毛，但大多数也只是想要一姓之天下，在个人欲望的泥淖里周而复始，没能做到“一家仁而万家仁”，更无法引领社会向上提升，只能是“涛声依旧”，“重复着昨夜的故事”。

家有贤妻

男人与女人发生冲突，眼看处在下风，占不上什么便宜，大老爷们常喜欢撂下一句话：头发长，见识短。接着便虚晃一枪，以此偃旗息鼓，得胜回朝。

这话这做法，多少有点阿Q式的自我安慰。

又想起女人的酒量。酒桌上，女人要么是滴酒不沾，要么就是海量。爷们喝得趴下了，她们还可谈笑风生。那酒量啊，真是深不可测。多少豪情万丈、揎衣捋袖的男士，为此饱吃苦头。女人心，海底针。这话的源头或来自于此？

其实，与她们的酒量一样，女人的识见也不可小觑。历史上还真有不少女子，她们的视野与眼光远远超过不少大老爷们。无论是建功立业、安邦定国，还是趋利避害、保全家人。

谓予不信，事实说话。

侯敏是武则天时代的上林令，他的妻子目光如炬，洞察世势，多次让自己的丈夫侯敏，在政治的漩涡里化险为夷。

武则天为稳固权力，打击政敌，重用了不少酷吏，来俊臣就是其中之一。来俊臣炙手可热，权势熏天，在这里暂不说他的凶残狡猾、贪婪暴虐，单说他如何弄权，就足见他如何的呼风唤雨、无所不能。《资治通鉴》记载，他在掌权时，多次违背组织原则，插手干部任命，屡屡越权要求吏部按他的旨意授官，并且数目不少，每次都多达数百人。

吏部的同志可生气了，这不是吃过界、耕了我的地吗？但有什么办法呢，谁叫人家是女皇面前的红人！肚里发发牢骚之后，也只有乖乖地按来俊臣的指示办。正因为来俊臣有这般能耐，进出来府的求官者如过江之鲫，络绎不绝，就差没踏破门槛了。

上林令侯敏也是其中一条“鲫”，他和来俊臣走得很近，并成了他的心腹。

丈夫的上下折腾，侯妻从中看到了危险。一天晚上，她对他说：“俊臣国贼，指日将败，君宜远之。”来俊臣迟早要出事，你还是离他远点吧！老婆的话令侯敏心头一震，细细琢磨一番后，觉得有几分道理，还是听老婆的话吧。自此侯敏对来俊臣日渐疏远。

官场上有句笑话，有些位高权重者，对谁常来送礼，可能不记得；但如果不送或突然不送，心里则一定记得清清楚楚。来俊臣就对侯敏的前恭后倨非常不适应，心中大为光火，这小子想做反骨仔？嗯哼，逃得出我的如来佛掌吗？不久，来俊臣随意找了个茬子，把侯敏贬谪出京城，发配到武龙任县令。

侯敏心中恨恨不平，想找人活动留在都城，不想到武龙这个鸟都不拉屎的地方去。就在这犹豫不决间，侯妻又再次体现出一位妇道人家的深谋远虑。她对满怀懊恼的丈夫说：“速去勿留！”快去吧，一刻也不要再耽搁。这无疑是明智的，侯敏果真敢不去，来俊臣对他下的手将会更重。

幸运的是，侯敏又一次听了老婆言。

果然不久，来俊臣被人告发，武则天处其死刑。众多仇家争啖其肉，抉眼剥面，腾踏成泥，也够惨的。他的党羽大都发往岭南等瘴疠之地，而“敏独得免”。这个时候，侯敏反而成为了遭受来俊臣迫害之人，受到英雄般的欢呼，并回到都城官复原职。侯敏的人生能逃过此劫并触底反弹，多亏了他家有贤妻呐！

谁还敢说女人头发长、见识短呢？再来看看汉武帝时一位女老板的眼力。

刘彻喜欢微服出行，常常改换装束后离宫外出。他这样做未必是为了广接地气，听取民怨，大多时候就是为了一个“玩”字。公元前138年，他老人家走得勤快，向北走到池阳县，向西走到黄山谷，向南到长杨宫打猎，向东去宜春宫游乐。

离宫外出，汉武帝搞得有点鬼鬼祟祟，像地下党接头，具体过程是这样的：相约好善骑能射的左右，集中于殿门前，然后半夜时分出宫。出宫后，汉武帝自己化名为平阳侯。

天子出行，地动山摇。汉武帝一行来到终南山脚下，射杀麋鹿、野猪、狐狸、野兔等动物。久居深宫，不但左右玩得high，汉武帝也是玩疯了，一番策马追猎，践踏了农田庄稼无数，农民怨声载道，却也只是敢怒而不敢言。不明就里的鄠县和杜县的县令，决定为民做主，果断出手，对刘彻一行逮了个现行，眼看就要身陷囹圄，汉武帝只好亮出天子专用物品为证，才脱身而去。

白天可以尽情驰骋，晚上呢，总要找个地儿歇脚打尖吧？这不，半夜里，刘彻摸黑窜到柏谷，找了家旅店投宿，稍作安顿后，又泛起了酒瘾，吩咐下去，要酒喝！

酒店老板与老板娘正处在激情之中，坏了好事很恼怒，对客人的态度很不友好。老板没好气地说：“无浆，正有溺耳！”要酒没有，只有尿，要啵？呵呵，有点恶心。

怎么可以这样对待客人？！在老板娘的催促下，老板嘟哝着起了身。趁着夜色一看，嗯，来者不善，这帮人可能是强盗。于是，老板从后门溜了出去，召集了一帮后生仔准备收拾刘彻他们。看到老公久没回来，老板娘走出房门，刚好与汉武帝碰了个正着，“状貌而异之”，觉得刘彻长得非同凡响。

老板很快回来了，身后还跟着一帮摩拳擦掌的年轻人。老板娘知道老公的打算后，赶忙劝阻：“客非常人也，且又有备，不可图也。”

切，什么“非常人”，一群鸡鸣狗盗之徒罢了！眼看老公不听话要惹祸，老板娘忙说不急不急，让他们睡下后再说。于是，温上一壶酒，让老板和年轻人先喝上一壶。好吧，反正已是囊中之物，喝上个三两口吧。老板不胜酒力，喝醉了！老板娘见状，赶紧将青年后生打发回家。然后，杀鸡做饭热情款待刘彻一行。

天放亮了，已回到宫中的汉武帝，马上召见酒店老板娘，赏赐千金，还任命她的丈夫做了羽林郎。

妈呀，这回可大发了！这老板穿着官服回到家，激动得用嘴猛啃老婆，幸得有老婆大人啊！摸摸项上脑袋，还好，还在！

自这次出宫后，刘彻觉得多有不便，于是，在宣曲宫向南，一路秘密设置了十二处更衣休息的地方，这或许就是最早的行宫吧。

侯妻也好，老板娘亦罢，体现的是民间妇人之见。宫门深似海。且让我们来认识一位深宫里的妇人郭太后。

郭太后头发长，见识也长。

公元824年，唐穆宗又生病了。自己是最好的医生，唐穆宗清楚这次自己病得不轻，可能再也无法坐在金銮殿临朝视事了。天下不可一日无君啊，于是，他诏命皇太子临时主持帝国的一切政务。

皇太子年龄尚小，如何担得起帝国的种种繁剧？宫里的宦官们想出了变通方法，请郭太后坐在太子后面，临朝代行皇权。说得明白点，就是垂帘听政。

权力是什么？是许多政治瘾君子梦寐以求的东西，但郭太后对此却一口回绝。中晚唐以降，宦官干政非常严重，力量巨大，对不听话的，眨眼间可以让“不是一伙”的人人间蒸发。宦官们身上这种巨大负能量的危害，有点像蚂蟥，早已将大唐躯干上的最后一滴血液慢慢吸干、掏空。所以，我想说的是，面对宦官们的坚请，郭太后敢于说“不”，还需要足够的勇气。

郭太后拒绝的理由说得合情合理，但软中不乏有硬。“过去武皇后称帝，几乎危害江山社稷。我家世代恪守忠义，决非武氏所能相比。太子虽然还年轻，但如果能有德才兼备的宰相辅佐，你们这些人也都不干预朝政，就不用忧虑国家不安定。自古以来，岂有女人主宰天下而能达到像唐尧、虞舜那样的天下大治的？”

牝鸡司晨，惟家索索。能说出这番话，足见郭太后的智慧，熟谙“一阴一阳之谓道”蕴含的道理啊。

宦官们还是决定孤注一掷，把早早拟定的制书呈了上去。郭太后够有胆识，只是稍微瞄上一眼，便将递上的制书一把撕了。

郭太后的哥哥、太常侍郭钊也是位明白人。在听说宦官们有这样的打算后，赶紧秘密上书给郭太后说：“如果您听从宦官们的请求，那么我就和儿子们把自己的官衔和爵位交还朝廷，然后回家种田，自力更生，自己养活自己！”看罢哥哥的书信，郭太后哭着说：“祖考之庆，钟于吾兄。”我们的祖先真的应该感到庆幸啊，有像我兄弟这样好的后代！

郭太后从吕氏、武氏身上看到外戚专权的严重性。这种谨慎更多是出于对娘家人身家性命的保全，一个女流有此识见不容易啊！多少人为了把玩一下国之玉玺，争得大打出手、头破血流，岂会顾得上身后的洪水滔天……

一代妻贤，十代无忧。良是、良是！

术士的“吉言”

这一来，彻底激怒了光武帝刘秀。

张丰，好你个小子，放着涿郡太守不做，放着荣华富贵不享，非要去过刀口舐血的生活，拉扯一拨人马，嘿，竟敢造反了，你这不是活腻了吗？！刘秀心里恨恨地想。

不作死便不会死。好吧，让你尝尝我刘秀的铁拳。他当即诏令建义大将军朱祜、建威大将军耿弇、征虏将军祭遵、骁骑将军刘喜，率着几十万征讨大军，浩浩荡荡、杀气腾腾地前往涿郡，讨伐逆贼张丰。

其实，对于一个小小的张丰，哪用得着劳动两位大将军和两位将军呢？杀鸡用了牛刀，从中足见刘秀对张丰的恨意与愤懑。

真是百思不得其解。多少人盯着涿郡太守这个位置，但我只给了你，刘某人对你本不薄啊！

因爱生恨。

实事求是地讲，在此之前，张丰从没萌生过、也不敢有造反的念头，只是在遇到一个“大师”后，一番巧舌如簧、天花乱坠才让张丰动了心思，人生一些想法开始慢慢发生改变。

张丰喜欢风水堪舆、奇门遁甲，并因此广交江湖高人。有一天，一位“大师”不请自来。甫一相见，这位“大师”便打躬作揖、战战兢兢地对张丰说：“哇，您乃奇人异相，当是天子的命。”也就是说，按张丰的生辰八字，完全有命做皇帝。这一番话还没让张丰回过神来，“大师”又从怀里掏出一块石头，用五彩颜色的袋子装好，小心翼翼地绑在张丰的胳膊上。然后，附在张丰耳朵上神秘地说：“石中有玉玺。”

一阵激灵之后便是巨大的鼓舞，头脑发热的张丰信以为真，当即拉起一帮人马，扯起大旗，反了！

好几天，张丰都处于激动与亢奋的状态，甚至想好了封谁为相、封谁为将。他还准备坐上天下后，下诏广征美女，并在宫中搞个规模盛大的选秀……

想到即将到来的这一切，张丰的心都醉了。只可惜，梦还在酣睡中，刘秀的征讨大军已兵临城下，“哒、哒”的铁蹄声，将张丰的美梦惊醒。祭遵一马当先，挥刀杀来。张丰的人马，本是乌合之众，几个回合，便作鸟兽散，张丰在仓皇逃窜中，被祭遵一把擒获。

造反可是杀头的罪。绑上刑场斩首时，张丰对“大师”的话仍深信不疑，只是不断反思自己，到底哪个环节出了纰漏呢？我本有天子之命啊！久久不得其解，就在刽子手挥起斩刀的那一刻，张丰突然大声说：“小心点，不要弄破了我的石头，石头里有玉玺。”

刽子手的屠刀瞬间定格在半空中。监斩官很好奇，命人将张丰的宝物呈上，仔细端详一番后，没什么特别呀，于是命人用锤敲开石头。打开一看，里面一根毛也没有！

至此，张丰才知道自己上了“大师”的当，仰天长叹：“当死无恨！”该死，该死，死而无憾！

我觉得张丰确实该死！当初自己要是把石头打开，不就什么都明白了吗？

不过也难怪，人一旦执著于某事，乃至鬼迷心窍时，智商往往跌至“零”！

邯郸道上，欲望无穷。唐宣宗时的司农卿韦厪在这条道上也是一头走到黑，不愿回头。最终是亏大了。

韦厪志存高远，渴望在仕途上走得更远。吃着碗里看着锅里，他担任司农卿的职务还不足半年，便又盯上了夏州节度使的位子。可惜是有想法没办法，朝廷内外几无可援之手。苦于没有门路，韦厪也只能整天嗟叹不已。

人一旦有了秘密，很难做到守口如瓶。古希腊有个寓言，说的是有位国王没有耳朵，只好蓄长发遮丑。知道这件事的除他父母之外，另有一个人，那就是他的御用理发师。每次理完发后，国王总忘不了警告他，若敢说出去，要你全家性命。

知道这个国家机密，对理发师来说无疑是种折磨，心里憋得难受啊！在一次理完发后，憋得要发疯的理发师，独自跑到海边的沙滩上，挖出一个沙坑，然后趴下整个身子，对着沙坑尽情大喊：“国王没有耳朵，国王没有耳朵……”喊完后，理发师心里觉得舒服极了，终于把憋屈畅快地抒发了一回。

总该是神不知鬼不觉了吧？可这世上没有不透风的墙啊。理发师爆出的天下“第一秘密”，没想到被沙滩旁的一根芦苇听到了，这时恰好一阵风吹来，秘密便随着芦苇叶子哗哗地传开了：“你知道吗？我们的国王没耳朵，国王没耳朵……”随风而逝，转眼间，全国人民都知道了国王的这个秘密。

理发师最后的结局不得而知。人同此心，我想韦厪也很难守住自己想升官的秘密。他的秘密被一位术士知道后，术士主动登门造访，对韦厪信誓旦旦：“我善于占星术，为人求官没有不如愿的。”

打瞌睡时恰好碰着了枕头。正愁没有捷径的韦廑一听高兴坏了，赶紧好酒好菜热情款待。是晚，酒足饭饱之后，术士在韦家的庭院里摆好占星术用的各种工具，然后请韦廑在纸上写上生辰八字和想求得的官阶，韦廑恭敬地一一照办。术士拿着韦廑手写的求官纸条，对着天空大声呼喊：“韦廑有异志，让我为他祭天。”

术士的这一出其不意之举让满怀希望的韦廑大为惊恐，这还了得！邻家听到后如去告发，不仅节度使的位子泡汤，而且还可能株连全家。情急之下，韦廑哭泣着和全家向术士拜跪恳求道：“愿山人赐百口之命！”放过我全家吧！

术士此时变了嘴脸，露出一副爱理不理的样子。盘桓了一阵，又装出想张口对天呼喊的样子，韦廑见状赶紧阻止。请神容易送神难。韦廑万般无奈，为求息事宁人，只好把家中的财产珍玩悉数奉上，才把这个术士打发出家门……

无本的买卖啊！得意洋洋的术士腆着肚子走出韦府，刚拐到大街口，就被巡逻闾巷的军吏拦住并将他逮捕。军士何以目光如炬，盖因他穿了一身韦家奉献的新衣服，貌似盗贼。术士为求早点脱身，只好如实招供，并告发说：“韦廑令我祭天，我欲告之，彼以家财求我耳。”真是无耻之尤，得了便宜还卖乖。

事情还是传到了唐宣宗的耳朵里。皇上很是纳闷，专门召韦廑当面审问，韦厪只好认栽。唐宣宗还算仁义，念在其情也悯，只是将韦厪贬为永州司马。术士呢？死罪难逃，被处以杖刑乱棍打死。

一旦欲望过重，人容易被心魔遮住眼睛，看不见前路，这很危险，无疑是夜晚骑瞎马，失去了方向和应有的判断能力。如果不幸遇到了半桶水且心怀鬼胎的所谓“大师”，还非常容易被忽悠，果真如此只能被人牵着鼻子走，到头来是赔了夫人又折兵。

一把血泪啊！不是么？辛亶和他一条红裤子的故事，同样发人深省。

在刑部侍郎的位子上混了许久，辛亶做梦都想在仕途上再进一步。他为此殚精竭虑，四处请托。不要嘲笑他，想升官无可厚非，八百里为官，不就是存此念想吗？但是，理想很丰满，现实却很骨感。因为他一是苦于朝中无人，二是苦于手中没什么银两。

虽然如此，他仍痴心不改，像只无头苍蝇，寻找一切机会到处打探、钻营。功夫不负有心人。一个偶然的机会，辛亶结识了一位大师。一番倾谈，彼此有种相见恨晚之感。相谈间，大师从辛亶唏嘘的言语中，多少感受到他的人生困境。当辛亶和盘托出后，大师微微一笑说，这有何难，咱们有缘相见便是小事一桩！

一番耳语后，辛亶的坐守愁城立即转化为灿烂阳光。

大师给他开出的是什么良方妙计呢？很简单，穿红裤子！辛亶听罢一脸狐疑。大师乜他一眼，信誓旦旦地说：信我吧，保管不出一年，你老兄便可官升一级。

桥段有点耳熟喔。在我的乡下老家，一个人遇上了本命年，都要穿条红色内裤，据说这样可以避邪，这一年会过得顺当些。请注意，老家的风俗是穿红色的内裤，这劳什子贴身穿在里面，外人是看不出来的，除非你有火眼金睛。这位大师开的方子不同，是要外穿一条大红裤子。想象一下，一个大老爷们，下半身如此鲜红，进进出出，甚至招摇过市，多让人难为情啊，别人看来也会觉得甚是古怪。唉，宁信其有吧。求官心切的辛侍郎，要老婆赶紧给自己缝制一条红裤子。

辛太太的手巧，红裤子很快就缝制好了，辛亶也就迫不及待地穿上了。在家里或八小时之外穿穿也就算了，可能是求官心切，辛侍郎竟然穿着红裤子去上班。朝堂之上，衮衮诸公间，穿上红裤子的辛侍郎特别晃眼，坐于龙椅、巍峨在上的隋文帝杨坚，在众臣的交头接耳中留意到辛侍郎的与众不同。

杨坚好奇心很重，疑心更重。一个爷们穿着红裤子，登堂入室，其中必有乾坤。于是，他命人赶快查究原委。手下报回的信息让隋文帝很生气，这不是妖术吗？堂堂帝国的一位侍郎，成何体统？是不是还想当皇帝啊？拉出去斩了！

生气归生气，但判一个朝中大臣的死刑，隋文帝觉得还是走走程序为好。冷静下来，他下令将辛侍郎交给大理少卿赵绰处理。赵绰说，皇上，我不敢接受您的诏令！为什么呢？因为按法律，辛侍郎罪不至死。

嘿，活腻了，跟朕对着干？！隋文帝勃然大怒，恶狠狠地对赵绰说道，你可以爱惜辛亶的命，难道就不爱惜自己的命吗？说完，命人将赵绰和辛亶一同推出去斩了。

赵绰瞬间被解去衣服，并要摁出殿内。生死一线间，这时的赵绰表现出一种血性，他昂首对隋文帝说：陛下可以处死我，但不能处死辛侍郎！隋文帝懒得费口舌，派人对赵绰说，抗命本尊下场如何？赵绰不屈不挠，铿锵答道：执法一心，不敢惜死。

听了这句话后，隋文帝陷入沉思，马上传令要刽子手暂停执行，然后又下令释放赵绰。至于辛侍郎的结局，司马光没说。一条红裤子穿出了辛侍郎的猥琐，同时也考验出执法者赵绰的职业操守：刚正不阿、执法如山。同朝为官，唉，境界差别怎么就这么大呢？

还想说的是，一言九鼎、君临天下的隋文帝，有自悔精神，这样的皇帝打着灯笼也难找啊！

话题扯远了，请原谅，因为赵绰感动了我。

裴行俭的知人之鉴

“初唐四杰”是唐代初期四位文学家王勃、杨炯、卢照邻、骆宾王的合称，文艺界将其简称为“王杨卢骆”。这四位才俊早有文名，在青少年时代就被誉为“四杰”，拥有不少的粉丝。

“王杨卢骆”有一共同点，即官小而名大，年少而才高。他们在初唐诗坛的地位很重要，上承梁陈，下启“沈宋”（指沈佺期和宋之问）。其中卢、骆长于歌行，王、杨长于五律。后人所说的声律风骨兼备的唐诗，大致从他们才开始定型。他们在中国文学史上的最大贡献，就是开始把诗歌从宫廷移到了市井，从亭台楼榭移到了江川和塞漠，题材扩大，思想严肃，不愧是真正的唐诗开启者。

在中国文学史上，王、杨、卢、骆名声响当当，且占有重要的席位，时任司列少常伯的李敬玄非常看重他们，对他们四位颇为激赏，逢人便说他们四人必将荣显闻达。

盛名之下，也有人对李敬玄所说不以为然。吏部侍郎裴行俭就另有见地，他认为：“士之致远，当先器识而后才艺。勃等虽有文华，而浮躁浅露，岂享爵禄之器邪！杨子稍沉静，应至令长，馀得令终幸矣。”怎么说呢？裴侍郎的意思是说，读书人的前程远大，应当首先在于气度见识而后才是才艺。王勃他们虽有文才，而浮躁浅薄，喜怒哀乐易于外露，不太内敛沉着，哪里是能够享受爵位俸禄的材料。杨炯稍微沉静，应该可以做到县令，其余的人能得到善终就算不错了！

嗨，你还别骂裴行俭胡说八道，后来他们四位的归宿还真被他不幸而言中了。王勃写完《滕王阁序》后到交趾探父，在南海不慎落水，虽被救起却终因惊悸而死；杨炯在仕途上孜孜以求，最大的官职也只是盈川县令；卢照邻饱受顽疾之苦，无法治愈，不堪忍受，最终绝望投水自尽；骆宾王呢，结局更惨，因参与徐敬业谋反，写下《代李敬业传檄天下文》，兵败后被武则天处死。

似乎都应验了裴行俭当初的预言。但我认为这倒不是证明他能掐会算，而是阅人无数的他，对四人的品性弱点有深刻的认知，是“性格即命运”这话的生动诠释。三岁定八十啊，人如果在成长过程中不注重克服自身的缺点，实现自我超越，往往可能坠入命运专为你设定的陷阱。

《资治通鉴》赞扬裴行俭有“知人之鉴”，这并非浪得虚名。他刚刚任职吏部侍郎时，一次偶然机会碰到王勮和苏味道，当时他俩都籍籍无名，裴行俭却对他们说，假以时日，你们一定会先后掌管铨选官吏之权。多少年后，“如行俭言”，王、苏果然都先后担任了这一职务。

不得不佩服裴行俭的目光如炬。历史上，这样的“超人”不少，唐太宗时的侍中王珪有同样的好眼力，他对同侪的精准点评，让一代明君李世民也频频颔首。

有一天，唐太宗心情很好，直到退朝后，这种快乐还浑身洋溢着，迟迟难以退潮。酒能解愁也能助兴，他突然想喝点小酒，以挥发满身的快乐。于是，他吩咐了下去。很快，一桌丰盛的山珍海味摆了上来，陪坐者寥寥，只是几位特命的宰相。

谁都有喜怒哀乐，贵为天子，高兴时没“独乐乐”，而是“众乐乐”，懂得与人分享。陪坐一侧，几位宰相心里想：有这样的皇上真好！

李世民有什么好事呢，心里头如此春光明媚？司马光先生在书里没有细说，仅是一笔带过。反正这与本文宏旨无关，咱们也就不去考证了吧。

君臣之间觥筹交错，把盏甚欢。酒过三巡之后，唐太宗眯着醉眼，对一旁的侍中王珪说道：听人说你精通鉴别人才，口才也很好，我想请你对宰相房玄龄及其以下的官员详加品评，然后再把你自己和他们进行衡量与比照，怎么样？

口含天宪，一言九鼎。皇上已然开了金口，王珪又岂敢说不好呢？不过，这确是个大难题，你想吧，在众目睽睽之下，对同侪进行臧否，摆自己进去，也摆别人进去，呵呵，这是有难度的，考验王珪的智慧以及玲珑程度的时候到了。

他又是如何化解这一难题的呢？

好在是王珪啊。但见他起将身来，气定神闲地回答道：“勤勤恳恳地服务大唐，尽心竭力无所保留，我不如房玄龄；文武全才，出将入相，我不如李靖；议事详尽周到，传达诏令，反映群臣意见，都能平允恰当，我不如温彦博；处理繁重、艰难的事务，都能办好，我不如戴胄。”

品鉴一语中的！将他人摆得很高，并且彰显出非常精准的个性化，这确实体现了王珪的识人之力与评鉴之功，想必在座的诸位听后都是如饮甘霖。接下来，且让我们见识见识王珪“春风化雨”式的说话艺术。他是怎样说的呢？他继续点评道：“耻君不及尧、舜，以谏争为已任，臣不如魏徵。”唯恐君王赶不上尧、舜，专以苦言强谏为已任，在这方面我可不如魏徵啊！

王珪的这番话，可是一箭双雕。他以魏徵为“绿叶”，大大地涂抹了一把“红”，说穿了就是变着法子拍唐太宗的马屁——当今圣上可是尧舜再世呐！果然没说错，唐太宗一听，“深以为然”，龙颜大悦，“高见，高见！”李世民频频颔首，其他听者也各领其功，对王珪连翘大拇指。与他人相比，难道自己一无是处吗？王珪当然不会自暴自弃。谈及自己时，他是这样说的：“至于激浊扬清，嫉恶好善，臣于数子，亦有微长。”我在辨别清浊，嫉恶奖善方面，和他们几位相比，倒是略有长处。

一番话说得不卑不亢，“众亦服其确论”。不容易啊，让这帮政坛大佬同意自己的观点，王珪的圆融、拿捏，确没辜负李世民对他“识鉴精通，复善谈论”的评价。人性本如此，要认清自己相当难，往往容易以己之长尺人之短，这样就很难正确看待自己，正确看待他人，也无法正确看待这个世界。

和裴行俭一样，王珪也确有一双火眼金睛！

秦二世：朕很傻很天真

关东盗贼蜂起，函谷关以东大秦各郡县的官吏大都叛降。屋漏偏逢连夜雨。唯一尚能打仗的章邯也屡吃项羽的败仗，更火烧眉毛的是，刘邦率数万精兵势如破竹，几入无人之地，不费什么工夫便攻下了武关。

武关，是帝国首都咸阳的门户。此处已是他人的囊中之物，意味着大秦政权岌岌可危矣。

此时的秦二世胡亥，好像服了赵高的迷魂药，仍以为四海升平，天下莺歌燕舞。当然，这也不能完全责怪胡亥，因为所有发往宫中的信息，都要先报赵高审核，待他过滤后，呈送到胡亥眼前的只剩一点点残渣：要么就是些无关痛痒的事情，要么就是些业已改头换面的再度创作。

虽然如此，身为中丞相的赵高还是心怀恐惧，如履薄冰。他生怕自己的报喜不报忧，甚至是移花接木，终会被秦二世识破。如果这样的话，断不会有好果子吃，会死得很难看。

朝堂上，他已多次看见胡亥投来狐疑的目光。

不寒而栗！管不了那么多了，还是在家休息休息再说。于是，赵高托称有病，向胡亥告假，一连几天没有上朝。

装病毕竟只是缓兵之计，躲得了初一躲不了十五。如何是好呢？赵高终究是赵高，小人中的小人，巨奸中的巨奸。他暗自想，与其成为他人俎上肉，不如冒险一搏，或能咸鱼翻身。

果然，宫中传出，秦二世已在向近臣了解盗贼灭剿之事。这让赵高有点坐不住了，不能坐以待毙啊！赵高马上与女婿、咸阳令阎乐以及弟弟赵成密商，决定诈称宫内有大盗，命令阎乐率兵进宫捉拿，见机将秦二世胡亥杀掉。然后，再立秦二世胡亥哥哥的儿子子婴为皇帝。如果成功的话，秦三世虽是新主，却依然不过是个傀儡，赵高一样可以权柄在握。

这就是赵高的如意算盘。

一切都按赵高的预案进行。当披坚执锐的阎乐如入无人之境闯进宫内，用寒光闪闪的利刃指着胡亥的鼻尖时，显得如此义正词严："足下骄恣，诛杀无道，天下共畔足下；足下其自为计！"听听，所有的都是秦二世的错。阎乐的话一出口，胡亥就知道自己的大限已到，但还是心存幻想，遂怯生生地问道："能让我见见赵丞相吗？"

"不行！"阎乐断然拒绝。

"我不做皇帝了！给我一个郡吧，做个郡王好了。"胡亥的口吻近似哀求。看到阎乐冷冷的眼光和冷冷的剑光，胡亥赶忙转口说："若有难度，给做个万户侯也行。"大难临头，不争气的胡亥还在不断地为自己的愿望打折。

懒得理你！阎乐把脸扭向一边。胡亥一见，心里打了个寒战，完了！但他仍不死心，再次提出："要么让我和妻子、儿女去做个

平民百姓吧，但求能像各位公子一般的结局。”

痛哉斯言！身为天子竟求一平民身份而不可得。不过，胡亥此时的心情还是可以理解的，命悬一线，总希望能苟活下来。活着多好啊，草民也会这样想，何况贵为天子？胡亥这样安慰着自己，好死不如赖活着，只要活着，一切皆有可能。

阎乐断不会给胡亥这个机会。他对胡亥呵斥道：“我奉丞相之命，替天下百姓诛杀你，你说再多，我也不敢禀告！”

话已至此，绝望的胡亥，拔出佩剑朝脖颈上一抹，到地下见父皇嬴政和哥哥扶苏去了。

只是，若见到他们该说些什么好呢？

恐怕胡亥至死都不明白，一向对自己低眉顺眼的赵高，为什么竟然敢发动宫廷政变，并一定要置自己于死地？

奴才瞬间变脸为魔鬼。为什么呢？当阎乐率兵闯入宫中时，六神无主的胡亥责备身边太监：“公何不早告我，乃至于此！”太监答曰，我们要是早告诉了你实情，还能活到今天吗？

太监说的倒是真话，如果胡亥稍能清醒点，能有些基本的常识判断，就不会长久蒙受赵高“指鹿为马”式的欺骗，秦始皇开创的帝业也不会败在自己手里。当初统一中国后，嬴政认为自己功盖三皇、德配五帝，秦帝国也将千秋万世地传续下去，所以自己一厢情愿地命名自己为始皇帝，后世为“二世”直到“千万世”，结果呢，地球人都知道，徒留历史笑柄。

眼见不一定为“实”，最好还是用自己的眼光打量远近，用自己的舌头发表观点，用自己的大脑思辨真伪，眼里的世界才可能无限地接近真实！

被人裹挟，便听不到真话，对外面的情况一抹黑，这不是瞎子黑夜骑瞎马吗？不过听真话需要勇气，否则胡亥也不会死得这样难看。

胡亥咎由自取。不信？想一想他的当初吧。

陈胜、吴广的揭竿而起，给各郡县百姓起了强大的示范效应，他们纷纷斩木为兵，攻城拔寨，诛杀当地长官，以此响应陈胜、吴广，汇入起义队伍的滚滚洪流。

消息多少还是传到宫中。但真实情况到底如何，胡亥的近臣不敢说，唯沉默以对。胡亥极为信任的宦官头目赵高，依然是一副气定神闲的样子。他天天想的，只是如何“清君侧”，以及如何给二世安排好贴心的娱乐节目。

说胡亥不关心天下大事，那是假的，好歹是自个儿的天下呀。正在一筹莫展之际，朝廷派往出使东方的谒者正好回来。胡亥立即宣其进殿，迫切想了解外头闹腾的情况。

这位谒者是实诚人。面对圣上垂询，当即如竹筒倒豆子般将耳闻目睹的义军如何风起云涌，如何诛杀官吏的诸般情况如实上奏。听罢，胡亥这张原本白皙的脸，由白到红，由红到黑，再由黑到绿，最后成为酱紫猪肝色。不可能！我统治的天下是如此不堪吗？你这小子居心何在？！

当即下令将其“下之吏”。马上将这使者交给有关部门，治罪！

没想到，竟因讲真话获罪！从此，其他使者返回长安作述职报告时，都学乖了，专拣好的说。胡亥询问时，他们甚至对曰：“群盗鼠窃狗偷，郡守、尉方逐捕，今尽得，不足忧也。”听听，说的都是些什么话？！外面都被义军搅得昏天暗地了，还骗胡亥说只是些偷鸡摸狗之徒，郡守、郡尉只要一出手就搞定了。皇上，这点毛事，您根本就不用担忧！

信不信呢？反正胡亥是信了，或者由不得他不信。结果怎样？秦始皇本想构建万世之基，没想到，秦家的“华厦”才到儿子辈就哗啦啦地坍塌了！

深刻的教训啊！臣子讲实话需要勇气，主子听实话更需要勇气。这份勇气于属下而言，需要责任与担当；对一个团队的领导者而言，则需要底气与自信。如果只甘于做个“鸵鸟”，以为把脑袋埋在沙堆里，外面就真的是风和日丽、天高云淡，那就大错特错了。堵了天下悠悠之口，还真成了“孤家寡人”。如此，害了自家，也误了团队！

“小三”的座位

真是没大没小，乱了辈分，什么玩意儿，看老娘怎样收拾你，小娘们！窦皇后醋海翻波，更是怒火难耐。

让窦皇后不爽的原因是，凡在公开场合，汉文帝总是安排自己宠爱的慎夫人与皇后同席而坐。这种不按常理的排位显然是坏了规矩，皇后是谁呀？母仪天下，大汉唯一啊！

对汉文帝的不按规矩出牌，众大臣觉得不妥，但只能“腹诽”，没人敢公开站出来“说三道四”。

与“小三”坐在同一席上，窦皇后可是一百个不情愿。后宫之首，叫我情何以堪，颜面何存！但皇后也没办法，心里敢怒，口中难言。如今的慎夫人正是万千宠爱集于一身。

老大、“小三”享受同等礼遇，是因为汉文帝的默许。这种情况在帝国已存在很长时间了，并俨然成了惯例，直到袁盎的挺身而出，才最终得以纠偏。

袁盎是谁？汉文帝的中郎官是也！他性格刚直，敢于直谏。史上最有名的举动，就是曾奏请诛杀晁错以平众怒。这不是本文的重点，姑且不提。

那天天气不错，汉文帝的心情也很好，他想出去搞个调研。于是，汉文帝携窦皇后与“小三”慎夫人到了郎官府衙。能在自己的地头上接待皇上来访，这该是多大的恩典啊。接报后的袁盎，三步并作两步，赶忙将一行尊贵迎入了衙内大堂。

就这一次出了状况。在安排座次时，袁盎“引却慎夫人坐”，什么意思呢？他把慎夫人的坐席排在皇后之后。这不是矮化本宫吗？慎夫人不干了，但见她“怒，不肯坐”。看到慎夫人不高兴，“上亦怒，起，入禁中”。糟糕，就为安排席位，袁盎不但得罪了慎夫人，而且连皇上也得罪了。汉文帝连水都不愿喝上一口，站起身来，怒气冲冲就要起身摆驾回宫。

不过，我觉得也有人会高兴的，她就是窦皇后，因为终于有人站出来为她出头了。

面对这一突发状况，袁盎就是英武。只见他快步走前一步，将汉文帝一把拦下，说：“皇上，借一步说两句话！”大庭广众之下，汉文帝还是给了他面子，走到一旁，没有好气地说道：你讲吧！言罢，龙头高高仰起，眼睛则直勾勾地盯着屋顶。

袁盎不卑不亢，行过君臣之礼后，上前规劝文帝道：“我听说‘尊卑有序，则上下和’。现在陛下早已册立皇后，慎夫人的身份只是妾，既然是妾，怎能与主人同席而坐呢？如果陛下真的宠爱慎夫人，可以赐她丰厚的金银财宝。陛下现在的做法，恰恰可能会给慎夫人带来祸害。陛下难道忘了‘人彘’的悲剧了吗？！”

听闻“人彘”一词，汉文帝仿若受到电击一般。是啊，当年戚夫人反客为主，独得刘邦专宠，一时风头无两。可惜好景不长，刘邦驾崩之后，吕后就把戚夫人做成了“人彘”，然后将其丢弃在厕所里，任其在悲惨中死去。

想到这，汉文帝如梦初醒，立刻转怒为喜。马上召来慎夫人，并将袁盎的这番话告诉她。慎夫人倒没说什么，只是从自己的私房钱里，拿出五十斤黄金赐给了袁盎。

给主子进谏，务必一言中的。要让他透彻地明白。接受或拒绝，可能带来不同的后果，往往事关进谏者的身家性命。劝谏不成，还可能惹来杀身之祸。汉文帝的转怒为喜，就是得益于袁盎最后一句话的棒喝。他不想慎夫人将来也像戚夫人那样，被他人砍去双手双脚，成为“人猪”！至于尊卑有序，见鬼去吧，朕的好恶就是最高规则。

袁盎真会说话，这里还有他的另一个例子。有一次，汉文帝带一班文武从霸陵上山。虽是九五之尊，但汉文帝还是像老顽童一样，想从西面陡坡纵马奔驰而下。这可把一旁的袁盎吓坏了，他赶紧伸手挽住马匹的缰绳，然后进谏道：“我听说‘千金之子，坐不垂堂’。”危险？什么不坐在堂屋的边缘？我想你是胆怯了吧？汉文帝对袁盎讥笑道。

言毕，汉文帝准备揽辔策行。袁盎见状，一个箭步抢过缰绳继续进言：“圣主不乘危，不徼幸。今陛下骋六飞驰下峻山，有如马惊车败，陛下纵自轻，奈高庙、太后何！”不是吗？陛下可以放纵自己驾六匹骏马拉的马车，奔驰于险峻的高山上，寻找刺激，过把瘾就死。但陛下这样做，对得起高祖的基业和太后的养育之恩吗？

又说到痛处了。汉文帝像泄气的皮球。毕竟，汉文帝的使命感还是相当强的。于是，“上乃止”。汉文帝不玩了，乖乖地回到了行进的队伍之中。

“隐身”秦始皇

坐上皇位不久，秦始皇就开始焦躁不安。每隔一两天，便要赵高将卢生找来，垂询的都是同一话题：怎样才能长生不老？

卢生是原燕国人。此人确有两把刷子，懂天文地理，通神仙鬼魅。当初经人举荐，嬴政和卢生一见如故，君臣间相谈甚欢。秦始皇对卢生十分宠信，委以重任，专门派遣卢生入海寻仙。

一段日子后，卢生终于归来，仙人是没有找到，但也不是宝山空回。他上奏并呈进了《录图书》里的一句谶语，上书：“亡秦者胡也。”秦始皇一见心中大骇，马上命令大将军蒙恬统率三十万大军，向北征伐匈奴。匈奴者，胡人也！

看来卢生还真是一语成谶，后来灭秦者确实是“胡”，只不过不是此“胡”——匈奴，而是彼“胡”——秦始皇十分宠爱的小儿子胡亥。

这是后话，姑且不提。

这一天，始皇帝又在思考有关长生的问题，尽管想得脑壳有点痛，但仍是没有结果。于是，赶紧宣召卢生吧！在奔往皇宫的途中，卢生也很头痛，该怎样应答皇帝的提问呢？不能又是老生常谈吧？对答总要有点新意啊！

唉，只好硬着头皮接着编。

启奏皇上，我有一种方法可以找到神仙真人。一进宫，卢生就叫嚷开了。有什么办法？快快说来！秦始皇不顾威仪，显得有些迫不及待。是这样的，皇帝要不时地暗中秘密出行，借此躲避恶鬼，避开了恶鬼，神仙真人便会到来。希望您所居住的宫室不要让别人知道，然后仙人来了，就自然求得长生不老之道。“编”字决一念开，卢生就如滔滔江水，一发不可收拾。

始皇帝一听大喜，马上宣布不再称“朕”，而是自称为“真人”，并下令咸阳城周围两百里内的二百七十处宫殿楼台，全都用天桥、甬道相连接，帷帐、钟鼓及美女充斥其间。美女和侍卫进行重新部署登记，固定住所，不得随便走动、迁移。

始皇帝的饮食起居和行踪成了帝国的最高秘密。嬴政巡行到某处居住，如有人胆敢泄露他的驻地，即予以处死。有一次，始皇帝前往梁山宫，当他站在最高处时，恰好望见一行浩荡车马，旌旗蔽日，一打听，是丞相李斯出行。“弗善也”！秦始皇看到这场面很不高兴。李斯也不缺朋友，秦始皇身边的一位宦官，为做好人，马上将天子的不满偷偷告诉了李斯。李斯一听，惊吓出一身冷汗，立即将随员、车马大大减少，出行时再不敢这般张扬、高调。

李斯的这一细微变化，让敏感的秦始皇察觉了，他很愤怒，竟敢泄露我的行踪：“一定有人泄露了我的话！”这是安保的巨大漏洞。于是，他下令马上彻查审问随行人员，到底是谁干的，自然没人承认。一不做，二不休，问不出结果，始皇帝干脆下令将当时在场的人全部杀掉。从此以后，谁也不敢再说半字秦始皇的去向。文武大臣有事要面圣裁决怎么办呢？有办法，到咸阳宫候着。

还是让秦始皇失望了，自始至终他也没等来神仙真人。没法自圆其说又对秦始皇曾经大加讥讽的卢生，眼看大事不妙，赶紧来个“三十六计，走为上计”。卢生这一溜不打紧，却给别人带来麻烦，秦始皇心中恨恨骂道：“我对卢生这些人信任，尊重有加，还给予了丰厚的赏赐，竟然欺骗和诽谤朕？！”皇帝发火可了不得，地动山摇啊，卢生一时半会儿没逮到，只好将愤懑迁怒于他人，四百六十多位儒生因此在咸阳被活埋。

高处不胜寒。权力再大，也有恐惧的东西，也有实现不了的愿望。秦始皇梦寐以求，想长生不老，结果只活了四十九岁便暴死沙丘。欲自为“始皇帝，后世以计数，二世、三世至于万世，传之无穷”，没想到，人算不如天算，仅二世而亡，“秦记”大厦便轰然倒塌。

大唐政坛的“愣头青”

大诗人白居易被写进《资治通鉴》，不是因为诗歌写得好，而是因为他的“敢言”。

不过，白居易最初进入体制内，并担任帝国的一官半职，则完全是源于他的诗歌创作。“长安米贵，居不大易。”大名士顾况的一句戏谑，让嘴上无毛的白居易名动长安。公元807年，白居易遇到人生中的大贵人，被有点文学范的唐宪宗召入翰林院，出任翰林学士。

在此之前，白居易身份卑微，相当于现在的“北漂一族”，最稳定的活是做集贤校理。位卑未敢忘忧国，白居易时刻关注国事、天下事，对帝国存在的种种弊端，以诗歌这一独有的文学方式进行婉言规谏。短时间内，他创作了政治讽喻诗歌达到一百多篇。好诗传千里，一时洛阳纸贵。白居易的诗歌传到了宫里，正力图振奋的唐宪宗看了以后，不但不以为忤，反而甚是喜爱，成了白居易的铁杆粉丝。

吃了鸡蛋，还想见见下蛋的母鸡。读了白居易的诗，唐宪宗很想见作者。急匆匆宣白居易进宫，一番廷对之后，唐宪宗眼前一亮，这就是我要的人才啊！给他一个翰林学士，好好报效国家吧。

作为诗人的白居易，开始在帝国政坛上闪亮登场。虽然成了高级公务员，但白居易书生本色不改。青灯下、黄卷中，不妨从司马光笔下还原白居易这种不惧天地、直言敢言的“斗士”形象。

淮南节度使王锷入京朝见。家财万贯，钱能壮胆，他对官职的追求因而有了更大渴望。王锷以钱财铺路，贿赂朝中宦官，谋求出任平章事（也即宰相）。白居易对这种人和事深恶而痛绝之，于是上书一力反对。他在折子中认为，宰相是人臣中的最高职位，必须由声望清正或者功劳巨大的人来担任。如果让王锷这样的人出任宰相，会给许多像王锷一样的人带来坏榜样，产生希望当宰相的念头。他们买官的钱从哪来，还不是从老百姓身上搜刮。如此，侥幸之门一旦打开，便无法收拾。

唐宪宗本想顺水推舟，成全了王锷，但看到白居易言辞剀切，也只好将事情搁置下来。

两年后，天下苦于大旱。唐宪宗准备颁布德音令求雨。白居易觉得颁发这劳什子有什么用呢？还不如来点实惠的。于是，他上书唐宪宗劝谏道：“要让民众得到您的恩惠，我认为最实际的是减轻他们的税赋负担。”进而又说道：“宫中人员的数目超出供内廷驱遣所需的甚多，办事应当节省开支，裁汰冗员。”唐宪宗确是位不错的皇帝，从善如流啊，很快颁布诏书，免除本年租赋，外放宫女，杜绝进献等等。这些惠民举措多亏了白居易的仗义执言。

魏徵玄孙魏稠的生活一度捉襟见肘，不得不将祖居的住宅典押给别人，以换取生活用度。平卢节度使李师道获知后，上书朝廷请求用私财将住宅赎买回，再还给魏稠。好事啊，愿替国家分忧。

于是，唐宪宗命令白居易草拟同意李师道请求的诏书。白居易却说道，皇上这种做法不好吧？关系到对臣下的激励劝勉，此事应当由朝廷来办理。李师道算哪根葱啊，胆敢掠去朝廷这份美名！

唐宪宗是聪明人，一听马上明白过来，命人从内廷专库中支出两千缗钱赎回住宅，赐还给魏稠，禁止他以后再典押出卖。

听取反对意见不易，接受更难，尤其是皇帝。愈战愈勇的白居易却没意识到这一点，抱着一颗花岗岩般坚实的忠心，勇往直前，义无反顾，但他终于还是撞墙了。山南东道节度使裴均通过宦官，先后向唐宪宗进献银器一千五百多两。白居易知道后对唐宪宗进言道："裴均这是在试探您呐，还是将银器退回去吧。"是人都喜欢好东西，唐宪宗也不例外。他拒绝退还，只是暂时交给宫廷管理局保管。为了遮丑，唐宪宗还规定，不允许有人查询此事，如有人要查询，必须先把查询者的名字向皇上报告。规定一出来，白居易即上书反对，但唐宪宗不听，不但不听，还对人说："白居易这小子，是朕拔擢致名位，而无礼于朕，朕实难耐。"

白居易后来被贬谪江州，恐与唐宪宗这种抱怨有重要关系。不妨从皇上的不满中总结一二：位置是我给你的，要懂得感恩，感恩的实质是唯命是从；恪尽职守要讲究君臣之"礼"，不能让主子难堪，心里要搞清楚，大唐到底是谁的天下！

可惜，诗人白居易不明白、也不愿遵守官场的"潜规则"，死守"达则兼济天下"的信条，最后只有"江州司马青衫湿"了！

冤死了王沐

王涯是唐文宗时期的宰相。此人博学工文，才华卓著。

王沐是王涯的远房堂弟。和堂兄不同，王沐打从出生起，就没出过远门，一直蛰居江南的老家。

虽读过几年私塾，却没求取过什么功名。眼看奔六了，黄土快埋到脖子上，一生就这样碌碌无为、虚度光阴吗？王沐急啊，正惆怅处，长安传来消息，堂兄王涯当宰相了！王沐为这全家族的荣光感到格外亢奋，像打了鸡血。

叨光不能有名无实，必须是既好吃又好看。王沐开动了脑筋，对，到帝都探访堂哥去，说不定运气好，还可以讨个官玩玩。

主意拿定，王沐第二天一早就上路了。没钱做路费，他就骑着一头干瘦的毛驴，千里迢迢奔往帝都。虽说是千山万水，道远且阻，王沐却丝毫不觉得辛苦，心里头有股强大的精神动力，哼，到了长安，一切辛劳都将烟消云散，堂兄轻轻拨弄一个小指头，至少能捞个主簿或县尉做做，如此便不枉平生了。每每想到这些，王沐仿佛脚底生风，轻盈地飘了起来。坐着的干瘪毛驴，这时也好像成了高配置的官轿，舒坦！

终于到了帝都长安，但他非常失望，堂兄王涯说暂没时间见他，只是托亲信家奴告知王沐，什么时候见，等有空再说！

没想到，这一等便是两年。王沐在漫长的等待过程中，对堂兄的冷酷无情大为光火，真想掉头返回老家。但王沐此时的盘缠已经告罄，连交通工具，那匹干瘪的毛驴，也因为饱一顿、饥一餐而卖了出去。有家不能回，流落长安街头，如何是好？何况，就这样空手回去，既没面子，心也不甘啊！

熬吧！终于，两年后，王沐逮了个机会，见到了朝思暮想的堂兄宰相王涯。困顿中见到亲人，王沐激动得哭了，王涯却显得十分冷淡，略作寒暄，还没待王沐说出自己的想法，宰相秘书便以“领导辛苦了，要早点休息”的理由下了逐客令。

王沐郁闷极了，却又心生希望，自此之后，每天都跑到宰相府前守候，可惜再没机会见到堂兄宰相。无奈之下，也算灵机一动吧，王沐把自己的心思告诉了门人并恳请转达堂兄宰相。门人念其可怜，毕竟是宰相的堂弟，也就顺口答应了。

第二天，王沐又一早跑到相府前等候消息。这回没白来，他终于等来了佳音。门人告知王沐，宰相大人同意授予他一个小官，但要稍微等等，给点时间运作。苦尽甘来，守得云开见月明啊！王沐那个高兴劲就甭提了，峨冠博带的日子就在眼前。

悲催的是，王沐不但没能实现自己的人生梦想，最终反把小命搭上了。这一次，他倒真是沾了宰相堂兄的光。

一场“甘露之变”，王涯被人诬为谋反，朝廷将其处以腰斩。抄家宰相府时，刚好王沐在堂兄家里静等好消息。看到这张陌生的面孔，公差问他是什么人，和王涯是什么关系。王沐不明就里，反而以自豪、得意的腔调高声作答：我是宰相的弟弟！官府的人一听，乐了，道一声：正好，一起拿下！随后，将还蒙在鼓里的王沐押往刑场，在这里和宰相哥哥再次见面，只是两人再没机会说上话，就一同被“咔嚓”了。

你说王沐冤不冤？两年多的苦心守候，得到的竟是这一结果！

家奴一拜值千金

东汉末年，宫内宦官炙手可热、权势熏天，中常侍张让就是其中最飞扬跋扈的一位。

张让的府中有个家奴，专门帮他打理家务。因为服务得贴心，深获张让的信任。因为这份信任，这个家奴恃强凌弱，在外作威作福，欺男霸女。更令人惊奇的是，这个家奴，还颇有经济头脑，利用主子的信任，充当权力掮客，赚了个盆满钵满。

右扶风郡的“富二代”孟佗家财万贯。饱暖思官位，他挖空心思想捞一官半职。虽然有钱，但朝中无人，烧香找不着庙门。焦虑啊，情急之下，他想到了张让家的这个家奴。

孟佗自有他的商业法则。打定主意后，孟佗拐弯抹角、削尖脑袋和这个家奴搭上关系。一来二去之后，孟佗和这个家奴结成了哥们儿。当然，天下没有免费的午餐，为了拜上这个码头，孟佗可是散尽了家财。孟佗在竭力讨好、巴结这家奴的同时，对张府的其他奴仆也都以钱开路，毫不吝啬。因为孟佗出手阔绰，张府大大小小的家奴都乐意和他交往，视他为“散财童子”。

没有无缘无故的恨，也没有无缘无故的爱。都是成年人，都是老江湖，有什么看不透彻呢？又一次收下沉甸甸的银两之后，家奴们问道，无功不受禄啊，孟老爷您希望我们为您帮上些什么忙呢？听到这话，孟佗显得很不高兴。喂，哥们儿，小看我了吧？我跟诸位做哥们纯粹就是因为志趣相投，希望兄弟们以后不要再提这样的问题了！否则，翻脸哦！

果真没有？家奴们不信啊！于是齐声道，说说吧，哥们儿之间不用客气。若能帮上忙，我们兄弟几个一定全力以赴。

看到众奴仆一脸的真诚，孟佗觉得再不提些要求都不好意思了。他挠了一下脑袋，带着十二分的愧色说道：“我只希望能得到你们的一拜就足够了。”一拜？这也太小儿科啦，算什么啊？家奴们听后自然满口答应。

富在深山有远亲。张府门前永远都是车水马龙、人头攒动，每天进出的车辆就有数百辆甚至上千辆之多。孟佗敏感地意识到，人多的地方就蕴藏着商机。经精心推算后，有一天孟佗也前往张府，假意准备晋见主人。因为去得晚了点，此时通往张府的大道已是水泄不通，孟佗的马车被堵在距离张府门口数百米处，动弹不得。孟佗不生气，也不焦急，悠悠然地坐在车上。一支烟工夫后，突然，孟佗马车前面发出一阵骚动。只见那位家奴领着一众奴仆径直朝孟佗车前走来，他们是一起前来迎接孟佗的。待到了孟佗的车前，但见家奴们站列成一排，齐刷刷地对孟佗集体来了个大参拜。深施一礼之后，张府家奴又命专人为孟佗的车辆开路，通过“绿色通道”驶入张府。

同样堵在路两旁的其他访客，见到孟佗受到特殊礼遇，不禁有点目瞪口呆。何路神仙，竟能享有此等特权？嗯嗯，想必与张让的关系非同寻常。见不到母鸡，见见鸡蛋也行。于是，当孟佗从张府出来之后，孟家门口倒车水马龙，许多名利之徒转而争相结交孟佗，并送来大量的珍宝钱财了。孟佗高兴坏了，略施小计便将乾坤倒转，以前是我送人，现在是人送我。他将别人送来的金银财宝大部分留下，拿出一部分借家奴之手送给张让，张让大为喜欢。食人之禄，忠人之事。经一番运作，张让帮孟佗成功地进入体制，出任凉州刺史。

惊叹于孟佗的智商，惊叹于权力这根魔杖！

周勃是西汉的开国名将，曾位居宰相。因功高盖主身陷囹圄，后终能逃出生天，靠的也是类似张府管家这样的小人物指点。

外戚吕氏一门曾经屡番闹腾。他们对皇位的虎视眈眈，让汉文帝心怀警惕。他的防范之心不断扩大，波及了朝中的一些老臣、重臣。被刘邦称为“能安刘氏天下必勃也”的周勃，更是汉文帝的眼中钉。有一次，在君臣廷对间，汉文帝还是忍不住对周勃说，你还是带个头，到自己的封地上去吧！

一生刀头舐血的周勃，当然明白老板的用意，于是赶紧答道：诺！接着匆匆退出，回家稍作一番收拾，就一头直奔绛地。周勃的态度真好，落实领导的指示不过夜啊。

绛地是周勃的封地。

作为绛侯的周勃，从此远离长安，在自己的封地绛地生活起来。虽远离国都，不再在汉文帝的视线内，并安分守己地守着一亩三分地，但绛侯周勃每天还是过得提心吊胆，战战兢兢。每当绛地的郡守、郡尉前来巡行时，周勃都感到脊背生凉，生怕他们受命前来捕杀自己。

周勃并非庸人自扰。对朝中一些重臣，汉文帝就采取过这种手段予以清除。周勃的担忧，也已在梦中多次逼真出现。作为一种防范措施，周勃在会见郡守、郡尉前，必先身穿铠甲，家人则手执兵器，如此一番妥帖安排后，才准许家人开门迎客。

无胆鼠辈？请不要嘲笑周勃，后来的事实证明这不是他的多虑。尽管已是如此小心翼翼，没想到，还是有人向朝廷打小报告，诬称周勃要造反。

果然不出所料，接报后的汉文帝大喜过望，立即将“想造反”的周勃拿下并交给廷尉处置。

廷尉揣摩上意，将周勃逮捕下狱。廷尉连夜过堂，对周勃进行审讯。因为极度紧张和愤怒，周勃对诬告一时不知怎样作答，更不知如何申辩。看管他的狱吏，狗眼看人低，自忖周勃此番必是在劫难逃，对他呼呼喝喝，且多有欺辱。

身陷囹圄，龙遭虾戏。周勃悲愤之中还是渴望逃出生天，但可想的办法不多，只能在眼前晃来晃去的狱吏身上下工夫。于是，他将狱吏叫到身边，告诉他，只要能救自己出去，愿以千斤黄金酬谢。

狱吏见钱眼开，心动了，但一言不发转身离开，不久后回来，递给周勃一块公文木牍。周勃一头雾水，拿起一看，背面赫然写有“以公主为证”字样。什么意思呢？周勃在狭窄的牢房里低头苦思。几天后，似乎电光火石般，周勃若有所悟，这不是在暗示我要在 “供词”中提到公主吗？

公主是周勃的儿媳妇，即周勃之子周胜之的妻子。

周勃如法炮制。果然，呈上后的“供词”作用在慢慢发酵。这一天，汉文帝照例来给薄太后请安，没想到一见面即遭到薄太后的一顿臭骂。接着，太后将护头帽絮一把扔到汉文帝身上，继续开骂："绛侯周勃在诛灭诸吕时，手持皇帝玉玺，身统北军将士，都没有趁机谋反，现在还会在区区一个小县造反？！"

汉文帝此前已看过周勃所写的辩白之词，面对太后的盛怒，只好就坡下驴，谢罪道："刚刚查清，马上放他出来！"言毕，他专门派出使者，持着皇帝符节赦免绛侯周勃，恢复他原有的爵位与封地。

走出牢门的那一刻，周勃大口大口地呼吸着自由的空气，然后仰天一叹："吾尝将百万军，然安知狱吏之贵乎！"是啊，你周勃虽曾统帅过百万雄师，但身陷牢狱、孤立无援时，靠的是一个小小狱吏的指点，才逃过一劫，谁能小看一个狱吏的神通与能耐呢？

"相府门人三品官"。权力的链条中，总会有些不起眼的角色。他们虽不能一言九鼎，但因身处权力边上，无疑等同于分享了权力。况且，"门人们"因为掌握着丰富的信息，这种资源对很多人来说，是相当稀缺的，因此可以卖到大价钱、好价钱！

张角的符水

并非浪得虚名，张角还真是有两把刷子。

白天里，张角走村串户，给穷人把脉看病。他的医术不错，常常药到病除，且又是免费的，这让病人有了更多的感激涕零，送他许多锦旗，上面写满“杏林圣手”、“妙手回春”之类。张角在累积赞誉的同时，也在累积他的人脉资源。

张角给人看病时，程序很简单，只要装上一瓶水，然后对着这瓶水念咒语，“呜哩呜哩”一番念念有词之后，张角大喝一声，命病人跪下，将平时做过什么坏事、见不得人的事一五一十道出来，如果不说实话，将会影响治疗效果。接着，他又要病人一口喝下方才念过咒语的符水，之后便叫病人回家洗洗睡去。

好奇怪喔，许多病人竟然很快就好了。

于是，方圆百里中，许多人奉张角为神明，特别是那些看不起病的穷人。

治病只是一个幌子，张角大有政治抱负，“良医”不是人生目的，“良相”才是他的追求。看到民心可用，张角创立了“太平教”，凭着这三脚猫功夫，张角和他的助手，用了十年多的时间，就在青州、徐州、扬州等八州发展了数十万众的信徒。

现代医学证明，人的健康状况与心态息息相关。在某种暗示之下，病人可能会获得一种心理抚慰。比如张角给病人喝的符水，虽然没有药石之效，病人喝后也能不治自愈。

张角就是利用了病人的这种心理。

张角不是一般的郎中吧？当然他也不是江湖骗子。恰恰相反，张角胸怀政治抱负和远大理想。时势造英雄。东汉末年，政治黑暗，军阀割据，民如倒悬，水深火热。一句话，老百姓活不下去了。信奉黄帝、老子的张角敏感地察觉到机会来了，于是，他以“太平道”为大旗，以法术和咒语等桥段传授门徒，凝聚力量。

现在明白了吗？喝符水之前，张角为什么要病人如实交代自己做过的坏事，如此这般，你的小辫子不就攥在我手里了吗？

张角折腾出非一般的号召力。有的信徒为追随他，不惜卖掉所有家产前往投奔；有些人不顾路途迢迢，千里追随，但还没见上张角一面，便病死在途中。这样的人不少，《资治通鉴》里说，“数以万计”。

十多年，发展信徒数十万，张角弄出如此大的声响，地方官干什么吃的？没有一点警觉？《资治通鉴》中说：“郡县不解其意，反言角以善道教化，为民所归。”原来，那些郡县官员根本不了解张角的政治野心，反而以为张角之所以得到百姓的拥戴，是因为他是在教民向善。这是典型的为官不作为啊！

这就是张角得以做大做强的一个重要原因。

朝廷也不是没有明白人，司徒杨赐就洞穿了张角的不臣之心。他上书天听，揭露张角是在欺骗百姓，意在谋反，进而建议刺史、郡守对流民的籍贯一一查清，并将他们送回原籍，以此削弱张角的党徒力量。

有眼光！可惜，朝廷不但没从善如流，反而认为是虚报军情。刚巧杨赐免职，他的奏章只能孤寂地躺在皇宫的某个角落，成为一张废纸。更严重的是，州郡官员从此不敢再如实反映情况，怕受到朝廷处分。州郡之间，彼此也不敢用公文形式互相通报实情。

这一切，助燃了张角的势头。看到时机已经成熟，早已谋略在胸的张角，按计划将党徒分为三十六个部分，每部分设一首领。不久，张角率领他浩浩荡荡的党徒，兵锋直指京城洛阳……

东汉朝廷及其衮衮诸公的幸福生活从此打断，养尊处优、优哉游哉的日子一去不复返了。

眼前亏

严延年，是汉宣帝时的河南太守。史上说他“为治阴鸷酷烈”，官吏、百姓深受其苦，无不对他恨之入骨。

怎样的“阴鸷酷烈”呢？司马光在《资治通鉴》上这样说他：“众人所谓当死者一朝出之，所谓当生者诡杀之，吏民莫能测其意深浅，战栗不敢犯禁。”严延年做事毫无章法，该死的突然被释放，无罪的却又被无端处死。属吏、百姓对他无所适从，整日里吓得胆战心惊。更让人觉得恐怖的是，每到冬季，严延年都会将所属各县的囚犯传到郡衙判罪，其中判斩的人很多，堆积如山，血流千里，河南郡的百姓送他一外号：“屠伯”。

有一年，严太守的母亲，从老家东海郡千里迢迢来到洛阳，准备与儿子一起祭拜祖先。严母抵达洛阳时，正遇到处决囚犯。囚犯队伍络绎不绝地从身旁经过，且哀号震天。严母见状，大吃一惊，儿子是怎样当官的？心怀狐疑，她决定先暂留在驿站中，不肯随人进入太守府邸。

严太守觉得非常奇怪，老母亲千里迢迢赶来见自己这个有出息的儿子，为什么近在咫尺却又拒绝相见呢？签完一堆厚厚的死刑判决书后，揉揉发酸的右手，严太守三步并两步赶到驿站谒见母亲。

兴冲冲地来，没想到却吃了个闭门羹。严母紧闭房门，不肯为儿子开门。严太守只好摘下官帽，跪在门外，不断叩头请罪，央求母亲开门。

“咚、咚、终……”听到外面发出愈来愈重的叩头声，毕竟是亲生儿子，严母于心不忍，还是开门，母子相见。

太守还来不及请安、寒暄，就遭到母亲的严词叱骂：“你侥幸当上了郡太守，管辖方圆千里之地，但从未听说你以仁爱之心感化百姓，使他们得到安定与保全，反而依恃刑罚，杀人如麻，企图借此树立威严，这是做父母官的本意吗？”

不怕老百姓，但怕老母亲。严太守还算是个孝子，听到母亲一顿劈头盖脸的骂，赶忙又再次下跪叩头，表示知错，接着亲自驾车将母亲接回太守官邸。第二天，严母在祭祀完毕后，对儿子再作开示：“天道悠悠，神明在上，多杀人者，也必将为人所杀。唉，想不到我到了晚年，却将看到我正当壮年的儿子遭受刑戮！我要走了，东归故乡，打扫祖上的墓地去了！”没待上几天，严母别子而去。回到老家后，见到严太守的兄弟与族人，又将这番话再次说了一遍。

一年后，有人上书朝廷，控告严延年有十大罪状。朝廷将控告书交与御史丞进行核查。没多久，严延年被处以“大逆不道”的罪名，公开斩首示众。

不听老人言，吃亏在眼前。有些官员明知有错也难收手，往往将非常态当成习惯。野马般的权力催肥了胆，权力拥有者便因此缺少了敬畏，也少了基本判断。

严太守被处斩的消息传回家乡，东海郡人无不佩服严母的贤明与眼光。只是这种佩服对老人而言，似乎过于残忍。

同样是母亲，同样有一番远见，不同的是儿子陈婴听从了。他趋利避害，最终得以封侯。活生生的例子证明：老妈的菜好吃，老妈的话更要听。

出头的椽子先烂。与这句俗语道理如同一辙的是“木秀于林，风必摧之”。许多中国人奉此为处世准则，每临大事，不愿当头，有时干脆脚踩西瓜皮，开溜。万事为小，生死最大。奉行这套人生哲学，体现出一种深刻的文化性格。

哪怕不识斗大的字，也能深谙此道。譬如历史上的陈母。

天下苦秦日久，百姓已忍无可忍。陈胜首举义旗后，一时间引发天下英雄的效仿，曾任东阳令史的陈婴就自觉不自觉地卷入这股浩荡的洪流之中……

陈婴出任令史多年，但没被“酱缸”染黑，为人诚实守信，谨小慎微，老人老，幼人幼，东阳全县上下，都尊称他为“长者”。陈胜、吴广义旗卷起的风潮也刮到了东阳，县里的一帮年轻人受到鼓舞，一时间“恶向胆边生”，群起而将县令杀掉，然后也树起大旗，与官府叫板，很快拉起一支两万多人的队伍。

羊群走路靠头羊。头羊是谁？这帮年轻人不约而同想到一个人，对，那就是陈婴。他们欲立陈婴为王。

为什么是我，鄙人很低调啊！疑惑不已的陈婴不停地问自己。虽然问不出答案，但能摊上这样的好事，陈婴还是感到有点飘飘然。苍蝇也是肉嘛，做个鸡头也不错，接下来可能就是牛头哦。这样想来，不免有些忘乎所以。回到家来，满脸仍然掩饰不住得意。儿子与往日的不同，让陈婴的母亲感到意外。执拗不过母亲的再三探询，陈婴如实道出了这个意外得来的“苹果”。

陈母听罢，颓然坐在炉灶边的矮凳上。沉默良久，才抬头对陈婴说：“自我为汝家妇，未尝闻汝先世之有贵者。今暴得大名，不祥！”陈母的意思是说，自我嫁到陈家后，从没听说陈氏先人中曾有过地位显赫者，现在你这小子，身无寸箭之功，反而突然获得大名声，这可不是什么好兆头啊！

陈婴毕竟是读书人，对“一阴一阳之谓道”这一套还是很熟的。是啊，老娘的话还真有几分道理！那怎么办？在历史性的机遇面前，总不能隔岸观火吧？陈母读懂了儿子的纠结，慢腾腾地站起身来，拉着儿子的手说：“不如这样，还是跟着他人干，成功了，可以封个侯；失败了，因为不是领头人，也容易逃亡。”

太有才了！陈婴大喜过望，马上转身找到这帮捣鼓的年轻人并对他们说：“今欲举大事，将非其人不可。我倚名族，亡秦必矣！”要做大事，必须依靠有名望的家族才能成事。那么，陈婴认为的“名族”是谁呢？乃“项氏世世将家”。众人一听，有道理啊，这两万人就这样簇拥着陈婴一同归了项梁统帅。

陈母是一妇道人家，在儿子昏昏然、但又必须抉择时所说的一番话，提供了一种可供参考的选择范式：无须出头，但又可摊上好处。怎么办好呢？只好利害相权取其“中”，“中间”的“中”，这般选择可将风险减到最低。当然，陈母的话也没错，也有眼光，拉队伍确实需要一位灵魂人物，实事求是地说，项氏比陈氏的号召力要大得多。在后来的“革命”征途中，陈婴也在实践中不断深化母亲的教诲，后来，又靠上了更有前途的大树，即刘邦。最后果如其母言，陈婴被封为堂邑侯。不过，收获与风险往往成正比。如果当初不听老娘的话，陈婴又将拥有怎样的人生呢？

假设的话题不好说。反正刘邦打下天下，也得益于一位老人的指点。

“家有老，是块宝。”这话说的是小家庭，但对于一个政权，乃至国家，其中蕴含的道理大抵也相通。

对老人生命价值的认同与尊重，说到底是基于对他们人生经历以及由此升华的智慧结晶的认同与尊重。

刘邦虽是乡下无赖，但对广大乡村“以老为大”的约定俗成，还是心存敬畏的。在与项羽拼死争夺天下时，刘邦从善如流，十分珍视老人的指点，因此在奔往皇位的道路上，有了更为醒目的路标。

仅从这一点而言，刘邦当拥有天下。

话说这一年的春天，汉王刘邦率军南下，渡过平阴津，直抵洛阳新城。此时，站在城门口，刘邦心底里突然生出几缕彷徨。强敌项羽仍是兵强马壮，更重要的是，和他争夺天下，是否符合政治伦理？毕竟，至少在理论上讲，刘邦是项羽的部属，何况，彼此还拜过把子。

春寒料峭，刘邦感到了些许凉意。

抬头一望，不远处，一位老者正朝自己走来。到了跟前一看，原是三老（古代掌教化的乡官）董公。刘邦立即下马请安。一番寒暄之后，董公似乎看出了刘邦的困惑。听刘邦一番言语后，老人劝谕刘邦说：“我已老朽矣！但听说过‘顺德者昌，逆德者亡’、‘兵出无名，事故不成’。所以说：‘只有向天下人公开点明要讨伐的人是乱臣贼子，敌人才能被征服。’”

老人说到这里顿了顿，刘邦倒有点迫不及待，走近一步对董公说：“愿闻其详！”老人依旧不紧不慢：“项羽行事大逆不道，放逐并杀害了他的君主义帝，实在令天下人痛恨。仁德之士不逞一时之勇，正义之师不拼一己之力。大王您应率三军将士为义帝穿上丧服，以此通告诸侯王，共同讨伐项羽。如此，四海之内没人不仰慕您的德行，这可是像夏、殷、周三朝开国君主那样的行为啊！”

果然是位智者！这番话，老辣老到。

项羽因弑杀义帝，不就已成为人人皆曰可诛的乱臣贼子了吗？刘邦率军为义帝素服，行臣子之义，自然可稳居道德高地。若以此号令各路大军，不就成为事实上的天下共主？听罢董公的一席高论，刘邦愁眉尽展。他知道，与项羽一决雌雄，自己有了理论基础。

佩服，佩服！姜还是老的辣。

刘邦何等聪明，当即全盘接受。于是，他为义帝发丧，裸露着左臂，痛哭流涕，举哀三天，并通报各路诸侯。然后，征集河南郡、河东郡、河内郡三河地区的兵力，沿长江、汉水南下，兵锋直指项羽。

西楚霸王危矣！

不听老人言，吃亏在眼前。人生关键处，不妨竖起耳朵，听听他们有何高招。知道吗？这些经验是他们一生积累的财富。

郎中郑注

江湖郎中郑注，身材矮小，眼睛近视，虽说其貌不扬，但因巧舌如簧，有能把稻草说成金条的本事，还是广结了各路朋友，其中不少人被他忽悠了。

行医四方，风餐露宿，日子过得十分辛苦，也十分拮据。有一天，当郑注游走到徐州时，这地成了他的福地，命运给他带来了转机。守卫徐州城的牙将病困日久，军医苦无良策。郑注恰好遇到牙将的一位朋友，一番交谈，两人深相契合，经这位朋友的推荐，郑注成了牙将的主治医生。郑郎中还是有两把刷子的，施药石一两个来回后，牙将久治不愈的病竟然好了。牙将那个高兴啊，无法用言语形容，除了送上一面“妙手回春，华佗再世”的锦旗外，还将郑注奉为将府的头席座上宾。

郑注从此告别居无定所、食不果腹的生活。牙将专门配备仆人供其役使，牙将还动辄给银子作零花，郑注的日子倍儿爽。

在郑注眼里，这些不过都是些小恩小惠，未必会看得上。他有狼一般的眼光，发绿且旷远。牙将府往来无白丁，利用这个高端的社交平台，结交更有分量的人物才是郑注梦寐以求的事情。

果然，没多久，在牙将的引见之下，郑郎中认识了节度使李愬。李愬是晚唐名将，整日劳神国事，身体状况很差。初次见面，因这位牙将不遗余力的推介，李愬终于答应让郑注给自己把把脉。一番望闻问切的煞有其事后，郑郎中开了几副药。一个疗程下来，李节度使居然多了几分精神气，还彻底告别了困扰日久的失眠。

神医啊！李愬对郑注佩服得五体投地，自此与他称兄道弟，激赏有加，还将他留在节度使府，不久又任命他为牙推（唐代官名）。食人之禄，当忠人之事。郑郎中本应好好地钻研医术了吧，但他却恃宠而骄，逐渐干预军政，直至胡作非为。节度使府的大小官员对他是敢怒而不敢言。监军王守澄实在看不过眼，把大家的怨言转报李愬，并建议将郑注逐出节度使府。李愬说，还是别忙着下结论吧，郑注是个奇才，你如果不相信，可先和他接触一下，如果真的一无是处，再驱赶他也不晚。

于是，李愬让郑注专程去拜访王守澄。王守澄原本不想见他，但碍于李愬的面子，还是极不情愿地在客厅接见了郑注。刚开始时，两人的谈话还是有一句无一句，有一搭无一搭，谈谈天气之类的话题，气氛有些尴尬。郑注毕竟阅人无数，接下来，他充分发挥了自己的好口才，把王守澄说得一愣一愣的。奇人啊，大喜之下，王守澄立即把郑注引入正堂，与之促膝交谈，相见恨晚。第二天，王守澄对李愬说，大人果然是伯乐，郑注是位桀桀大才啊。

从此，同时得到王守澄宠爱的郑注，更是权势炙手可热。在王守澄的力荐之下，李愬又任命他为巡官，使他一跃成为李愬的重要幕僚。手握大权的郑注，生怕别人知道自己“出身卑鄙”，于是找了一个机会，在李愬面前告发自己的贵人——徐州牙将的“莫须有”，李愬信了，随便定了个罪将其杀死。

老天有时也会犯迷糊，竟然让郑注这样的老江湖好运连连。不久，王守澄又被唐穆宗召入朝廷，任命为知枢密。王守澄履新时不忘带上郑注，并在京城给他修建高尚住宅，加以供养，还如法炮制地向唐穆宗推荐。一番廷对之后，唐穆宗也认为郑注人才难得，遂委以重任。

唐穆宗生病后，王守澄专擅朝政，权倾中外。王守澄和郑注日渐结成利益共同体，两人狼狈为奸，上下其手，大肆受贿，并且成为分量极重的权力掮客。刚开始，想通过贿赂郑注而求升迁的，还仅是一些身世卑贱而又善于钻营趋奉的小官吏。不久之后，达官贵戚也争着和他交往，以致郑注门前车水马龙，道路为之堵塞。工部尚书郑权养了很多“二奶”，但因俸禄少而无力供养，于是大肆行贿郑注，想弄个节度使干干。经过一番权力的运作，嘿，竟然成了！没多久，唐穆宗任命郑权为岭南节度使。

郑注绝对高智商，否则也不会得到牙将、李愬、王守澄，乃至帝国最高统治者的青睐、宠爱。但这种人尤为可怕，缺德不缺智，那可能就是一股祸水，对社会的破坏往往是加倍的，而这种破坏往往又是灾难性的。

王毛仲的面子

王毛仲的女儿就要出嫁了，封建社会家国一体，这件喜事自然也就成了帝国政治生活中的一件大事。作为自己的股肱之臣，当朝天子唐玄宗表现得相当关心。早朝后他将王毛仲单独留下，询问婚事筹备得怎么样，需要什么帮忙。真是皇恩浩荡啊！感激涕零的王毛仲赶忙叩头答道："臣万事已备，但未得客。"报告皇上，臣万事俱备，只是还没请齐客人。

唐玄宗一听，觉得有些奇怪，忍不住问道："你还会有什么客人没请到呢？我听说张说、源乾曜两位宰相都将出席你女儿的婚宴，这还不够吗？""此则得之。"这几位小意思啦，我能请得动的。王毛仲伏地答道。

哦，朕知道你请不动的是谁，我帮你请吧。唐玄宗宽慰地一笑。这位客人是谁？这么牛X？请允许我先在这卖个关子。先解决一个令人好奇的问题：王毛仲是何方神圣，竟要皇上代劳请客？！

牛人自有牛的理由。李隆基还是临淄王的时候，王毛仲就已是他的贴心家奴。李隆基升为太子后，王毛仲负责东宫的“马驼鹰狗”等坊。也就是说，李隆基的交通出行、狩猎娱乐都归王毛仲安排。负责这方面工作的，当是心腹之人。待李隆基做皇帝后，韦后、太平公主心有不甘，也想做“武则天第二”，试图让历史重演。历史没给她们机会，唐玄宗的果断出手，击碎了她们的春秋美梦。王毛仲在参与平定韦后、太平公主之乱中厥功甚伟，事后论功行赏，被授为大将军。后又因诛杀依附太平公主、图谋不轨的萧至忠有功，升为辅国大将军。李隆基皇位坚固后，王毛仲水涨船高，被视为头号心腹，并被赋予更重大的职责：担任禁卫军将领。这意味着李隆基将自己的身家性命一力托付。

因身处要津，朝中文武、地方大员都争相巴结王毛仲，但有一个人对他则始终保持着君子之交，不远不近，不咸不淡，他就是王毛仲非常想请、但又担心请不来的客人——宰相宋璟。

宋璟乃一代名相，少年时博学多才，广有文名。在坐上相位后，他励精图治，与姚崇同心协力，把一个内忧外患的李唐王朝带入了彪炳历史的“开元盛世”。宋璟在当时的大唐政坛上人望极高，领袖群伦。宋璟对于王毛仲这类人，心里自然是瞧不上的。但毕竟是主子的家奴，俗话不是说“不看僧面看佛面”吗？

嫁女是件大事，对王毛仲这类出身卑微者而言尤其如此。借一场大婚，可以在权力的角逐场上进行“漂白”，自此正儿八经、完完全全地融入圈子，当是这场Party的题中应有之义。婚宴是否风光，重要指标之一是看你能请到什么样的宾客。能请到什么人，谁又会不请自来，王毛仲对此心里很清楚。宋璟属于哪一类呢？他心中没数。如果宋璟缺席，主人家会倍感没有面子，这场豪华婚礼的影响力也将会大打折扣。

一连几天，王毛仲都为此忐忑不安。直到唐玄宗主动开了金口，答应帮自己请上宋璟时，他的心才稍微踏实些。

于是，次日早朝谈完政事后，唐玄宗将宋璟留下，对他说道：“我的奴才王毛仲要办喜事了，你应当和各位朝廷要员一起去他家贺喜。”

“好的，万岁！”宋璟垂首答应。

王毛仲真有面子。

婚宴那天，王府门前车水马龙、热闹非凡，前来道贺的各路宾客如过江之鲫。正午时分早已过去，桌上的美酒佳肴，层层堆积如小山状。虽饥肠辘辘，但众宾客没人敢动一下筷子，为什么呢？因为分量最重的客人还没到。

好不容易，宋璟终于来了！来了之后，他并没有就座，而是站在自己的位子上，但见他端起酒杯，向西行复君命礼，表示我是遵循皇上之命前来出席喜宴。施礼完毕，又见宋璟将酒杯一放，说声“啊，我肚子痛！”对王毛仲抱拳作揖表示抱歉，然后便匆匆告辞而去。

肚子痛只是借口，个中深意想必你懂得。你还注意到了么？自始至终，宋璟的屁股都没沾过凳子。

唉，身为宰相，宋璟殊为不易。一面是皇命不可违；一面是读书人的尊严不可亵。但他找到了一个折中的办法，也即孔子所说的“中庸”之道。他拿捏得很到位，成功地爱惜了自己的“羽毛”。

中国人讲究人情、人脉，并常常因此羁绊。但凡要取得成功，往往要放下身段，作出适当的妥协。王安石在推行变法中，脑中只有一根筋，不善于沟通，导致变法夭折。宋璟在这类事情上处理得很好，不仅成就了自己，也成就了别人，遂能成为一代名相。

但集万千宠爱于一身的王毛仲，最终还是被唐玄宗抛弃了，他死于高力士的“眼药”。

领导的信任是靠不住的！上级对下级的宠爱，有时也会出现像婚姻间的“七年之痒”那样的情况，会在某一时期，因为某一诱因而突然崩盘。唐玄宗和王毛仲间也是如此。

陶醉于“开元盛世”的良辰美景，唐玄宗后期不思进取，无甚作为，尤在用人方面日渐昏聩。除了重用李林甫、杨国忠这样的大奸之外，在感情上也日益宠信宦官。李隆基还打破惯例，竟让宦官当上三品将军，府门上配置綮戟的仪仗。这些宦官还经常奉命出使。经过各州时，当地官员都竭力奉承，只怕达不到他们的要求。每出使一次，他们得到的财物都不少于一千缗。这些高级宦官敛财有术，京郊三分之一以上的田园都集中在他们手中。杨思勖、高力士就深得唐玄宗的信任与宠爱，杨思勖多次率兵出战讨伐，高力士则常常在宫中侍卫。

在王毛仲眼里，宦官不就是身上少了件关键物什的“前男人”吗？皇上虽然对他们宠爱，但无论如何也不能与自己比拟、等同，更不可能超过自己。这样想着，王毛仲对他们从不正眼瞧上一眼。一些级别低微的宦官，只要稍有违忤他的心意，他就像对待仆人一样辱骂他们。杨思勖、高力士看到王毛仲这样对待自己的同类，心中自是忿恨难平，总想在唐玄宗那儿上点眼药，让王毛仲喝上一壶。

机会来了，这个机会从王毛仲再获麟儿的那天开始。在王毛仲的妻子生下又一个孩子的第三天，唐玄宗派高力士送去许多佳肴美酒、金银丝绸，以示慰问与祝贺。让人没想到的是，唐玄宗还有更重的礼物，即授予王毛仲这个呱呱坠地的儿子五品官职。这是多么隆重的君宠啊，又是多么光耀门楣的事啊！但没想到，这好事将王毛仲带入了万劫不复。

回宫后，唐玄宗顺口一问高力士：“王毛仲高兴吗？”面对皇上垂询，高力士似乎欲言又止。唐玄宗凌厉地看他一眼，高力士才吞吞吐吐答道：“王毛仲抱着他襁褓中的儿子给我看并且说：‘我这儿子怎么做不了三品官呢？’”

这话很刺耳。王毛仲到底有没有说这样大不敬的话，没人作证。可能是高力士的一面之词，或者说干脆就是陷害。但唐玄宗管不了这些，一听即刻勃然大怒说：“以前铲除韦氏，此贼就怀有二心，朕不想说他。今天竟敢用刚出世的儿子来埋怨我？！”你看，经高力士的一挑拨，不但惹恼了皇上，还把陈年旧账也翻出来了。

王毛仲危矣！

趁火候已到，高力士又进一言：“禁卫军的奴才，给他们官职太大了，他们会互相勾结，如不早日除去，必定会发生大乱。”有道理哦，唐玄宗想了想，突然惊出一身冷汗。于是，唐玄宗以对自己不忠且心生怨恨为由，将王毛仲降为瀼州别驾，他的四个儿子受此牵连，被降职为边远各州的参军。即使做出这样的处罚，唐玄宗还是放心不下，当王毛仲走到永州时，又派人在路上将他赐死。

王毛仲的悲剧在于过于自信，恃宠而骄，不屑于结交、笼络主子的其他马仔。作为部下，王毛仲依恃的只有一个皇上，而唐玄宗依靠的对象却不止他一个王毛仲。在李隆基的视野里，他有N个王毛仲可供替代、驱使，只要唐玄宗愿意。可惜，王毛仲没参透，以为唐玄宗离开他，大唐帝国就无法运转。

不就一奴才吗？王毛仲至死，可能都不知道为何而亡。

唉，当初的面子哪去了？

钟传“打虎”

唐朝末年，王仙芝领衔闹事，一时间应者云集，大唐政权岌岌可危。经“安史之乱”和“藩镇割据”后，朝廷深受内伤，血流不已。中央权力软弱涣散，号令不一，唐昭宗也只能干着急。豫章人钟传不忍民众陷于水火，挺身而出，自任江西节度使。

先要说明的是，钟传并非争权夺利之辈，他只是觉得天下混乱至此，作为读书人总应有所担当，“修齐治平”嘛，否则对不起孔孟的圣贤书，也对不起自己生逢的这个时代。

中国人有个毛病，一旦“周边有事”，多半不敢出头，像乌龟般缩着脖子，待暂时风平浪静后，伸出头来一看，又恨自己当初没出手，眼红别人得了便宜。于是，要么袖手旁观，冷言冷语；要么横加绊子，采取不合作运动。

抚州刺史危全讽的反应尤激，凭什么是你钟传？心里非常不服。想来想去，还是一百个想不通。危全讽心里一横，决定干脆另立山头，要和钟传分庭抗礼。

斗来斗去，受苦的还是百姓。钟传深知这一点，并且他是一个眼里容不得半粒沙子的人。于是他马上率兵挥师南下，很快将抚州城围得铁桶般密实，连个鸟儿都甭想飞出去。

抚州城眼看唾手可得，且看危全讽你往何处逃也？！钟传正要指挥攻城，突然一团硕大的火球（我想应是雷击）从天而降，恰好砸落在抚州城中央。火球瞬间点燃了周边的建筑，并迅速席卷了大半个城市。“士民喧惊”，人们四处逃命，城中一片混乱。

真是天助我也！各位将领立功心切，跃跃欲试，要求趁机急速攻城，但都被钟传坚定的手势拦下了。

“乘人之危，非仁也。”面对满城的熊熊火光，钟传对诸将说道。言毕，他还肃穆站立，为抚州城内的百姓祈祷：“全讽之罪，无为害民。”上天要怪就怪危全讽吧，千万不要殃及无辜百姓。说来也真是奇怪，大火很快就熄灭了。

钟传仍没下令攻城，他对有些急不可耐的部属说，给点时间让百姓拾掇拾掇吧。

这边厢，城内的危全讽也实在是摸不着头脑，搞不清钟传的葫芦里到底卖的什么药。于是，他马上派出细作缒城而下，混入钟传军内打探究竟。探子很快回来报告原委，危全讽获知真相后，大为感动，即刻率部下出城，“谢罪听命”。这种感动还没充分表达完，危全讽做主把女儿嫁给钟传的儿子钟匡时为妻。

皆大欢喜。瞧瞧，刚刚双方还是急赤白脸的，一转眼就成了儿女亲家。

由此观之，钟传不仅是仁者，还是智者，他知道什么叫不战而屈人之兵。这也就可以找到答案了，为什么在那样的板荡岁月，钟传可以管治江西二十余年。尤令人感叹的是，主政江西期间，即便在混乱年代，他对文化教育仍然颇为重视，情有独钟。当时各州县无法举行乡贡，但他“惟传岁荐士，行乡饮酒礼”，也就是以聚会宴饮的方式吸引、发现人才。钟传还大力奖掖人才，江西一时成为人才高地，许多知识分子不惜从千里之外赶赴江西以求进取。据《唐摭言》载：“时举子有以公卿关节，不远千里而求首荐者，岁常不下数辈。”不少孤寒之士也前来投附钟传。在钟传的眼里，只要是人才，不分地域，无论贫贱，都悉数收入帐中。对于人才，他可不是“叶公好龙”。他对读书人大都能人尽其才，才尽其用。

钟传也是名“武松”，年轻时有一段惊心动魄的打虎经历。年少轻狂，那年月的他非常喜欢打猎。有一次醉后遇见一只老虎，躲闪已来不及，只好徒手与之搏斗。“虎搏其肩”，生死关头，钟传死死抱住老虎的腰不放。在与老虎的拉锯战中，钟传体力不支，逐渐处于下风。“吾命休矣！”钟传绝望地闭上眼睛，此时恰好援兵赶到，合力将老虎杀死。

钟传在晚年常常回忆起这段经历，但不是炫耀，而是以语重心长的口吻告诫儿孙辈道：“士处世贵智谋，勿效吾暴虎也。”凡做事要讲究谋略，多动脑子，如遇有危急，千万不要再效法我徒手与老虎搏斗啊！

这是一位老者历经沧桑后的人生总结。他的这番话，显然已远远超越了徒手与老虎搏斗这一件事。说得也是啊，人生路上，谁能一帆风顺不碰到“老虎”呢？重要的是，如果遇上了人生的“拦路虎”，该怎样应对、智取！

唐高宗的废后之争

唐高宗决意废王皇后而立武则天，过程十分曲折。期间，从众大臣的言行举止及各怀的心思中，可以读出忠奸善恶，值得后人反复咀嚼。

李渊开创大唐王朝后，关于后宫的设置，基本沿袭了隋朝的那一套，按惯例设有贵妃、淑妃、德妃、贤妃，她们都是正一品。自他以降，大唐当国者也大都萧规曹随，一般不敢轻易更改。但到了唐高宗执掌天下时，他想“因人设岗”，专设一个宸妃的名堂，封给武昭仪，也即后来大名鼎鼎的武则天。

这一设想不符祖制，因此激起了朝中众多大臣的反对。大臣韩瑗、来济就认为此举“故事无之”，也即无旧例可循，不可擅设。唐高宗心头藏私，底气不足，听众臣这样一说，也只好作罢。

朝中重臣长孙无忌讨厌中书舍人李义府，通过权力运作将其降为壁州司马。任命还没到达门下省，李义府已暗中得知。壁州是边鄙之地，华夷杂处，民智未开，跑到那里去干嘛，喂蚊子？于是，他便向另一位中书舍人王德俭问计。王德俭心肠曲折，鬼点子多，听有人请教，马上回道："皇上想要立武昭仪为皇后，正在犹豫不决，一直担心宰相们会有异议。你如果能提议立武氏为后，则可转祸为福了。"李义府一听，是呀，我怎么没想到呢？于是千恩万谢揖别而去。

几天后，李义府代替王德俭值宿，叩门向唐高宗上表章，请求废掉王皇后，改立武昭仪，以满足黎民百姓的愿望。这不正中下怀吗？唐高宗十分高兴，亲自召见李义府，与他促膝谈心，还赐珍珠一斗，留下他官居原职。

武则天听说后更是大喜过望，暗中派人上门对李义府施以的援手进行慰劳勉励。不久，在枕头风的劲吹之下，唐高宗破格提拔李义府为中书侍郎。卫尉卿许敬宗、御史大夫崔义玄、御史中丞袁公瑜从中嗅到异味，也纷纷私下里向武氏表忠心。

长安县令裴行俭听说朝廷将要立武昭仪为皇后，认为国家的祸害必定从此开始，便与长孙无忌、褚遂良私下议论此事。袁公瑜听说后，卖友求荣，将这一情况告诉武氏的母亲杨氏，裴行俭因此获罪，贬为西州都督府长史。

唐高宗心里还是不踏实。一天退朝后，他宣召长孙无忌、李世勣、于志宁、褚遂良进入内殿。进殿之前，褚遂良对众人说："今天皇上宣召，多半是为了后宫的事，皇上主意既已定了，违抗者必是死罪。太尉是元舅，司空是功臣，不可以让皇上承担诛杀元舅与功臣的坏名声。我褚某是平民出身，没什么功劳，到了今日这个地位，又接受先帝托孤，不以死谏诤，没脸去见先帝！"

李世勣暗长了个心思，找了个借口，称病没有应召，躲在家里，不想趟这趟浑水。

果然，唐高宗对进殿的众臣说，皇后没有子嗣，武昭仪则儿女双全，如今朕想立武昭仪为皇后，你们看怎样？

褚遂良果然一马当先答道，皇后出身名家，是先帝为陛下娶的。先帝临死时，拉着陛下的手对我说，朕的好儿子好儿媳，如今就交付给你了！这些话言犹在耳。未听说皇后有什么过错，怎能轻易废掉呢！褚遂良的回答自然让唐高宗不爽，但因搬出了先帝，又无以反驳，只好悻悻然退入后宫。

意犹未尽，褚遂良第二天又对唐高宗说，陛下如果一定要更换皇后，我请求遴选全国的世家望族，何必非武氏不可。武氏曾侍奉先帝，千秋之后，人们对此将会怎样评价呢？我今日触怒了陛下，自知罪该处死。言毕，褚遂良将朝笏放下，磕头直至血流满面。接着，他又站起身来提出，要把朝笏还给陛下，乞求放自己回老家去。反对废后也就罢了，还要撂挑子，唐高宗气得炸肺，命人将他带出去。武昭仪隔着窗帘大声说：何不杀了这老东西！长孙无忌说，褚遂良是先帝选定的顾命大臣，有罪也不能加刑。于志宁则大气不敢出一声，只是低头站在一旁。

韩瑗找了个机会，流泪苦劝不要废后，唐高宗冷漠以对。第二天他又继续劝谏，言辞激切，苦口婆心，期间悲伤得难以自已，唐高宗只好命人将他抬了出去。接着他又上奏疏，说一般的夫妇，还要相互选择后再结合，何况天子呢？如果陛下执意要废后，宫廷将长满荆棘，宗庙也难再享有祭祀了！大臣来济也上表章劝谏，折子洋洋洒洒，议古论今，列举了周文王造船迎接太姒、汉成帝以婢女为皇后的两个正反例子，希望唐高宗明察。

唐高宗主意已定，这些规劝“皆不纳”。唉，费了一番口舌，却换来一地鸡毛，众大臣不是白忙乎了吗？

尽管如此，唐高宗还是有所顾忌，不敢贸然废后。出现转机的是李世勣的一番见风使舵，让唐高宗有了某种“理论依据”。李世勣的高见是：“此陛下家事，何必更问外人！”电光火石般的脑海一闪，唐高宗便“意遂决”。许敬宗也广造舆论：“田舍翁多收十斛麦，尚欲易妇，况天子欲立后，何豫诸人事而妄生异议乎！”

许宗敬的什么混账逻辑？庄稼汉多收了三五斗就铁定要换老婆吗？作为天下共主的皇帝，发生婚姻变化这样的重大事项仅是家事吗？这样的歪理，只是为了曲意顺从主子心里的小九九，双方各有所求，各取所需，也就能一拍即合，完成另外一种变相的“贿赂”罢了。

敢于坚持的，反而成为眼中钉，没有好果子吃；阿谀奉承的，则平步青云，得到的好处不少。如褚遂良，不久被贬为潭州都督。李义府呢？却步步高升，直至宰相。自此，朝中已是一片万马齐喑，哑哑无语，武昭仪的转型升级已是呼之欲出。

路岩的“喉骨”

成语“请君入瓮”，中国人耳熟能详，意思是“以其人之道，反治其人之身”。和它意思相近的还有以牙还牙、以毒攻毒。

《资治通鉴·唐纪·则天皇后天授二年》里可找到成语“请君入瓮”的源头。具体的记载是：“周兴与丘神勣通谋，太后命来俊臣鞫之。俊臣与兴方推事对食，谓兴曰：‘囚多不承，当为何法？’兴曰：‘此甚易耳！取大瓮，以炭四周炙之，令囚入中，何事不承！’俊臣乃索大瓮，火围如兴法，因起谓兴曰：‘有内状推兄，请兄入此瓮！’兴惶恐叩头伏罪。”

自以为高明的周兴，就这样在不设防间掉入了老伙计来俊臣做的“局”，当然也是入了他自己的“局”。

虽然周、来两人都是历史上臭名昭著的酷吏，看来周兴还是玩不过来俊臣。来俊臣呢？又玩不过女皇武则天。许多时候，在最高统治者的眼里，不管你蹦跳得再高，终归是一粒小小的棋子，荣华富贵、生死沉浮，一切的一切都拿捏在别人的手里。关于这一点，凡是做小的，一定要有足够的清醒。

《资治通鉴》还有段记载，原来在有唐一代，还有一个“周兴”，他也是自作自受，自以为得计，但最终同样死于非命。

此“周兴”名叫路岩。

路岩先前在淮南任崔铉的佐史，具体工作是掌管文书。虽然职务卑微，但办事灵敏剔透，深受崔铉的器重。崔铉有知人之力，常对人说路岩的前途不可限量，假以时日或能做到宰相的高位。不久，经人推荐，路岩入朝廷任监察御史。十年后，年仅三十六岁的他，凭着卓越的行政能力，果然升任为宰相，可谓少年得志。相比之下，路岩的老东主崔铉仍在原地踏步，继续当着他的淮南观察使。可惜路岩的宰相生涯持续不长，原因在于他头脑发热，得意忘形，或者说买错了马站错了队，参与了和驸马爷韦保衡对抗的权力之争。败北后，路岩被罢相，贬为西川节度使，离开了帝国的政治中心。

曾经沧海难为水。贬在西南任地方官，路岩自感晦气，于是便自甘沉沦，自此喜好声色，游宴无度，曾有的人生抱负都被酒色销蚀，政事全部交与亲信，弄得治下乌烟瘴气，百姓怨声载道。唐僖宗即位后，看到成沓的告状信，对路岩的“为官不为”很生气，一怒之下将他贬为新州刺史。

当初，路岩被贬西南准备告别帝都出城时，路旁的行人纷纷向他投掷瓦砾、鸡蛋、大白菜之类。路岩躲闪不及，身上被砸得青一块、紫一块。民众采用的这种“欢送”方式，聪敏的路岩早有预料。临行前，他向京兆府薛能求助，薛能是他在相位上时提拔的，应是自己的嫡系。路岩委婉地希望得到老部下的保驾护航：“我出门时，一定会得到瓦砾的饯行！”薛能也真不够意思，竟然一口回绝：“向来宰相出任，京兆府无发兵防卫的先例。”白眼狼！路岩一听，羞怒万分，恨不得一头撞死。

那就上路吧。在发谪新州的路上，刚走到江陵，又得到唐僖宗的敕令，削去路岩的一切官爵，长期流放儋州。路岩长相俊伟，仪表堂堂，被囚禁在江陵监狱，命运一下子从波峰跌入浪谷。犹如伍子胥过昭关，昼夜间须发尽白，人真是一脸憔悴。

世事难料，路岩命运下行没能止住。不久，唐僖宗又驰来一道命令：赐路岩自尽，并籍没其家产。

君要臣死，臣不得不死。路岩别无选择，仰头一叹后自我了断。这还不是他命运中最悲惨的，路岩惨到不能保住全尸，被使者割取喉骨，拿着返京复命。

走到这一步，人们对路岩没抱什么同情，因为他是自作自受，害人害己。当年，他任唐懿宗的宰相时，曾上一道密奏：凡三品以上的大官如被赐死，都应让使者将他结喉三寸处的喉骨剔下，交给有关衙门，以验正死者必死无疑。

只是路岩没想到，自己也会遭受杀身之祸，也会被人剔下喉骨。天作孽，犹可违；人作孽，不可逭。人啊，还是厚道点，以权谋人，最终可能害的是自己。还是老话说得好：己所不欲，勿施于人！

路岩喜欢玩“人”，桓玄则喜欢玩“字”。

官员的嗜好往往彰显出权力的任性与张牙舞爪。桓玄患有作秀癖。桓玄是将门之后，其父为东晋名将桓温。桓玄以禅让的方式攫取了司马氏的天下，创建了东晋末期桓楚政权。

把人家的天下硬生生抢来，不就是强盗吗？那年头这可是为天下所不齿的。乱臣贼子做就做了呗，男子汉敢作敢为，但桓玄又有些心虚，愣是不敢改年号。关于这一点，司马光先生也有些看不起他，说桓玄“心常不自安”。因为“心常不自安”，稍有风吹草动，他就以为有人要篡他的位，惊惶不安，近似神经质。

有一年的二月初一深夜，长江波涛汹涌，江水长驱直入石头城，不计其数的居民被激流卷走淹死。呼天抢地的灾民哀号，把藏在深宫的桓玄吓得两股战战，连连惊呼“奴辈作矣！”他以为是手下人要造反。

夺了别人家的皇位，在讲求正朔的封建王朝，此举多少有些不仁义，容易遭人诟病。尽管司马氏坐上天下靠的也是巧取豪夺。桓玄这样做，显然是“有样学样，无样学和尚”。但他觉得自己还是良心大大的有，虽然做了皇帝，可用的还是前朝的年号啊。这当然是他“鸵鸟”式的自谦，无非是堵天下悠悠之口罢了！

桓玄喜欢作秀，无论大事小事在他看来都是机会。再随手拈来两例，足见一斑。即帝位后，他好行小惠以笼络人心，经常亲自审讯囚犯，过堂时，不管罪刑轻重，稍作盘问，马上对囚犯予以开释，只为博个明察秋毫的好名声。对拦御驾喊冤者，他来者不拒，且不问青红皂白，根据喊冤者一面之词作出裁决，还大笔大笔地赏赐他们。

令人奇怪的是，桓玄对手下人却是“苛细”，苛求得近似刻薄寡恩。

作秀的最高境界是什么呢？炫耀！桓玄就是“超炫”，司马光说他“好自矜伐”，喜欢炫耀自己的能力和才干。这方面最集中的表现是咬文嚼字。手下人呈来的奏章中，如果偶有一个字写得不好看，或者是偶尔有一句话用词不太恰当，他一定要对此加以纠正，以此表示才华高人一等。有一次，他看了份奏章后很不高兴，因为行文中把“春蒐”误写成“春菟”。这本是件小事，但桓玄却认为是天大的粗心马虎，必须严惩。喏，就因这屁大的小事，从左丞相以下，凡经过手、签过字的人，全部被降级甚至免职。

在桓玄的眼里，世界这样大，只有自己本事大，别人都是二百五，统统信不过，只好事必躬亲。比如说，像选定官员入宫值日这般芝麻大的事，桓玄都要亲自安排。他还常常越过众大臣，去指派一些小官吏干一些具体的事情。后果就是批示繁多杂乱，大量的公文因来不及处理而堆积如山。

这一切，顾盼自雄且又久居宫禁的桓玄想必不会知道！

老舅你在哪

有些人，有些事，一旦与皇室、皇权沾上关系，就有可能变得复杂起来……

唐文宗李昂的母亲萧太后来自福建民间，她打小就离开了桑梓地，家里只剩下一个弟弟。因为唐朝中后期，实是多事之秋，藩镇割据，安史之乱后，百姓颠沛流离，朝不保夕；皇宫也是风雨飘摇，大厦将倾。身处宫禁的萧太后应付着轮番上演的“宫心计”，自顾不暇，家乡和小弟也只能挂在心里、梦里。

直到唐文宗即位后，萧太后才把积压多年的心事彻彻底底地倒了出来。事母至孝的唐文帝知道后，即命福建观察使为太后寻找弟弟。皇命在身，观察使丝毫不敢怠慢，马上遣出各路人马暗中四处寻找皇舅。但因时过境迁，当年又没指纹没DNA没身份证没照相机，寻找工作只能是大海捞针。一阵地毯式搜寻之后，观察使只好沮丧地报告朝廷：暂时查无此人。

但这多少还是弄出了些动静，寻找皇舅的消息逐渐在当地流布。有一个名叫萧洪的人，给茶商当役夫，听说后觉得值得一搏，于是向老板说自己有一个姐姐流落他乡，多年杳无音讯。故事编得太逼真了，萧洪自己信了，茶商也信了。茶商立功心切，赶紧把萧洪引见给萧太后的亲戚吕璋的妻子。吕妻见人之后，无法辨别一二，于是带他去见萧太后。还没等萧太后说出个子丑寅卯，唐文宗就迫不及待和他相认，马上下诏任命“舅舅”萧洪为太子洗马。

真是一笔无本的好买卖！受此启发，另一个名叫萧本的福建人，也想走这条“终南捷径”，并为此做足了功课。他摸清了萧太后家族的种种关系后，跑到神策左军中尉仇士良家里，声称自己是萧太后的亲弟弟，同时揭发萧洪是个大骗子。因为萧本言之凿凿，仇士良信了，重要的是，唐文宗也信了，萧洪因此被判罪。萧本呢，则一步登天，被擢升为右赞善大夫。

可以暂告一段落了吧。孰料半路又杀出了个“程咬金”：萧弘。他扬言自己才是萧太后真正的弟弟。昭义节度使刘从谏知道后，觉得伸张正义乃臣子之责，于是上书朝廷：萧本是个骗子，根本不是太后的弟弟，这一点朝廷上下都一清二楚，但由于萧本是经仇士良引见给皇上的，满朝文武都噤若寒蝉，不敢说出真相。现在我告诉大家，萧弘才是太后的亲弟弟，他现在来见我并请求我向朝廷奏明真相。我建议朝廷召见萧弘，让他和萧本二人当面对证，以辨真伪。

又来了？！唐文宗对此不胜其烦，但还是接受了刘从谏的建言，立马下诏，命御史台、刑部和大理寺三司会审。

三司受命审理此案，结果很快水落石出，萧本、萧弘两人都是骗子。萧本被免职除名，流放爱州，萧弘则被流放儋州。萧太后真正的弟弟呢，据知情者说仍在福建，但始终未主动和姐姐萧太后相认。

骗子甘冒“欺君之罪”，只不过是出于对权力的垂涎，他们为了这个目的，可以忘了祖宗，忘了来路。仇士良、刘从谏这些官员，为什么也争相趟浑水呢？无非也是想向权力献媚，试图从中攫取某种利益罢了！

荣华富贵诱惑巨大，汉昭帝当国时，还有人胆敢假冒太子。

某一天，有个男人乘坐黄牛犊车径自来到未央宫北门。到那儿后，下车不走了，守卫驱赶他，这个男人傲然说道：别动我，我可是汉武帝的太子刘据！

卫士懵了！怎么回事，说来话长。

刘据是汉武帝刘彻的嫡长子，其生母为卫皇后，所以时人更多地称他为“卫太子”。元狩元年（前122年），他被立为太子。汉武帝还专门为他修建了“博望苑，”以结交各路贤达积攒人气，实际上也是广造舆论，以备登基。征和二年（前91年），汉武帝在巫蛊之乱中被江充、苏文等佞臣蒙蔽，要诛杀太子。刘据走投无路却又不愿等死，遂起兵反抗，兵败后逃亡，终因拒绝被捕受辱而自尽。多少年后，刘据的孙子刘询继位，深为爷爷的冤屈不平，追谥刘据为“戾”，故又称其为“戾太子”。

按照上述逻辑，刘据已在人间消失无疑。那么，这个男子又跑来凑什么热闹呢？想必是想攀附权势，幻想荣华富贵呗！

没有确证，又时过境迁，突然间冒出一个大活人，并自称是太子，岂不引起一番轰动？！

事关国体，汉昭帝不敢怠慢，下诏命三公、九卿、将军、中二千石官等一同前往辨认。

长安城中的一般官吏和普通百姓对此也充满好奇，纷纷上前围观，前后达数万人。右将军为防止发生不测，率兵据守在宫门前。前往辨认的丞相、御史、中二千石官等谁也不敢出言确认真伪。最后赶来的是京兆尹隽不疑，甫到现场，即命手下人将该男子逮捕。有好心人劝他说，这人是否真是前太子，目前还不能确定，还是从长计议的好!

听此一说，隽不疑正色道，各位又何必怕他是否真是前太子呢？春秋时，卫国太子卫蒯聩因违抗卫灵公之命，逃出卫国。后其子卫辄继位，拒不接纳其父回国，此事连《春秋》都加以肯定。前太子刘据得罪了先帝，逃亡在外，就算真的没死，如今自己又回来了，也是国家的罪人！于是，将此人押送到牢狱中。

汉昭帝与大将军霍光听说后，对隽不疑连声称赞，并说道，公卿大臣就应当由这种精通经典、明白大义的人来担任。隽不疑由此名重一时，其他身居高位者自愧弗如。

再说那个自称“刘据”的男人吧。后经廷尉审讯调查，才知这人根本就是“假冒伪劣”，本是夏阳人，叫成方遂，以占卜为职业。刘据的一位侍从曾请他占卜，并对他说：“子状貌甚似卫太子。”你的身材相貌都与前太子刘据相像。言者无心，听者有意，成方遂还当真了、动心了，“冀得以富贵”。没想到，偷鸡不成蚀把米，反以“诬罔不道之罪”被处死。

富贵逼人，多少人对此朝思暮想又梦寐以求。这本也没什么错，好像符合人性。只是这些人动歪了心思，搭错了桥梁。唉，可怜最后落了个身首异处！

“武功爵”

有些错愕，万万没想到一代雄才大略如汉武帝刘彻者，也曾大肆卖官鬻爵。

不过，刘彻此举，实是出于无奈。冷静地想一想，对他老人家或情有可原。

“明犯强汉者，虽远必诛。”刘彻说得掷地有声，做起来也丝毫不含糊，表达出强烈的保家卫国的意志。说这番话时，虽距今已有二千多年了，但仍如空谷回音，足以让后人振聋发聩。

有汉一代，胆肥敢于屡犯强汉者，匈奴是也！

凶悍的匈奴，多年来就一直是大汉的心腹之患，犹如利剑高悬。刚坐上天下的痞子刘邦，一度想挟楚汉战争完胜之雄风，踏破阴山，痛饮“虏子血”。理想很好，但现实却是瘦骨嶙峋。高祖七年，好不容易征召了九十万大军，杀气腾腾西进北上，想毕其功于一役，灭了匈奴，孰料却中了匈奴人的阴计，被困白登山，后来靠走单于的“夫人外交”，说白了，就是用大量财物贿赂单于的老婆，靠这种上不了台面的手段才得以安全脱围。经此一役，刘邦像泄了气的皮球，再也不敢向匈奴“亮剑”。不仅如此，还不断将“公主”嫁给匈奴的单于，凭着这种性与姻亲的关系，暂时维持与匈奴脆弱的和睦与平衡。

作为后人的我们，不要痛心疾首于大汉的窝囊。形势比人强啊！四年的楚汉之争，已使刘邦的家底穷得叮当响。比如说，已是九五之尊的刘邦，供以出行的马车，竟然找不到清一色的马匹。诸多大臣上朝的交通工具，则是更惨更寒酸，靠的是牛车。品秩低下的，只好靠双腿走路。想象一下当年长安街头的“车水马龙”，刘邦还有什么敢与匈奴叫板?

冷兵器时代，战马是战争中的重型武器，胜负成败，很多时候由它决定。

和亲之策，是最好、也是最无奈的选项。一个女子可抵三千毛瑟。如此算来，汉朝嫁给匈奴为妻的公主，整合起来的力量相当于一个集团军了。后人可以说，王昭君们为民族间的团结与融合作出了牺牲与贡献，我相信当时的刘邦可不这样想，留在他心里的恐怕只有两个字：耻辱!

不信？你会把女儿或妹妹，嫁给有杀父之仇或夺妻之恨的人吗？不敢想象，一个弱女子，告别父母之邦，孑然一身来到异域，言语不通，习俗迥异，将如何面对这种巨大的孤独感？内心燃烧的，除了孤独，恐怕就是血泪。

回想起来恐怕不仅仅是心痛。

所以，家底稍微丰厚后，刘家不肯再干这一买卖。尤其到了汉武帝朝，《资治通鉴》中记载，怀着仇恨，刘彻曾连续多年征调十几万人出击匈奴，斩杀或俘获匈奴将士数以万计。世上没有免费的午餐，刘彻为出这一口恶气，也付出了相当大的代价，仅用以打赏汉军将士的黄金就达二十多万斤，使用的战马达十几万匹，这还不算兵器衣甲和往前方运送粮草的消耗。

战争，就像巨大的黑洞，即使是金山银山般的财富，也可能在顷刻间被吞噬得无影无踪。这不，几年下来，大司农府库已经枯竭，无法继续提供军需了，而前方却不断告急。

活人总不能叫尿憋死吧？！好在皇家不缺资源，经过苦思冥想，刘彻终于憋出了一招。公元前122年六月，他下诏允许百姓出钱购买爵位和赎回坐牢的亲人，也可以交钱减免罪行，还特设所谓的“赏官”，称为“武功爵”，第一级定价为铜钱十七万枚，以上递增，总计为黄金三十万斤。凡购买武功爵至“千夫”的人，可以优先任下级官吏。

国之名器，岂能待价而沽？显然，刘彻也看到这种买卖可能带来的危害，于是设了两道门槛：一是只卖爵位和只能“以钱换刑”；二是即便出价到了“千夫”，也只是候补，两者都不准直接为官。说穿了，更多的是荣誉性质。这样做，于刘彻而言，至少是个心理安慰，或可减少某种罪恶感。

虽解了燃眉之急，此举却无疑是饮鸩止渴。《资治通鉴》中说：“吏道杂而多端，官职耗废矣。”说的是，从此以后，做官的途径变得既多且杂，官职授予也愈加混乱了。

潘多拉的盒子打开之后，要再度关上只能是幻想。买官卖官行为到了汉灵帝刘宏的时代，更是得到了“发扬光大”。汉武帝多少还有些遮遮掩掩，巧立名目，到了刘家子孙刘宏时，已是堂而皇之开了卖官铺，明码标价公开售官，将卖官鬻爵制度化了。这也是刘备“叹息痛恨于桓、灵”的一个重要原因。

当然，毁家纾难者也不全是为了捞个一官半职。有位叫卜式的河南人，世代牧羊，家业到了他手里，已是富甲一方。有了钱，他并没有广置田产，或者包养二奶、三奶。他是一个有境界的牧民。在和家人商量后，他上书朝廷，要求捐出家财助边。汉武帝问他想要做什么官，卜式回道：什么都不要！

是吗？汉武帝满腹狐疑。

派人再问。卜式回答言简意赅：没有国，哪来的家？！

这是怎样的一种纯粹啊！汉武帝确认后更是一腔感动。当然，卜式也同样感动了后来的中国人。

家族间的遗传，除了血液，也可能是某些行为方式。看看汉武帝的不肖子孙汉灵帝是怎样卖官的吧，可谓殚思竭虑，且创意非凡。

汉武帝的卖官之举多少还有些无奈，汉灵帝呢，就为了自己一个“爽”字！

历朝历代，机构、官职繁多，且多为沿袭，但“西邸”这玩意儿似乎很陌生，史书上只出现过一次。

“西邸”是什么东东？告诉你吧，是汉灵帝专设的卖官鬻爵机构，同时帮助他打理由此赚取的“私房钱”。

“西邸”的发明者汉灵帝，谈起这老兄，知名度可不小，刘备常为之叹息。不知道有没有人搞过“中国最昏庸的十大皇帝”的评比，汉灵帝肯定入选，并能牢牢位居前三名。

汉灵帝统治下的东汉王朝，暗无天日啊！重用宦官，打压忠良，盘剥百姓，穷奢极侈。他的种种败政，咱们在这就不去说了，打住、打住。花钱如流水，国库又日渐亏空，有什么好招啊？继续刮地皮？但放眼全国，已是遍地沙石裸露，还能掘出一丁点的油水么？

岂能难住这皇帝老儿。他把目光转向手里握有的大把乌纱帽，完全可以把它们置换成白花花的银子嘛！于是，天才的设想“西邸”应运而生。白痴般的汉灵帝，智商很低，却把卖官的生意做得有板有眼，有声有色。他按照官位的高低，明码标价，如俸禄等级为二千石的官标价两千万，四百石的官标价四百万。

不管如何，官位还是稀缺资源，毕竟僧多粥少，一个位子抛出后，往往出现多人争相竞夺的局面，怎么办好呢？这也难不住汉灵帝，他有大把的创意。汉灵帝按照“德行”进行酌定，依次入围的出一半钱，下限是出到三分之一。不过想来也滑稽，汉灵帝对买官者实施“德行”考核，这不是对“德”字的极大侮辱吗？

帝国的官职可以公开买卖，让天下许多逐利之徒亢奋不已。像嗜血的狼嗅到了血腥味，买官的队伍越来越庞大了。针对这个情况，有人专程到宫门上书，提出对买官的程序要进一步规范。比如有人要买某县的县令、长官的职位，朝廷要依据每个县的大小、贫富等不同情况，确定县令、长官的价格。富人买官当然可以现金交易，贫困的人中标后则可先欠着，到任后照原定价格加倍偿还，这样不就更具公平性吗？

如此一来，老百姓承受的苦难更大了！因为无论是富人，还是穷人，他们买官成功后，必将以报复性的心态，对百姓敲骨吸髓，层层盘剥，买官的钱最终还是由百姓“埋单”。

面对哗哗流入的银子，汉灵帝眉开眼笑，他对这种饮鸩止渴式的卖官上瘾了，不断推出卖官的方式和等级，甚至还私下命令朝中重臣出卖三公、九卿等官职，每个“公”卖钱一千万，每个“卿”卖钱五百万。到了后来，汉灵帝又把“侯”拿出来卖，只是这个时候，买官卖官的市场已经搞乱、搞烂了，已难以卖个好价钱，就连“关内侯”这样的高位也仅能卖到五百万钱。

不用说，这卖官的钱，全部进了汉灵帝个人的腰包。看着一天天鼓起来的私人钱袋，汉灵帝洋洋得意，时以讥笑的口吻与左右谈起前任汉桓帝，说他不懂经营家产，没有钱花，那是活该！

讥笑他人却没想到被历史嘲弄。诸葛亮在《前出师表》里有句“先帝在时，每与臣论此事，未尝不叹息痛恨于桓、灵也”。是的，刘备的痛恨，是百姓的痛恨，更是历史的痛恨。

火篇

火，代表的是礼，性急，情恭。属火之人精神抖擞，坦率热情，勇敢无畏。火太过则急躁冒进，虚荣好斗，残酷无情；不及则行事有始无终，虎头蛇尾。

不怕死的理由

一将功成万骨枯。

杨素是隋朝名将，深得隋文帝杨坚的喜爱与信任。每次出征班师回朝，隋文帝都要亲自或派出特使远到五十里开外迎接慰劳。回到京师后，杨坚还要每天安排专人轮流到杨府慰勉。

爱屋及乌。因为老爸深得圣上宠信，杨素之子杨玄奖的待遇也是水涨船高，被隋文帝授予仪同三司，并且时常得到朝廷给予的丰厚赏赐。

身为一国之君，杨坚如此善待臣属，于杨素而言无疑是皇恩浩荡，如沐春风。不过，这一切杨素受之无愧，杨坚只是论功行赏罢了。因为，杨素是名将、战将。杨坚之所以能够坐拥天下，杨素功不可没。只是杨素的累累战功，靠的是踩着敌人堆积如山的尸首，也靠的是自己士兵汩汩流淌的鲜血，日积月累，残酷成就。

司马光在《资治通鉴》中说杨素用兵“多权略，驭众严整”。不过，他的治军有方，军令如山，说穿了施用的不过是“冷血+残忍”。怎么说呢？每临大战，杨素总要千方百计找属下的碴子和无意之失，然后小题大做，为此不惜大开杀戒，无故所杀每次都是“多者百馀人，少不下十数”。天啊，几十条乃至上百条鲜活的生命瞬间化为乌有。面对眼前的血流满地、尸骨累累，杨素呢，毫不在乎，依旧谈笑风生。他就像个嗜血者，要靠战前这股浓烈的血腥味，才能激发起持久的勃起，纵横厮杀。脑袋如切西瓜般滚滚落地，这一切，让杨素充分享受到了这刀起头落的变态快感。

战鼓打响。等到双方摆开阵势后，杨素组织了一支一、两百人的敢死队，并让他们一马当先，冲击敌阵。这些敢死队员只能前进，绝不能后退。若能将敌阵冲垮，战后大大有赏。反之，如果败下阵来，杨素不论青红皂白，立马将敢死队员全部处斩。然后，如出一辙，接着又重新组织起一支人数更多的敢死队，再次对敌阵发起冲击。奖惩“还如向法”，如果攻破不了敌阵，处置方式如旧，退下多少斩多少。

每当这个时候，名将杨素勒马站在阵前，目光冷峻、坚毅，而身边的将士虽可能早已吓得两股战战，但别无选择。对将士而言，进是死，退也是死，两害相权，唯有抱着必死之心，奋力向前，殊死一搏。杨素由此攻无不克、战无不胜。杨素的“名将”称号也由此声播天下，威震遐迩。

如果是我，跟上这样冷血的首长，早就千方百计脚底踩西瓜皮——开溜了。没想到，情况恰恰相反，杨素虽然如此残忍带兵，视兵士的性命如草芥，但“士亦以此愿从焉”，那些军士还是愿意死心塌地跟着他。

岂非咄咄怪事？

原因还是在隋文帝身上。因为他对杨素宠信无比，自然对杨素言听计从。每次出征回来，杨素做的第一件事是给朝廷打报告，要求奖励他的部下，隋文帝对此总是有求必应。跟着杨素出征的将士，即使立了点小功，也会得到许多赏赐。至于跟随其他将领征战的兵士，虽有大功，却常常因受到朝中文官的打压，落了个流汗又流血，反而颗粒无收。

原来如此。说到底，还是“利”字当头，重赏之下必有勇夫！

打仗靠人海战术取胜的，还有与杨素同时代的杜伏威。

隋末众多义军首领中，杜伏威算是位佼佼者，尤其是打仗，颇有一套。率军与政府军交手时，他所向披靡，打得对方丢盔弃甲，哭爹喊娘。

杨广很伤面子，也很伤脑筋，必欲除之而后快。于是，公元617年正月，他派右御军陈稜领兵讨伐杜伏威。

谁怕谁啊，正感手痒的杜伏威立即擂鼓迎战。杨广有眼无珠，看错了人，没想到陈稜就一软蛋，面对来势汹汹的农民军，刚一上阵，他撒腿就跑，龟缩在营垒里，再不敢言出兵交战。

被撩拨起来的杀伐胆气，一下子冷住了，杜伏威感到浑身不自在。就像一双握紧的拳头，狠狠地一出击，却打在了棉花堆里。如何将陈稜引诱出来交战呢？杜伏威想了个激将法，着人送陈稜一个包裹，里头装的尽是一些妇女的衣服，包裹里还夹了张纸条，上书“陈姥”。

打开一看，身为七尺男儿哪受得了哇？陈稜当即气得哇哇跳脚，不顾部下的苦苦相劝，当即要率兵出战。

正中下怀。杜伏威见状大喜，率兵摆阵迎敌。一番厮杀，官兵大败，陈稜见势不妙，赶紧来了个三十六计，走为上计。

搞定陈稜后，农民军士气高涨。杜伏威率部乘势攻下了高邮、历阳，一路势若破竹。自称“总管”的杜伏威，接着又分遣将领攻取江都郡所属各县。大军所向披靡，城池一一攻破，大小盗贼争相归附。一时间，杜伏威声名大振。

杜伏威打仗自有他的哲学。他指望的也是一支敢死队。战前，他挑选五千名敢死之士，这些人被称为“上募”。对这支队伍，杜伏威青眼有加，极为宠信。尤其是所给的军饷，极为优厚，数倍于其他军士。

天下没有免费的午餐。每次战斗开始时，杜伏威总是命令“上募”充当敢死队，对敌阵先行攻击。战斗结束后，他马上命人检查每位将士。凡背上有伤口的，当场立即处死。因为背部的伤，是怕死往后退却的证据。

对缴获的战利品，杜伏威不要一星半点，全部用来赏赐军队将士。对于那些战亡的将士，杜伏威用自己的小妾来为他们殉葬。妾的数量毕竟有限，不够用了，他就用自己的妻子。

因这般残忍的“奖赏”，杜军也就能“人自为战，所向无敌”了。

茅焦的焦虑

秦王嬴政的肺都气炸了。

他万万没想到，自己的老娘还有一个情人！文信侯吕不韦你也忒不厚道了，便宜占尽，竟想先来个“金蝉脱壳”，然后再来个“李代桃僵”！

当年嬴政即王位时，只有十三岁，年少无知，国事大都交由熟谙商道的吕不韦裁决。吕不韦为什么能拥有这种近似“顾命大臣”的地位和权力呢？因为他和嬴政的母亲、太后赵姬有一腿。关于吕不韦与赵姬的关系，话题说来会很长。简单地说吧，赵姬原本就是吕不韦的小妾，在怀上嬴政后，吕不韦把赵姬献给了嬴政的老爸。这种套路是商人吕不韦用商业手段投机于政治，试图用最小的成本追逐最大的利益的明证。这段历史司马光先生在《资治通鉴》没写，咱们也就非礼勿听，非礼勿言，暂且不去猎奇，一把跳将过去罢。

嬴政一天天长大，让吕不韦的恐惧与日俱增：秦王如果知道我老吕和他母亲的关系，脑袋还不被削下呀？虽然是自己的亲生儿子，这样的丑事拿得上台面吗？父子岂能相认？

吕不韦不愧是商人，脑瓜子就是好使，为躲过这场即将飞来的横祸，他将自己的舍人嫪毐假充宦官，进献给太后。给自己老情人赵姬拉皮条，让嫪毐顶替自己，实际上是风险转移。

什么人？亏老吕想得出！

赵太后倒很受用，因为嫪毐很Man，太后在欲生欲死中很快便被他彻底征服，并从此对这一假宦官宠幸有加，两人卿卿我我，须臾不可分。孽缘继续发展，在以后的日子里，太后和嫪毐还先后生了两个儿子。有了两个儿子，嫪毐的身价水涨船高，恃子而骄，伸手参与国家大事的裁决。在太后的关照下，嫪毐被封为长信侯，太原成了他的封国。

“客求为毐舍人者甚众。”凭借男色，嫪毐一时成为秦国权力新贵，许多名利之徒日夜奔走于其门下，以求封官晋爵。得宠便猖狂。嫪毐一时忘乎所以，真以为自己是秦王嬴政的继父后爹了。嫪毐除了干政贪财之外，还目中无人，与嬴政身边的人也屡屡发生争执冲突。那不是自作孽吗？没有不透风的墙，嬴政身边也有胆肥的，找了个机会把嫪毐假冒宦官的事，拐着弯儿递了上去。

嬴政一听，懵了！好一会儿才回过神来。羞怒交加的嬴政当即下令将嫪毐移交司法部门处置。嫪毐知道大祸临头，但不甘束手就擒。他盗用御玺，假托秦王之命调集兵马，企图攻占嬴政居住的蕲年宫。秦王早有准备，马上派遣相国昌平君、昌文君发兵讨伐。双方在咸阳展开对决。嫪毐大败，在逃亡时被抓获。

嫪毐死得很惨，被处以车裂之刑，夷三族。党羽也被处以车裂之刑，宗族一并夷灭。另有四千名追随者及其家人则被一同流放到边鄙之地。

如此的霹雳手段，并没有完全洗刷嬴政的仇恨与羞辱。他将太后囚禁于雍城的萯阳宫，与她断绝母子关系，杀了她与嫪毐所生的两个儿子，准确地说，应是他同母异父的两个弟弟。杀掉嫪毐及其两个儿子，朝野上下的舆论倒没过多反弹，但将生母囚禁，违背人伦，则很多人难以接受。秦王嬴政也料到这一着，下令“敢以太后事谏者，戮而杀之，断其四支（肢），积于阙下！”敢为太后说情者，格杀勿论。

不怕死的还是大有人在。短时间内，就先后有二十七位朝臣前赴后继，冒死向秦王劝谏，要求宽宥生母赵太后。嬴政铁脸拒绝，他也绝不食言，将胆敢进谏者一一处斩。

舆论似乎暂时得到了平息。

有一天，一个叫茅焦的齐国宾客通名求见。秦王冷冷一笑，着人传话茅焦：“难道没看见堆积在宫阙下的尸体吗？”茅焦答道：“我听说天上有二十八个星宿，现死了二十七个，茅某是来凑齐数的。”

好大的胆子！听到回话，秦王又发出一阵冷笑说，好吧，传他进来。同时给我架起大锅来，烹杀了他！

秦王手持宝剑坐在宫门口，脸色阴沉。茅焦缓缓走上前来，伏地一拜再拜后起身，然后说道：“臣闻有生者不讳死，有国者不讳亡；讳死者不可以得生，讳亡者不可以得存。死生存亡，圣主所欲急闻也，陛下欲闻之乎？”秦王不耐烦地打断他的话，怒喝道，有话快说，有屁快放，少啰唆！

豁出去了！茅焦正色道：“您有狂妄悖理的行为，车裂假父嫪毐，把两个弟弟装在囊袋中打死，囚禁母亲，残杀为此进谏的臣子，即使是夏桀、商纣王也不至于如此暴虐！如今天下人听说后，秦国就没向心力了，谁还愿来投奔依附您呢？我在为陛下焦虑啊！”

说完，茅焦解开上衣，伏在刑具上。意思是告诉嬴政说，我的话说完了，您可以动手了。

一语惊醒梦中人。咀嚼茅焦的一席话，秦王似有所悟，赶忙下了台阶，双手扶起茅焦，说：“先生起就衣，今愿受事！”穿上衣服吧，愿接受你的劝告，还要授予你上卿的爵位。稍作安顿，秦王嬴政亲自驾车，空出左边的尊位，前往雍城迎接太后返回咸阳，从此母子关系和好如初。

进谏同一件事，二十七个人先后掉了脑袋，惟茅焦名利兼收。茅焦的聪明在于把住了嬴政的命门：群雄并起，逐鹿天下。在这个节骨眼上，若“尽瓦解，无向秦者”，没人愿意追随你，嬴政你还有什么胜算呢？！

苏不韦复仇

就个人而言，哪种仇恨最大？中国人给出的答案是：一是杀父之仇，二是夺妻之恨。如果摊上这样的大事，不竭尽全力一湔仇天恨海，苦主将无颜在世上混下去。

汉灵帝时发生的一起为父报仇的事，过程与手段令人目瞪口呆。掩卷而思，又让人看到冤冤相报的残酷，以及“黄雀在后”的血腥轮回。

魏郡人李暠官至司隶校尉时，自以为一朝权在手，便可为所欲为，于是他利用手中的权力，将扶风人苏谦杀害。为什么要杀掉苏谦呢？司马光没作具体记载，只是说以前两人间有些私人怨恨，大不了也就是鸡毛蒜皮之类的小事吧。

就因为这一根毛的事，就要了人家的命？李暠在享受权力带来快感的时候，他没有意识到苏家的人也在磨刀霍霍。

苏谦的儿子苏不韦对李暠咬牙切齿，他将父亲的尸体草草埋在浅层地面上，不肯深埋地下，发誓要雪仇之后，才予以隆重安葬。稍将父亲善后，苏不韦便隐姓埋名，广交天下好汉，誓要一报还一报。

说归说，报仇也没那么容易。李暠本是司隶校尉，后来一路走高，擢升为大司农。官位愈大，安保工作不断升格，苏不韦能下手的机会愈少，报仇难度也就愈大。

世界上最怕“认真”二字，功夫不负有心人，苏不韦还是找到了下手的机会，只是他的这种报仇方法，或古今中外绝无仅有。

苏不韦躲在李府附近的一间草料库中，挖掘出一条地道，直通李暠的卧室。天呐，这要花多少的时间和体力！估摸着，干这活白天还不能明目张胆，必须在夜间偷偷摸摸作业。换句话说，苏不韦是昼伏夜出，像个耗子一般，哨啊哨，挖呀挖，硬生生地在草料库和李府之间扒拉出一条地道。不可想象，佩服！然后，终于在一个晚上，他突然破土而出，鬼魅般出现在李暠的卧床前，再然后，挥起复仇之剑，狠狠地砍了下去……

李暠命不该绝，那晚他恰好不在家，暂时逃过一劫。死在苏不韦剑下的是李暠的另外两位亲人，一位是他的妾，一位是他的小儿子。

苏不韦的这种复仇方式，让李暠惊恐万状。他除了进一步加强安保力量外，还把家里的地面全部铺上木板，晚上睡觉则居无定室，不断地换房间，最多的一夜，竟换了九个房间。苏不韦呢，则继续像狼一样嗅寻复仇的时机。眼见暂时无法下手，他就把李暠父亲的坟墓挖开，砍下李父的尸首，悬挂于闹市。

苏不韦来去无踪，好像人间蒸发。李暠尽管大权在握，但也只能干着急，除了不断地催促官府派人缉捕外，便别无良策。官府虽全力拘捕，但每次都是无功而返。一次次的失望，让李暠忧愤交加，竟吐血而死。

杀父之仇终于以另一种形式有了了结。消息传来，苏不韦喜极而泣，然而他还是不敢抛头露面，继续蛰伏江湖。直到几年后，朝廷颁布赦令，苏不韦才敢返回家乡。回来的第一件事便是补办丧礼，以隆重的方式告慰父亲。

事情发展到这一步，于苏不韦而言，虽历经颠沛，应该说也算是功德圆满了。但事情没完，苏不韦没能笑到最后。御史中丞段颎和李暠过去关系很铁。段颎对重回人间的苏不韦突然有了兴趣，提出要延聘苏不韦为司隶从事，苏不韦知道来者不善，假称有病不肯就职。段颎勃然大怒，暗地里命令手下马仔张贤去苏家把苏不韦干掉。段颎一定要杀死苏不韦而后快，张贤动手前，段颎专门到张贤家送行，并递予张贤父亲一杯毒酒，威胁道：如果张贤此去杀不了苏不韦，你就把这杯毒酒喝下去！

又是父亲！张贤把心一横，闯入苏家，将包括苏不韦在内的苏家六十余口，全部杀死。

只是不知道，苏家六十多条冤魂靠谁来祭奠、又靠谁来雪恨？！

一声叹息。

杨广的妒心

能写一手好诗，未必就能拥有“颜如玉”、“黄金屋”，有时甚至为此掉脑袋。

“暗牖悬蛛网，空梁落燕泥。”隋代诗人薛道衡的这两句诗，确是神来之笔。因胜在细节，所以能成为千古名句。诗中将屋子的冷清描绘得十分传神。即便是盛夏时节，读到这两句时心里也会打寒战。薛道衡因这两句诗而名动文坛，但没想到也因此丢了性命。

远征吐谷浑，开凿大运河，创立科举取士……这些在中国历史上开天辟地的事，发明者都是隋炀帝杨广。说真的，一个人要是能做到其中的一件，就足以流芳千古了。

我想，杨广当年也是这样认为的。

做领导容易犯这样的毛病：在某一方面卓有建树，就以为自己是万能的。杨广认为自己的治国能力第一，诗歌创作水平也当是名冠天下。不过，杨广确实还是有些才情的，《资治通鉴》记载说，“帝善属文，不欲人出其右”。本来皇帝喜欢文辞是件好事，“老大”的爱好有利于推动文化建设，促进诗歌繁荣。但是，麻烦还是来了，因为杨广心胸狭隘，“属文”方面不愿别人超过自己，这种权力的蛮横，给文人们带来的可不是福音，而是灾难！

可不，薛道衡的人生大劫来了。

杨广一连几天都有些闷闷不乐，老子写了这么多诗歌，也没见几个人帮我写点评、赏析，或者开个研讨会什么的，薛道衡不就涂鸦了这一句吗？值得整个文坛追捧？把朕置于何地？难道还有人比朕更厉害？无法抑制的熊熊妒火，让杨广发昏，竟下令将作者赐死。当有人报告薛道衡的死讯后，隋炀帝仍不解恨，忿忿然说道：“更能作‘空梁落燕泥’否！”人都没了，还写什么写？权力的任性！

倒霉的不仅是薛道衡，王胄也遭遇到同样的命运。王胄是名人之后，东晋著名政治家、书法家王导的八世孙。王胄才华横溢，诗文俱佳，深得隋炀帝喜爱，其所有篇什，大都有王胄奉和。王胄的一句“庭草无人随意绿”，同样赢得了帝国广大文学爱好者的一片叫好。当诗稿呈到杨广案头时，读罢，在拍案叫绝之余，他又是妒意冲天，心里暗自嘀咕道：我认了第二，谁还敢认第一？！不久又找了个借口，将王胄处死。

“吟安一个字，捻断数茎须。”我的妈呀，写两句好诗，容易吗？现在不但赚不了稿费养家，乃至登堂入室，反而可能一不小心掉了脑袋。唉，谁叫你遇上同样爱写诗的隋炀帝杨广呢？只有怪自己命不好，生不逢时吧。

隋炀帝对自己的才学非常自信，有时因自信而变为自负，他非常看不起天下的文士。有一次，他对侍臣们说道：“天下皆谓朕承藉绪馀而有四海，设令朕与士大夫高选，亦当为天子矣。”杨广的意思是，天下人都认为我是继承先帝的遗业才君临天下，其实就是让我和士大夫们比才学，我也该作天子。

自恋吧？牛气冲天！

实事求是地说，杨广还是颇有诗才的，也创作了不少脍炙人口的名句名篇，曾有拙文《诗情勃发的杨广》予以记之。譬如说他的《春江花月夜》，欣赏一下吧：

暮江平不动，春花满正开。
流波将月去，潮水带星来。

怎么样？和初唐张若虚的“江畔何人初见月，江月何年初照人？人生代代无穷已，江月年年望相似”是否有异曲同工之妙呢？

花开两朵，各表一枝。杨广虽然在文学创作方面容不下人，顾盼自雄，自以为老子天下第一，但他的确是较有才气的皇帝。他喜好读书写作，在任扬州总管时设置王府学士达百人。他经常命令这些人进行修撰工作，内容从经术、文章、兵、农、地理、医、卜、释、道以至赌博等包罗万象，共计三十一部，一万七千多卷。

有关杨广喜好读书的传说很多。司马光在《资治通鉴》里有近似神奇的记载，说隋炀帝的书房观文殿极其奢华，前设十四间书室，书室的窗户、床褥等都极为珍贵华丽。每三间书室都开有一个双扇门，悬挂有锦缎的幔帐，上面有两个飞翔的仙人，户外的地面上设置机关。隋炀帝驾临书室时，有宫人手捧香炉，走在前面踏踩机关，飞仙就会下来将幔帐卷起，窗扉和厨扉都自动打开。当隋炀帝离开时，窗、厨扉及幔帐又会垂下关闭如故。

喜爱文学的杨广真是强大得近似无所不能。《资治通鉴》中有两段有关隋炀帝的记载，一方面让人再次感到了他的强大与无所不能；但另一方面却让人看到他虚弱和不堪一击的一面，读后的确给人以无限的遐思。

且让我们来读读。

“壬午，帝于景华宫征求萤火，得数斛，夜出游山，放之，光遍岩谷。”就是说，隋炀帝在“壬午”这天，突然童心大发，和一帮太监宫女，在景华宫狼奔豕突，四处追逐捕捉萤火虫，折腾了大半日，终于捉到了几斛萤火虫。到了深夜，又率领太监宫女们，爬到山顶，将捉来的萤火虫悉数放飞，一瞬间，萤火虫发出的光亮照遍满坑满谷。

捉萤火虫，小时候玩过，那时年少无知，只是觉得好玩，没想到，自诩英武的天下共主杨广，仍然有此番童心。若没有特别的工具，徒手捉拿到几斛的萤火虫，且要“光遍岩谷”，这需要耗费多少人力？尽情想象吧，太监宫女们，在杨广期待的眼神中，深一脚、浅一脚，追逐着一只只萤火虫。过程中，应该摔了不少跤吧，鼻青脸肿甚至眼青脸肿。杨广呢，说不定则站在一旁哈哈大笑。

瞧这玩法，还真是有创意。不过，这也只能算是小儿科。

杨广做的事都是大手笔。他到江都游玩，所乘坐的龙舟，至今让后人想来都是“巨无霸”，简直是座在大运河上可移动的皇宫。龙舟上有四层建筑，高四十五尺，长二百尺。龙舟最上层是正殿、内殿、东西朝堂；中间两层有一百二十个房间，都用金玉装饰；下层是宫内侍臣住的地方。皇后萧氏乘坐的也有讲究，称为翔螭舟或浮景船。此外，还有供后宫、诸王、公主、百官、僧尼、道士、蕃客乘坐的船只，再加上保卫、装载供品的船只，屈指算来，不下数千艘。杨广的船队首尾相接二百多里，船火通明，照亮大运河的两岸。

无法想象，这座漂移在运河上的皇宫，该是如何的美轮美奂、蔚为大观！科技昌明如斯的今天，不知道人们还能不能靠纯手工打造出这般奢华？

夜深人静时，强大的杨广又表现出不可思议的虚弱。“大业殿西院火，帝以为盗起，惊走，入西苑，匿草间，火定乃还。帝自八年以后，每夜眠恒惊悸，云有贼，令数妇人摇抚，乃得眠。”

读罢，确令人一哂。强大无比的杨广竟然如此胆小！大业殿西院起火，杨广以为是盗贼来了，惊慌逃入西苑，藏在草丛里，待火熄后才敢爬出来。自大业八年始，伟大的隋炀帝每天夜里都难以入睡。好不容易睡着了，又常常惊悸而醒，口中大呼“有贼”。然后，必须在数名宫女轻轻的摇抚之下才能再度入睡。

真像个婴儿！隋炀帝统治晚期的横征暴敛、穷兵黩武，导致天怒人怨，各地盗贼蜂起。慑于他的威严，地方官也不敢如实上报，偶有胆大的，也被杨广严厉叱责，有的甚至为此掉了脑壳。不过，我始终认为，杨广对他岌岌可危的统治还是心中有数的，要不然，他怎会对着镜子，叹惜自己这颗俊美的头颅必将被他人一刀斫砍下来呢？

萤火虫的光是微弱的，且常常飘忽不定。微弱的光与杨广的内心极其相似，概括起来就两字：脆弱。同样的，这一闪而过、忽明忽灭的亮光，也与杨广的心态极其相似——只求瞬间的辉煌，即便过把瘾就死！

另一个“关羽”与“白卷英雄”

两者不搭嘎，硬扯在一起，是对关公的大不敬。只因历史上某一点的关联，让英雄委屈了。恕罪，恕罪！

历史上的关羽，是个真汉子！

后人对他之所以有这样的评价，一是因为他乃忠义之士，二是因为他有超人的痛感忍耐力。“刮骨疗毒”这个成语，说的就是他。一个人，因为某一件事情，给中华成语大辞典留下一耳熟能详的词汇，够牛！

这条因关羽而生的成语，其中的意蕴已内化成中国人血管里的血液，雕塑出这个民族困知勉行、隐忍不发的性格特征。感谢罗贯中先生，在他的传世名著《三国演义》中有“刮骨疗毒”的精彩演绎。但小说毕竟是小说，与历史多少有些出入。史学家陈寿在《三国志》里，对关羽的这段“威水史”也有栩栩如生的描写，但给关羽主刀的医生，并没有说是华佗。这段记载很短，兹录于此，让我们再次重温陈寿的惜字如金却又文采斐然。

《三国志》里是这样写的：“羽尝为流矢所中，贯其左臂，后创虽愈，每至阴雨，骨常疼痛。医曰：‘矢镞有毒，毒入于骨，当破臂作创，刮骨去毒，然后此患乃除耳。’羽便伸臂，令医劈之。时羽适请诸将饮食相对，臂血流离，盈于盘器，而羽割炙引酒，言笑自若。”

泰山崩于前而色不变，不愧是大英雄！

令人感到奇怪的是，陈寿为什么没有明确提到主刀医生华佗的名字？华佗可不是籍籍无名之辈，而是一代名医啊，还一度担任过乱世枭雄曹操的御医，难道是陈寿有意隐去？同样让人觉得奇怪的是，在《资治通鉴》里，司马光对此事竟然只字未提，为什么？因为有这个疑问，许多人心里嘀咕，关羽是否挨过这一箭，又是否挨过这一刀？

窃以为，关羽肯定有过“为流矢所中”，只不过，治疗的主刀者是否为华佗倒可存疑。或许为了丑化曹操，罗贯中借助曹阿瞒的刀，砍掉名医华佗的脑袋，以此激发对曹操的鄙视与憎恨。又或许，迫于写作环境，陈寿有意将华佗的名字隐去，当时毕竟已是曹魏的天下。

姑且将这个问题放一放吧。近日夜读《资治通鉴》，“认识”了另一个“关羽”。这段文字虽然很短，读来却让人蓬勃而生出无限的敬意。

公元956年，当时的宋太祖赵匡胤，还是周世宗手下的一员猛将。他乘坐牛皮船进入寿春护城河中，城上的敌军用连弩发射，箭矢像房屋的椽子般粗大。站在身边的牙将张琼，护主心切，立即用身体遮挡。一箭飞来，恰好射中张琼的大腿，巨大的疼痛让他一下子昏死了过去。

张琼被紧急送回营帐，军医赶忙施以救治，但因箭头射进骨头太深，难以拔出。这时，张琼痛得醒了过来，看到军医一时束手无策，他命人端来一大碗酒，一饮而尽之后，命令军医敲破骨头取出箭头，结果是“流血数升”，而张琼是“神色自若”。

读着这段文字，心里瘆得慌。敲碎骨头，这是什么样的锥心彻痛？现代人恐怕已经很难想象出这种痛楚。也难怪啊，我们现在有了许多麻醉止痛的手段。举个例子，女人生孩子本是天经地义，现在怕痛了，动辄来个剖腹产！的确，无痛分娩、无痛肠镜等科学手段的进步，让现代人减少了许多的痛苦，但也使人类一些与生俱来的能力不断退化。比如，对痛感的忍耐力、承受力。

张琼在忍痛能力方面是另一个“关羽”，只是名头没有关羽大。历史和现实互为对照。“文化大革命”时有一个家喻户晓的“白卷英雄”，我以为这类“英雄”只出现在那段荒唐岁月里，其实我错了。

任何年代都不缺少英雄，只是有些另类“英雄”让人亮瞎眼。

20世纪70年代，有位张姓考生，在参加高考的物理科考试时，知识的苍白导致了满头雾水，面对试卷，根本无从下笔，只好交份白卷了事。这本也罢了，这位老兄还在试卷背后，留书一封，批判一门心思专攻圣贤书的书呆子，希望阅卷老师在评卷时对他这位农村小队长加以照顾。无心插柳，此信引发了高层关注，他遂被誉为“白卷英雄”，一时间风头无两。

一直以为前无古人，后无来者，老张的英雄“事迹”独一无二，原来自己是如此的浅陋。读《资治通鉴》时，发现唐玄宗朝也有这样一位“英雄”，时人将其戏称为“曳白”。当安禄山把这件事报告唐玄宗时，唐玄宗虽然十分生气，但还是不露声色，决定来个“请君入瓮”。

什么事啊？不急，且听在下慢慢道来。

这里先引出大名鼎鼎的李林甫，此公甚得唐玄宗的欢心，大权在握，兼任了吏部尚书等十多项职务。因为兼职甚多，他分身乏术，大部分时间鞍前马后于政事堂，伺候着唐玄宗，帝国的一些要事，如科举选士等则全权委托给侍郎宋遥、苗晋卿。宋、苗两人也是阿谀谄媚之徒，身处要津，不好好为国选士，超拔人才，反而将公权力作为个人追名逐利的敲门砖。亵渎神器啊！

又是一年大考到了。公元743年应考的考生达到一万多人，竞争相当激烈，但录取率极低，最后及第者仅有六十四人，其中张奭名列榜首。消息传出后，士林一片哗然，朝堂也是议论纷纷。

为什么呢？因为张奭是御史中丞张倚的儿子。什么逻辑，难道张倚的儿子就不可以当状元吗？

前蓟县县令苏孝韫把朝野舆论告诉了安禄山。那个时候安胡儿还没叛乱，且深得唐玄宗宠爱的杨玉环信任。朝中各派为争权夺利，正大打出手。猎狗般的嗅觉，让安禄山觉得可以利用此事好好做篇文章。于是，安禄山借助杨玉环的“裙裾”，马上被安排走绿色通道入朝，将此事奏报了唐玄宗。

唐玄宗挖了个“大坑”。他将及第者悉数召来在殿内面试，每人一桌一卷，考场四周站满了持戟的武士，看你还敢不敢作弊。看着旁边的同学时而沉思，时而运笔如风，张奭着急啊，只恨平时不好好学习，关键时刻竟无从下手。就这样，张公子手持试卷，猫了一整天，也没能写出一个字来，只好交了张白卷，“曳白”一词由此传开。

真相终于大白。没几天，唐玄宗下令，将宋遥贬为武当太守，苗晋卿贬为安康太守。

冤不冤？我看一点也不。宋、苗之所以做老好人，无非是看到张公子的老爹张倚新得唐玄宗宠信，想借此攀附，试图通过关照小张，来换取老张对自己的关照。实际上，这是一种变相的贿赂。谁料到呢？打错了算盘，两人半毛也没捞着。

偷鸡不成反蚀把米。张奭自然被除名，老爸则被贬为淮阳太守，真是个鸡飞蛋打。看来有个好老爸固然重要，但更重要的是自己要有真才实学。

现今不少学者鼓吹当年的科举考试是如何完美，据此看来，这套制度也多有纰漏，权力还是有不少可以运作的空间。

高级马屁术

胡人安禄山，对汉人的马屁文化无师自通，且运用自如，许多横亘于人生前路的难题，兵来将挡，水来土掩，大都被他娴熟的“如来佛手”消解于无形。

当时，安禄山任平卢兵马使，《资治通鉴》中说他“倾巧，善事人，人多誉之”。人很会来事，待人接物让人如沐春风。凡人与他接触之后，都会印象深刻，对他赞颂有加。一句话，那时的安禄山拥有好名声。

唐玄宗身边的工作人员到平卢，无论公事私事，安禄山必定高接远送，全程陪同在侧，且悉心接待安排，给他们好吃好喝，临走时还给他们一个大“红包”——塞上几根黄灿灿的金条。世上没有免费的午餐。这些人回到宫里，在唐玄宗面前，尽拣好话表扬安禄山。初时唐玄宗还不以为意，但一来二去，耳根耐不住几回磨，

“由是上益以为贤”，唐玄宗就真觉得安禄山是个贤能之士。

御史中丞张利贞任职河北采访使时，有次到平卢巡视，安禄山对他刻意逢迎，极尽溜须拍马之能事。张利贞的随行人员也沾了不少光，安禄山对他们也是不惜重金，予以妥善打点。回到京城后，张利贞上奏唐玄宗，“盛称禄山之美”，说安禄山是大唐少有的人才啊！唐玄宗正求贤若渴，既然大家都说安禄山是人才，那就大胆使用呗。不久，唐玄宗颁发诏令，任命安禄山为营州都督，兼平卢军使，两蕃、渤海、黑水四府经略使。

中国是个人情社会，“拿人手短，吃人嘴软”。看来，安禄山还真有两下子，深谙其中真谛。尚在地方上任职的安禄山，身在基层，却心向长安。他孜孜以求，以蚂蚁搬家式的执著与勤勉，积小胜为大胜，最终铺平了通向长安城的道路，成为唐玄宗身边的红人。

说他是红人，似乎还不够准确，应该说是紫人，因为红得发紫。公元743年正月，安禄山终于如愿以偿调入京城。娴熟的溜须拍马，让唐玄宗心里十分熨帖，加上杨玉环的枕头风，使他尽得君宠，唐玄宗特别恩准他“谒见无时”。就是说他拜见天子，想来就来，无须通传，也没有时间限制。

君宠是靠不住的，需要精神和物质的付出才能维系。安禄山深刻地认识到这一点，于是他挖空心思想把唐玄宗搞定。有一年，京畿附近闹蝗灾，安禄山上奏说：“去年营州蝗虫吃禾苗，我焚香向上天祷告说：‘我如果心术不正，对君王不忠，愿让蝗虫吃我的心；如果未负神灵，愿使蝗虫自动散去。’”可能吗？对这样肉麻的话，大不了付之一笑，谁会当真呢？但唐玄宗觉得很欣慰，这胡儿是我大唐的大忠臣啊。有时上天也犯迷糊，竟出手帮坏人。说也奇怪，在安禄山如法炮制后，突然有一群鸟从北面飞来，将京畿附近成群结队的蝗虫吃了个精光。

神了！接报后的唐玄宗惊奇得瞪大了眼睛，好一阵子才嗫嚅道："爱卿，忠臣，我大唐的大忠臣啊！"听到皇上如此一说，安禄山赶紧借坡下驴，顺势提出一个要求，能不能把这件事交付史官记录？安禄山竟然想把这段马屁话写进历史。

呵呵，没想到，唐玄宗竟满口答应了。

真有点想不通，曾创造出"开元盛世"的一代明主李隆基也会落入俗套，在奸佞之人的阿谀奉承中陷入迷雾，再也找不到北。当中的原因很复杂，要厘清这一点要费大功夫。但我知道一个人要坚守内心相当不易，无论是贩夫走卒还是帝王将相。我也知道，安禄山的野心不断膨胀，后来成为"安史之乱"的导演、主角，这一乱使大唐万劫不复，是大唐由盛到衰的重要分水岭。

"开元盛世"的传奇就这样戛然而止。翻阅《资治通鉴》时不免作天真想，假若唐玄宗身边能多一些像刘毅这样的臣子，不尽是谄媚之徒，"开元盛世"的传奇或许可以走得更远些。

可惜历史无法假设。

"君要臣死，臣不得不死。"这话说的是皇帝口含天宪、说一不二的威严，另一方面也道尽了君臣之间的残酷。

专制时代，做臣子的，整天提心吊胆，战战兢兢。每天早上走出家门的这一刻，晚上能不能顺利回到家来都要打上个问号。因为或一句话、一行止，稍有不当，便可能"斩立决"，脑袋搬家。

刘毅从不考虑这些，他有话直说，即使面对的是皇上，有时还哪壶不开提哪壶，偏偏拣皇上不喜欢的话来说。

刘毅是哪根葱？西晋的司隶校尉，也即京师和地方的监察官。

有年正月初一，晋武帝亲自到南郊祭祀。典礼结束后，志得意满的司马炎感喟一声，向侍奉在侧的刘毅问道："朕可方汉之何帝？"我可以和汉代的哪一个帝王相比呢？

皇上这样发问，显然是希望得到刘毅醒目、熨帖的回答。如果不将其比之于刘邦、刘彻、刘秀，最次也要比拟于文、景帝吧？但刘毅不，偏要拧着来，给老板吃苍蝇。你瞧他怎样回答皇上：

“桓、灵。”也就是说，您司马炎也就相当于汉桓帝、汉灵帝吧！

不要命了？东汉一朝，汉桓帝、汉灵帝两帝乃最昏聩不过。先说汉桓帝吧，一生崇尚佛、道，沉湎女色，信任宦官，察举非人，时人讥为“举秀才，不知书；举孝廉，父别居”，东汉王朝自此江河日下，濒临崩盘。汉灵帝呢？大部分时间施行党锢及重用宦官政治，又设置西邸，巧立名目搜刮钱财，甚至卖官鬻爵以供自己享乐。官逼民反，任内爆发了汹涌澎湃的黄巾起义。

将晋武帝司马炎比作汉桓帝、汉灵帝两帝，你刘毅长了几颗脑袋啊？！司马炎本人也不服气，他怒气冲冲地反诘道：“何至于此？”我不至于做皇帝失败到这般地步吧？看见皇上面呈愠色，聪明的人，当马上将话收回或拐个弯，打个圆场，彼此有个台阶下，顺坡下驴也就了事，但刘毅一根筋，反而趁机加码，对道：“桓、灵卖官钱入官库，陛下卖官钱入私门，以此言之，殆不如也。”

刘毅这不是自断活路吗？你看他怎样回答的：汉桓帝、汉灵帝两帝出卖官职的钱都进了官府的仓库，陛下出卖官职的钱都进了个人的家门，凭这一点来说，你大概还不如汉桓帝、汉灵帝呢！

你猜猜，听了刘毅这番话，晋武帝会怎样做呢？喝令推出去将其斩首？或者关入大牢？都不是！但见司马炎“大笑”，然后说道：“桓、灵之世，不闻此言，今朕有直臣，固为胜之。”我还是比汉桓帝、汉灵帝强的，因为他们听不到像你说的这番话。我有正直的臣下，就凭这已胜过汉桓帝、汉灵帝了！

虽是自嘲，但也体现了司马炎灵活的政治手腕。他的自嘲与其说是肯定刘毅，还不如说是肯定自己。大权在握的领导者，面对“一根筋”的部下，需要勤加善待，需要宽阔胸怀。

领导者如果拥有“一根筋”的下属，恭喜啊，你将是幸运的！

可惜了谢灵运

中国历史上的“猛人”多如恒河沙数，数不胜数。窃以为，南北朝时期的谢灵运就是其中一位。

谢灵运是将门之后，标准的“官三代”，东晋名将谢玄是他的曾祖父。他母亲的外公是大书法家王羲之。谢灵运可谓是含着金汤匙长大的。龙生龙，凤生凤。那时候还没科举制，门阀制度大行其道，谢灵运袭封康乐公，因此又被人称为谢康乐。

虽沾的是祖上的光，但谢灵运不是“坑爹一族”。他靠自己的天赋和个人努力，成为一代历史文化名人。他在文学上的创作成就，让后人津津乐道。谢灵运是中国文学史上山水诗派的开创者。自他开始，山水诗才真正成为中国文学史上的一大流派，其最负盛名的作品是《山居赋》。因喜欢游山玩水，在创作了大量山水诗的同时，他无心插柳，收获了人生的另一个副产品，也因此成为见诸史册的第一位大旅行家。

就这样一位猛人，在司马光先生的笔下却是如此的不堪，结局相当悲催。

源于生活，高于生活。或许出于创作灵感的需要，担任刘宋政权秘书监的谢灵运，深为祖国的大好河山吸引，多次来一个想走就走的旅行。撂下领导工作不顾，沉湎于游山玩水，探险搜奇。这还不够，每次出行，他必定呼朋引类，跟在他身后的各色人等，常常多达数百人。

天呐，这要弄出多大的动静啊。当时的许多景点还根本谈不上开发，险峻奇瑰处多是藏在深山，桥没架，路没修，基础设施顶多就是一羊肠小道。他们每一次出行，往往需要“遇水架桥、逢山开路”，如此人喧马嘶，百姓不胜惊扰，有时还以为是山贼前来打家劫舍，赶紧向官府报告，到头来不过是虚惊一场。

谢灵运盘桓流连之处多在浙东一带。会稽太守孟𫖮早年与他结过梁子，积怨颇深，于是趁机上疏朝廷奏了他一本。内容莫须有但很毒辣，指控他招朋纳众是心怀不轨，阴谋叛乱。谢灵运听到消息后，赶紧跑到皇宫门前，为自己申辩。幸运的是，宋文帝刘义隆对他很欣赏，因欣赏而信任他，看过告他的折子后扔到一旁。不仅如此，还让谢灵运升官，任他为临川内史。

担任临川内史后，谢灵运积习未改，仍然钟情山水，四处流连。公正地说，老谢这样巡游放纵，全然不顾郡中政务，显然不算是位好公仆。有人看不过眼，又到有关部门举报他。如此尸位素餐，还不如干脆去做导游，或者开个旅行社什么的。朝廷不高兴了，公元433年，司徒刘义康指派使节随同州从事郑望生，前往逮捕“为官不为”的谢灵运。

面对官差上门，谢灵运不乖乖认罪也就罢了，反出了一手臭棋，竟将郑望生绑了。如此莽撞行事，醒悟过来的他情知闯下大祸，留下一句“韩亡子房奋，秦帝鲁连耻”的诗句，率领部下逃之天天。

朝廷自然动怒，派兵讨伐。天大地大，你能往哪里躲呢？谢灵运最终自然还是束手就擒。

押到帝都后，廷尉上书说谢灵运“率众反叛，论正斩刑”。但宋文帝是他诗歌的“铁粉”，难舍他的才华，还是网开一面，对他免官了事。彭城王刘义康却坚持认为，谢灵运的罪过不宜宽恕，一些大臣也随声附和。面对众口一词，宋文帝难拂众意，只好下诏判谢灵运减罪一等，流放南蛮之地广州。

没想到，“谋反”的指控和他如影相随。到广州后，又有人告发谢灵运命人购买兵器，广交武士，打算在夺取三江口后反叛。三人成虎。这一回宋文帝刘义隆没再打算保他，一纸诏书，着在广州就地将谢灵运斩首，弃市示众。

司马光认为谢灵运败在“恃才放逸，多所陵忽”。我认为这评价一语中的。生活中有多少人，但凡有点本事就轻易看不起人，恃才傲物，舍我其谁，结果往往招来大祸。但不排除另有原因，有本事的人，也往往容易招来“集体眼红”，稍不留神，就可能会被嫉妒丛林中射来的冷箭击倒……

祸从醉话出

千万不要轻易开罪女人，否则会死得很难看。

东晋第九任皇帝孝武帝司马曜没特别的爱好，除了喝酒之外。他的本家司马光先生在《资治通鉴》中有这样的评论：“帝嗜酒，流连内殿，醒治既少，外人罕得进见。”孝武帝常在内殿流连迷醉，一天到晚二十四小时，头脑清醒的时候极少，整一个名副其实的“高阳酒徒”，文武百官有要事想见他一面，很难！

因为沉溺于曲蘖，后宫里的一大摊乃至朝堂的政事都由孝武帝最宠爱的张贵人一手打理。张贵人由此大小权力集于一身，后宫里大大小小的嫔妃、太监，除了千方百计讨好她，剩下的就是怕她。这种怕的情绪，甚至传染到王公贵族身上，他们远远看见她，要么躲避三舍，要么垂首站立一旁。

公元396年，孝武帝和后宫的嫔妃又聚在一起宴饮。觥筹交错、酒酣耳热之际，一帮美女和着宫廷乐队的演奏跳舞助兴。当时年近三十岁的张贵人，以女主人的身份享受着被人一杯接一杯敬酒的尊崇与骄傲。孝武帝醉眼蒙眬，看着张贵人已不再俊俏的脸庞，突然萌生出调戏一下她的念头，这种冲动如肠内蠕动不已的酒液，势要喷泻而出，不可遏止。但让他没想到的是，身为天子的他，将要为这种冲动付出巨大的代价。

“汝以年亦当废矣，吾意更属少者。”你年纪大了，也应该废黜了，我喜欢更年轻的！带着笑容，带着酒意，半真半假，孝武帝就这样在大庭广众间与张贵人开着玩笑。

男人的心思往往都以玩笑的方式表达出来。张贵人是谁，她可不是一般的女人，对男人这点花花肠子看得相当的透彻。因为男人这种普遍的德性，张贵人把孝武帝的话当真了。于是，突然间，她心里掀起了万丈醋波，也产生满腹的愤恨。

夜已深，终于曲终人散。早已酩酊大醉的孝武帝，被太监架到就近的清暑殿安寝。张贵人见状，觉得彻底出一口冤气的机会到了。于是，她拿出珍藏佳酿，赏赐给所有的宦官，你们尽情喝去吧，皇上这里有我呢。打发他们走开后，她和贴身服侍的丫头，抱来厚厚的被子，重重地压在孝武帝的脑袋上，酣醉中的孝武帝，手脚本能地挣扎了数下，便一命呜呼……

弑杀了孝武帝，张贵人的善后功夫也体现出良好的心理素质。此妇绝非等闲之辈。她用重金贿赂左右侍从，统一口径，声称孝武帝是“因魇暴崩”，即孝武帝是在睡梦中因惊悸窒息而突然死去。这谎言编得相当圆满，符合医学常识，很多人也就被她蒙骗了。

当时的太子司马德宗愚昧懦弱，他的弟弟、会稽王司马道子也昏庸荒淫，哥俩慑于张贵人的淫威，对父皇的暴亡也不敢追查下去。中书令王国宝倒是清醒的人，深夜前来叩击禁宫大门，说是要进宫替孝武帝撰写遗诏。侍中王爽拒绝了他的请求，对他说道：“大行晏驾，皇太子未至，敢入者斩！”王国宝一听，什么都明白了，但手中无一兵半卒，又能怎样，只好仓皇退下。

天明之后，皇太子司马德宗接班，在一片“万岁”声中，孝武帝就这样成为了过去，成为了历史……

孝武帝死在一口酒，唐敬宗则亡命于他喜爱的体育运动。

唐敬宗李湛是位体育爱好者，或者说是运动达人。他喜欢两种运动，一是蹋毬，一是摔跤。前者多少有点文艺范，后者呢？真真是一项体力活。

天不怕，地不怕，就怕领导没爱好！于是，禁军和诸道藩镇争相进献大力士，供唐敬宗玩乐或搏击格斗。

大力士毕竟是稀缺的资源，身边人和地方上孝敬送来的大力士远远不够用，唐敬宗又拿出一万缗给内园令（负责皇帝体育运动的机构），命他们为自己四处招募、搜罗大力士。功夫不负有心人，很快，一拨拨人高马大、膂力过人的大力士被送进宫来。唐敬宗大喜过望，从此更是荒于朝政，常常是“五+二”、“白+黑”和这些大力士厮混在一起，摔跤游玩，或者饮酒作乐。

世上没有免费的午餐。这些大力士虽然深得宠爱，但也经常受气、挨打，甚至被流放，没收家产。为什么呢？因为他们主子李湛的性格非常古怪，脾气暴躁，动辄迁怒他们，加上大力士都是粗人，言行举止不免鄙陋，所以经常惹唐敬宗生气。当然，他生气的后果很严重。唐敬宗身边的太监也很惨，稍有小过失，就被主子棍棒毒打一顿。众人对李湛“皆怨且惧”。又怕又恨啊！

哦，对了，唐敬宗还有第三个爱好，常常喜欢在三更半夜走出宫外，到荒野之地捕捉狐狸。

没想到，这个爱好给他带来灭顶之灾。

公元826年十二月的一个夜晚，唐敬宗又带着一些近臣外出捕捉狐狸。折腾一番满载而归回到宫中后，已是下半夜了，但唐敬宗仍毫无睡意，把宦官刘克明、田务澄、许文瑞以及蹋毬军将苏佐明、王嘉宪、石从宽、阎惟直等人召集在一起。都已深更半夜了，还想干嘛？喝酒！

一杯接一杯，唐敬宗喝得痛快，却没有意识到杀机正一步一步朝他逼来……

喝得太多了，小解一下。唐敬宗起身刚走到房中准备换衣服，巧得很，这时大殿里的烛光突然被吹灭。两眼一抹黑的唐敬宗，正想大发雷霆，黑暗中一把锋利的刀向他刺来，来不及喊叫，唐敬宗“扑通”一声，倒在了地上。

或许你猜到了，是踢毬军将苏佐明趁黑下了毒手！

踢毬的运动员和太监合流了，太监刘克明假传唐敬宗的旨意，命翰林学士路隋起草遗诏，由绛王李悟暂时代理朝政。几天之后，刘克明公开宣布了唐敬宗的遗诏，绛王李悟开始在紫宸殿的外廊接见宰相和百官，并处理政务。

唐敬宗的时代结束了。

怎样死的？死在谁的手里？唐敬宗可能至死都没弄清楚！他死于自己的爱好，死于玩物丧志。对一个领导而言，爱好可能就是风险，或者说是鸡蛋壳上的一道缝隙，自己的身家性命说不定就这样被“苍蝇”盯上了！

没想到，三国时期吴王孙权也是个“酒鬼”，且常常酒后乱性、误事。

有一次，吴王孙权在武昌钓台上与臣下饮酒。酒过三巡，君臣都已是酩酊大醉。孙权见状，叫人把水喷洒到众大臣身上，以唤醒他们继续觥筹交错。一位近臣看不下去，婉转地劝说道：主公，不好吧，这样会让他们着凉的！孙权说，怕什么着凉？今日畅饮，不醉倒在钓台上，我们绝不停杯！

站在一旁的长史张昭，听吴王这样说，觉得身为主公的孙权太过分了，但又不好说什么，于是板着面孔、一言不发地走了出去，坐在自己的车上，不肯再回到酒桌上。

张昭的不满还是让孙权注意到了，他命人将张昭叫回酒桌，面露愠色问道："大伙儿不过是共享欢乐，你为什么要发怒呢？"张昭一本正经地答道："昔纣为糟丘酒池，长夜之饮，当时亦以为乐，不以为恶也。"是啊，商纣王当年穷奢极欲、积糟成丘，供自己通宵达旦醉饮，当时也以为不过是很快乐，也没想过有什么不好，结果呢，自己坐在柴火上自焚。孙权听罢"默然惭，遂罢酒"。一言不发，令人马上停止了酒宴。

酒后乱性，孙权还有更不靠谱的事。一次和大臣饮酒时，为表示亲民，孙权亲自起身倒酒劝饮。都骑尉虞翻不想再喝了，于是佯醉倒地，孙权走过去后，他又坐了起来。藐视本王？孙权见状大怒，手提着宝剑要杀死虞翻，在座的臣僚无不大惊失色，只有大司农刘基走上前抱住吴王劝谏道：大王在酒过三杯之后，要亲手杀死贤能之士，即使虞翻有罪，天下又有谁知道呢？况且大王因为能够招贤容众，才使四海之内的人仰慕。如今，却要在一朝之间毁掉自己的声誉，值得吗？

孙权对刘基这样的劝说不以为然，他呼着重重的酒气回道，曹操尚且杀了孔融，我杀掉虞翻又算得了什么！刘基不依不饶，对孙权正色说道，曹操轻率地杀害了士人，因而受到天下人谴责。大王推行德性、礼仪，是要和尧舜比高下，怎会与曹操相提并论呢？

因为刘基的冒死进谏，虞翻才得以躲过这一劫。孙权似乎也有所悔悟，酒醒之后对手下再三交代：从今以后，凡我在酒后下令杀人，都不得执行！

民间有道：酒品即人品，旁人总可以从酒后的行状判断一个人的德性。凡"高阳酒徒"都应从孙权身上学点教训，千万不要酒中痛快，酒后痛苦。

一句话，水平不流，酒后不语，实乃真君子也！

女皇驯马“三板斧”

那年月，武则天还年轻，因为心思缜密且又冰雪聪明，深获唐太宗的欢心。虽只是宫女的身份，但已有很多机会侍奉在唐太宗的身边，常常是缠绵悱恻，须臾不可分。每有疑难，唐太宗更是不惜身段，俯下身子向一小女子讨教。

唐太宗有匹马名叫“师子骢”，肥壮性子烈，没人能驯服它。大唐帝国威震海内，八方来贺，竟找不到一位能驾驭这匹烈马的骑手，这不是一个天大的国际笑话吗？唐太宗为此闷闷不乐。有一天，唐太宗和武宫女一番如胶似漆之后，不禁叹气连连。弱女子武则天赶紧问为什么，当获知缘由后，大笑着对唐太宗说：“妾能制之！”唐太宗听后虽没吱声，但眼光里还是没藏住心里的一丝轻蔑，一个女流之辈逞什么能啊！

“我真的是可以的，但‘须三物’。”唐太宗的不以为然有点

伤自尊，于是，武则天提高了娇媚的嗓门。娇滴滴分贝的变化让唐太宗似有所悟，是啊，这女子本来就是不简单。你要哪三件东西？不妨说说看。看着娇娃，唐太宗问道。唐太宗的眼神，就是最大的鼓舞。武则天娇声回答：“一是铁鞭，二是铁锤，三是匕首。”

驯服烈马靠的就是这些吗？这是哪跟哪啊？唐太宗的眼里，写满的全是不解。武则天进而解释道，这是驯马“三部曲”，先是用铁鞭抽打它，把马打服；不服的话，则用铁锤敲击它的脑袋；如果还不服的话，则干脆用匕首割断它的喉管。

一番话，让唐太宗心里暗暗称奇，当真刮目相看。

武则天的“驯马三板斧”，还是有理论支持的，那就是利用了动物的条件反射。只是，过于崇尚武力，尤其是最后一招，将不易驾驭的烈马一刀毙命，充满血腥的味道。这话从一弱女子口中说出，的确让人惊奇，连唐太宗也是“壮之志”，连连夸奖武则天的志气。

驯马如此，武则天当国之后，“驯人”也如出一辙。吉顼有才干谋略，因此深得武则天的信任。因为有这份信任，吉顼行为处事未免有些乖张。有一次，吉顼当着太后的面，与她的侄子武懿宗争夺在赵州和突厥作战时的功劳。吉顼体格魁梧，且能言善辩，而武懿宗则身材矮小，背部微驼。两相比较，本已高低立判，但吉顼没见好就收，而是眼光怒视，对武懿宗声色俱厉，非要争个水落石出。唉，人家毕竟是女皇的侄子啊，打狗不看主人面？吉顼的咄咄逼人让女皇面露“不悦”！武则天心想，在老娘面前，你尚敢轻视我姓武的，以后还可以依靠吗？

对吉顼的不满，自此在女皇心里埋下……

后来又有一次，吉顼在面奏时，旁征博引，引古证今，武则天烦死了，不是欺负老娘我没文化吗？于是怒气冲冲地对他喝道：“你所说的，我听够了，不要多说了！”吉顼一愣，但眼神中依然有股倔强。武则天可不是一般的女人，看到吉顼一副愣头青的样子，接下来，她收了收口气，反以平静的口吻，把当初与唐太宗有关驯马的奏对叙说了一遍，当吉顼还在咀嚼这番话时，耳边又传来她恶狠狠的声音：“今日卿岂足污朕匕首邪！”

吉顼一听，倒吸了一口凉气，赶紧跪伏于地请求免死，武则天见此才觉得出了口恶气，“乃止。”算了，免你一死。但是，武懿宗对吉顼怒恨难平，后来找了个理由，借女皇之手，将其撤职，让他离开帝国的权力中枢。

辞行那天，武则天还是念了旧情，召吉顼进宫叙别。都到这个时候了，吉顼的烈性还是没有被驯服，当然也可能是心存幻想，他要抓住这最后的机会，再作奋力一搏。于是他对女皇说，自己可能再没机会看到陛下了，但还是想进一言。武氏当然不好拒绝，那就说吧！吉顼问道，水和土合成泥，有争斗吗？女皇说没有。又问道，分一半给佛家，一半给道教，有争斗吗？武则天答道，这就会有争斗了！

吉顼的口才不错，也有智慧。他继而进一步说道，皇族、外戚各守本分，则天下安定。现在已经立下太子，但是又封了不少外戚当王，陛下您这样做必然导致他们以后陷入争斗之中，双方都将不得安生。

谁说不是呢？这也是武则天内心最大的隐忧。但又有什么办法呢？武则天沉默良久，长叹一声，说道：“然业已如是，不可何如。”事情已是这个样子了，无可奈何。看来，一言九鼎的女皇，家里也有本难念的经。

其实，武则天完全没必要将吉顼驱出庙堂。一个团队，有一两个头上长角、身上长刺的也未必不是好事，或许还能起到鲶鱼效应，有利于激活整体的活力。对管理者而言，个别员工所说的“不”，往往是决策最好的参照。

武则天之后，武氏亲人七零八落，谁敢否定吉顼当初的苦口良药和如炬目光呢？！

朱全忠不忠

三百多万字的《资治通鉴》，司马光要告诉当国者的，无非只有两条，一是华夷之防，二是君臣之防。这两者如果处理不慎，轻则误了卿卿性命，重则失去祖传江山。前者如汉与匈奴，南宋与蒙古，大明与满洲。至于后者，则是多如牛毛，举不胜举。

权臣不断坐大，尾大不掉，并最终成功上位的，最典型者当如唐末的朱全忠。现在，就来解剖一下这只“麻雀”。

朱全忠又名朱温、朱晃、朱三，是安徽砀山人。虽出身乡村教师世家，可惜耕读不传家，这孩子不爱读书，捧起书本就犯头痛。稍长后，与哥哥朱存“勇有力，而温尤凶悍”，“不事生业，以雄勇自负，里人多厌之”。嗯，这副德性，有点像刘邦，更像周通，横行一方，乃当地人见人憎的一霸。

王仙芝、黄巢领衔爆发的农民起义，是大唐从盛到衰的一道分水岭，并导致李家天下的最后崩盘。朱全忠早年投附黄巢，经一段时间近距离的观察，他觉得黄巢这人志大才疏，难成大事。于是马上改换门庭，转而主动“被招安”归顺朝廷，成功后除了加官晋爵外，还被皇上赐名“朱全忠”。

尽管恩宠优渥，一代明主李世民的不肖子孙还是走漏了眼，朱全忠对李家不仅不“忠”，最终反成了李家天下的掘墓人、终结者。

历史，有时就是这样波谲云诡。

朱全忠对李家天下如何巧取豪夺，这一过程过于漫长，在这暂且不提，但他在接受皇位“禅让”过程中表现出的“婊子式”心态，倒是读来相当有趣，值得闭卷深思。

司马光在这方面的记载不吝笔墨，有时还近似喋喋不休，无非是要赵家皇帝不要重蹈覆辙。呵呵，帝王之师用心良苦。

按下葫芦起了瓢。农民起义是暂时摁住了，但大唐政权的当家人一点也不开心，才送虎又迎来了狼，因为各地藩镇势力在打击农民军中也不断坐大，对中央政权的号令爱理不理，且虎视眈眈。其中朱全忠和李克用、李茂贞三派藩镇影响最大，朱全忠更是藩镇之王，领袖群伦，指点江山，满腹的狼子野心已赫然在目。

司马昭之心，人尽皆知。朱全忠什么时候动了做皇帝的念想呢？应该是在公元907年。就在这一年，时为梁王的朱全忠以霹雳手段将河北各藩镇收服，冲天的喜悦让他有些按捺不住，但内部突如其来的叛乱，打乱了他的步伐。内斗中，驻扎在潞州的朱全忠，被火烧连营，营寨尽毁。这一次的铩羽而归，让朱全忠的威望大大受损，也就是在这个时候，因为担心由此可能产生的内外离心离德，朱全忠萌生了接受唐昭宣帝李晔禅让的念头，以既成的事实来慑服各路势力。

正打瞌睡，恰好碰到了枕头。另一军阀罗绍威生怕朱全忠攻打自己，主动跑来晋见朱全忠并献上一计：现在四方发兵，都以拥戴唐室的名义，想要害你，你不如先灭唐室以绝众望。

朱全忠“虽不许而心德之”，口中虽没有应允，但心里却非常感激罗绍威。罗绍威的建议，再次像黑暗中擦亮的火柴，瞬间又燃起了朱全忠的万丈雄心。于是，他立即起程返回大梁。

天下迟早是姓朱的了！柔弱的唐昭宣帝一声长叹，接着打定主意：迟给，不如早给；被动给，不如主动让。如此主动，或许还可以保全富贵。一刻也不能耽搁了，唐昭宣帝马上决定派遣御史大夫薛贻矩，快马加鞭赶到大梁慰劳朱全忠。

真是李家的败家子！

薛御史到达大梁后，恳请以臣子见君之礼晋见，朱全忠连说“使不得”，拱手作揖，让薛御史登阶而上。薛御史谄媚地说，殿下的功业德行都在人们心里，天地人“三灵”已另选新君，皇上正要举行舜、禹禅让事宜，我怎敢违抗！于是，他庄严地面朝北向，当场在厅堂对朱全忠行朝拜皇帝之礼。

朱全忠心头一热，却又赶紧侧身避开。

薛御史返回东都洛阳复命，他对唐昭宣帝说，朱全忠有接受禅让帝位的意思了！唐昭宣帝还能说什么呢，下诏吧，准备让位梁王朱全忠。于是，宰相肩负神圣的使命，马上拿着皇帝的书信再次前去告知朱全忠。

“王辞！”面对唾手可得、金光灿烂的皇帝宝座，朱全忠又一次面带娇羞地推辞了。

接下来的一幕煞是热闹。朝廷诸大臣共同奏请唐昭宣帝退位。唐昭宣帝只好诏令宰相率百官前往元帅府，劝朱全忠即帝位，朱全忠却派遣使者到洛阳推却不受。除朝廷的各位大臣外，各地藩镇的劝进表也如雪花般飞来。

历史总是惊人地重复。一千多年后，袁世凯要过把皇帝瘾时，各地的劝进表也是这般盛况，稍有不同的是，袁世凯的铁杆“粉丝”——一帮妓女组成请愿团走上街头，为袁大头拉票，成为当时京城的一景。

虽是多番拒绝，朱全忠却没闲着，暗地里指挥保平节度使康怀贞征发全部京兆、同华的军队驻扎晋州做足防御守备，又任命亳州刺史李思安为北路行军都统，率军攻击幽州。

没皇帝之名，却已行皇帝之实。

人家已是磨刀霍霍，唐昭宣帝欲说还休、欲哭无泪，赶紧又再次颁下诏书让位梁王朱全忠，还派出庞大的代表团前往大梁，苦求朱全忠即皇帝位。

看看代表团的名单吧，都是帝国重量级的人物：中书令张文蔚为册礼使、礼部尚书苏循为副使，侍中杨涉为押传国宝使、翰林院学士张策为副使。御史大夫薛贻矩再次出山，担任押金宝使，尚书左丞赵光逢为副使，率领文武百官，率领皇帝使用的车驾仪仗，浩浩荡荡朝大梁进发……

百官的“不伦”与“犬儒”，也引发了不少朝野舆论的鄙视。杨涉的儿子、直史馆杨凝式对老爸说，大人身为宰相，国家到了这般地步，不能说没过错。况且亲手拿着天子的印玺组绶送给别人，虽然保住了荣华富贵，但对后世怎么交代？何不辞职！

臭小子，你要灭我全族吗？听儿子这样一说，杨涉吓得面无人色，并且一连几天神色不安。

一切似乎都已水到渠成、瓜熟蒂落。是年庚戌这一天，梁王朱全忠拂不过众意，扭扭捏捏登上金祥殿，接受文武百官称臣，下行文书称教令，自称寡人。辛亥始，命令各种笺、表、簿、籍都去掉唐朝年号，只称月、日。

教令、寡人……这一切都是称帝的前奏。

犹抱琵琶半遮面，不妨干脆就做得更彻底些。几天后，梁王朱全忠把名也改了，更名朱晃。对不起，鄙人不再忠于大唐政权了！朱全忠哥哥朱全昱听说弟弟要登皇位，对他一哂，说：朱三，你能做天子吗？

好戏终于登台盛大开演。甲子日，朱全忠身被衮袍，头戴冠冕，即皇帝位。张文蔚、苏循捧着册文登殿，呈进宣读册文。杨涉、张策、薛贻矩、赵光逢依次捧着册文登殿，读完册文，下殿，率领文武百官跪拜称颂庆贺。仪式结束后，已是后梁太祖的朱全忠在玄德殿大宴宾客。觥筹交错中，他对众人说，我辅佐朝政不久，能有今日，都是诸公拥戴之力。

一听这话，张文蔚等惭愧惶惧，俯伏在地不能回答，只有苏循、薛贻矩等人则盛称朱全忠的功业德行，应当应天命顺人心称帝。还是朱全忠哥哥朱全昱牛X，将手里的东西摔在地下，乜视朱全忠说，你本是一介平民，受恩于大唐王朝，为什么突然灭了唐朝三百年的国家，自称帝王！你这样做，将来是要全族被杀的，还有什么值得高兴的呢？！

亲哥哥的话如一声棒喝，朱全忠面色如猪肝，沉默半晌，“不怿而罢”。悻悻地宣布晚宴到此结束，回宫洗洗睡去，美艳的宫妃被晾一边。

翌日，后梁太祖派遣使者向各州、镇宣布受禅封帝，大赦天下，改年号为开平，国号大梁。

这时的唐昭宣帝则被降了级，封了个“济阴王”。就在朱全忠红光满面接受百官朝贺时，唐昭宣帝则独向一隅，“垂泪对宫娥！”

处心积虑终于坐上了皇位，朱全忠好生喜悦。有了权，该为百姓好好做事吧，没有！他只对一件事有兴趣：泡女人！生性好色的朱全忠终于可以甩开膀子大干了。

历史上的皇帝大多喜爱渔色，三宫六院暂且不说，有的甚至在宦官的带领下，乔装打扮溜出宫外，流连勾栏，追逐章台，乐不思蜀，忙得不亦乐乎。

宋徽宗就是位深入基层的代表人物，他隔三差五跑到外面密会妓坛大姐大李师师，且常常夜不归宿。就是借助这处温柔冢，梁山好汉燕青成功地为宋江的“招安”大计搭上“天线”。大清的同治皇帝也好这一口，常常出没花街柳巷，最后果然“成功”染上花柳病。印象中，身为天子，一辈子只守着一个女人过日子的，历史上也只有明孝宗朱祐樘，这个女人就是他的皇后张氏，明孝宗对爱情始终如一，与张皇后举案齐眉，鹣鲽情深，过着犹如民间夫妻般的恩爱生活。像明孝宗这样的皇帝，是前不见古人，后不见来者，可谓空前绝后。

在猎艳方面，后梁太祖朱全忠也不例外，且好色举“史”有名，行为举止相当离谱，且让我们看看他是如何荒淫!

有年夏天，梁太祖突发奇想，下诏要到魏王张宗奭家里避暑。难道张家的避暑设施要比宫里好？这显然不是，原来朱全忠是冲着张家的女眷来的，他垂涎已久了！住在张家避暑的短短几天时间里，朱全忠就“乱其妇女殆遍”。把张家的妇女全部宠幸了！张宗奭的儿子张继祚不甘受辱，冲动得想立马杀掉朱全忠，但被老爸张宗奭拦下。老爸说，孩子，我们要忍下啊！不久前，我们全家在河阳被李罕之围困，靠吃木屑度时日，如果不是朱全忠全力搭救，我们哪能有今天呢，这个恩情不可以忘掉啊！

什么混账逻辑，还真涌泉相报！不过，这符合张宗奭的性格。当年降唐后，唐昭宗赐名全义。大唐亡后，又在后梁做官，主动请求改名，朱全忠赐名宗奭。后梁很快灭亡，他马上归降后唐，为讨好新朝，去后梁所赐名，请准恢复原名全义。如此趋附权势而反复改名，也算是历史上的一朵奇葩。由此看来，他对儿子的这一番说项，也就不足为奇了。

朱全忠的皇后姓张，张氏严肃端正，聪明多智，朱全忠对她恭敬而畏惧，颇是惧内。皇后在世时，朱全忠的色胆不敢完全张开，多少还有些收敛。张皇后去世后，朱全忠没了约束，整日纵情声色。荒唐之处，无异于禽兽，他这个做公公的，竟还把魔爪伸向儿媳妇们的身上。

“诸子虽在外，常征其妇入侍，帝往往乱之。”趁儿子们不在家，朱全忠征召他们的妻子入宫侍奉，入宫侍奉当然是他借机淫乱的借口。朱友文的妻子王氏容貌美丽，太祖朱全忠尤其宠爱她，虽然没有立朱友文为太子，但因为王氏的善解人意，太祖心里还是属意朱友文多些。

朱全忠的偏爱，引发他另一个儿子朱友珪的不服。这种醋意给朱家带来灾难，朱全忠由此惹来杀身之祸，纵横一生，最终竟死在儿子的手里。

人非圣贤，孰能无过？朱友珪偶犯过一次大错，朱全忠毫不留情，用鞭子将他打得遍体鳞伤。朱友珪对老爸的重手留下了满腹怨恨，也留下了惴惴不安。后来，朱全忠生病且病情严重，命朱友文的妻子王氏传召朱友文速到西都洛阳，想要临终托付后事。朱友珪的妻子张氏这时也日夜侍奉在侧，知道这件事后，马上秘密告诉老公，并说道，父皇把国玺交给王氏带往东都，我们快完蛋了！言毕，夫妻俩抱头痛哭。左右见状，赶忙劝道：事急生计，何不另想办法？危机之中有机会哦！

几天后，朱全忠下诏，令朱友珪出任莱州刺史，并要求他立即赴任。当时已经传旨，但还没颁行敕书。朱全忠当国以来，贬官者大多被追命赐死，朱友珪联想：我会不会在赴任途中也被赐死呢？如此一想，心中愈发恐慌。

一不做，二不休。朱友珪易服化装进入左龙虎军，会见左龙虎统军韩勍，把自己内心的恐惧告诉他，泣求帮助。韩勍见到许多功臣老将多因小过被杀，惧怕也不能保全自己，于是决心与朱友珪联手做单大事。决心一下，韩勍便领着牙兵五百人随从朱友珪混进皇宫，悄无声息地埋伏在宫内。到了半夜，牙兵砍断门闩进入寝宫，侍者见势不妙，撒腿便跑。朱全忠惊起问道：“谋反的是谁？”冲在前面的朱友珪应声答道：“不是别人！”

朱全忠一听全明白了，厉声说：“早就怀疑你这贼子，可惜没早把你杀死。你如此叛逆，天地难道能容你吗！”

朱友珪懒得再说，使了个眼色，他的马夫一个箭步上前，一刀刺向朱全忠的肚子，刀尖从背上穿出，血溅寝宫。可怜的一代枭雄朱全忠，还来不及喊出半个“啊”字，便颓然倒下，一命呜呼。

理了理凌乱的装束，儿子朱友珪用毡子把老爸包裹起来，然后埋在寝宫里。接下来的第一步是封锁消息，秘不发丧。对了，还有一件事必须做，立即派人驰往东都大梁，命人杀死亲兄弟朱友文。

第二天，朱友珪假造老爸朱全忠之口谕发布诏令，称朱友文谋反，率兵冲入殿中。朕依赖朱友珪忠诚孝敬，领兵将朱友文杀死，保全朕身。但朕的病因为震动惊恐，更加危险，应令朱友珪暂时主持军队和国家事务。又过了两天，朱友珪确信朱友文已死，才向全国发丧，宣布先帝遗留的制书，朱友珪即皇位。

朱友珪是位杰出的导演!

尔虞我诈，杀机重重；翻手为云，覆手为雨。看来当年帝王们的床上，翻滚的不仅是情色和肉欲，更多的是权谋与杀戮……

“人杀”与“鬼杀”

宁可得罪君子，不要得罪小人。《增广贤文》里的这句话，被许多人奉为处世法则。这话也令人浮想联翩，“犬儒”与“乡愿”在中国人中大行其道，如果探究起来，是否可从这句话里找到源头，或互为因果?

坐着的，要体恤站着的腰痛；生活在今天的人们，也要理解古人的艰难与无奈。每一代人都有自己的活法，虽然未必精彩。如果不考虑这一点，一定要对他人、前人指指点点，说三道四，那是有失公允，一叶障目，使你“无法生活在别处”。因无法设身处地，往往表现出的，不是浅薄，那就是无知。

前人许多生活的总结，写进历史的，往往都是带着血泪。

想起周兴……

提到他，中国人大都熟悉。在念到他的名字时，脊背生冷。尽管离他发疯的时代，已经过去了一千三百多年。

他是史上著名的酷吏，和来俊臣是天造地设的一对。想来也颇令人深省，历代的酷吏“好杀行威”，炙手可热一时，但大都没有好下场，不得善终，这对活宝是如此，汉代的义纵、张汤，明朝的崔呈秀也大都如此。想必酷吏终不过是当权者手中的一枚工具，工具终有用完的时候，用完了也就弃之如敝屣。被晾在一旁的还算好的结局，更多的是身首异处，挫骨扬灰，甚至株连三族，累及妻儿。

打住！打住！还是回到原来的话题。唐高宗的时候，周兴任河阳县令，哦，没想到他也是从基层做起的。不管怎样，应该还算有些政绩吧，有一年，唐高宗宣他进宫，准备加以提拔，在这节骨眼上，有人上奏，说他“非清流”，意即不属遵奉法律、按照情理办事的官吏。宁杀错，不放过。唐高宗出于慎重，听其一说，也就对这一提议暂放一边。

另一厢呢，满怀期待的周兴，还住在长安的高级宾馆苦苦等待。君王的心思早已改变，但他丝毫不知情，蒙在鼓里。诸位宰相也真坏，没有将实情及时告知他。还是同平章事魏玄同厚道，出于同情，也是可怜他，于是跑去对周兴说：“周明府可去矣。”从哪里来，还是回哪里去吧。本是出于好心，却被周兴误认为是魏玄同从中作梗，反对提拔自己。满腹愤懑正无处宣泄的周兴，因此对他心怀怨恨，哼，咱们走着瞧！

没想到，魏玄同因自己的宅心仁厚，在后来付出了惨重的代价。

转眼间，又有多少年过去了，善于经营的周兴终于如愿回到了长安……

魏玄同与宰相裴炎关系很铁，时人称他俩是“耐久朋”，意即友情始终不变。一声“耐久朋”，竟让周兴脑海中一闪，嗅出了杀机。于是他连夜上奏，诬称魏玄曾说过一句话：“太后老了，不如事奉皇帝耐久。”太后知道后，立即变脸，凤颜大怒，着令魏玄同在家里自尽。

唐高宗的母亲长孙皇后死得早，福薄没能等到儿子即位。所以，这里说的太后，指的是武则天。

同侪中不少人深为魏玄同抱不平。监刑御史房济对他说，你何不以其人之道反治其人之身，也来个告密，以求得太后召见，这样就有机会替自己申诉了。魏玄同听罢，仰天长啸，说：“被人杀死和被鬼杀死，又有什么不同？怎么能去当告密人呢？”言毕，“乃就死”，奉旨自尽了。

读到这里，魏玄同的“高大上”一下子浮现于眼前。满街狼犬，遍地腥云，在帝国告密文化盛行之时，魏玄同不以此谋利，甚至不以此种下三滥谋“生”。此种气概，想必是参透了生死，也悟透了在皇权之下，每一个人都是一粒棋子，在“你咬我我咬你”的恶性循环中，每个参与者的结局都是注定的，只有高坐庙堂之上那张若隐若现的脸，才会露出饱餐腥味之后胜利的冷笑。

有酷吏凶暴的“矛”，就有忠贞之士慷慨从容的“盾”。唐睿宗时的彭州长史刘易从被他人诬告，投入大牢。刘易从为人仁厚宽和，孝敬父母，忠诚谨慎，在当地颇有政声。在街市受刑时，官吏和百姓怜惜他无罪，更不满于他的冤屈，纷纷从四面八方奔赴刑场，按照当地的风俗，争先脱衣服扔在地上，说：“为刘长史求冥福。”有关部门估价，这些脱下扔在地上的衣服价值达十多万。

无论是魏玄同还是刘易从，与其说他们是被他人所杀，还不如说是被“鬼”所杀。这种“鬼”也即鲁迅所说的“捣鬼有术”的鬼！想象着刘易从被杀的这番场景，让人气短，但转念一想，掷于满地的民心，价值又岂止是这十多万？！

挥起或放下你的鞭子

李日知是唐睿宗时代的一位高官，曾任刑部尚书多年。政声人去后，虽已挂冠多年，李日知在百姓中仍然很有口碑。司马光在《资治通鉴》中说他宽厚、仁慈。

那年头，为人下属，如果不好好干活，或领导交代的事没用心做好，受到的惩罚往往是一顿杖责。所谓杖责，也就是打板子。行杖时，一般是责打背部。这一惩罚对被杖之人，既是肉体之痛，也是人格之辱，摧毁的是人的尊严与自信。

有些当官的喜欢对犯错的下属行杖责之刑，一是官位赋予了这种权力，二是出于立威、显威的需要。当然，有些偷奸耍滑者确实该打，但更多的是因为为官者的心理阴暗。不是有这一说吗？“当官不杖人，请我都不来”吗？持这样想法的为官者，多少有些不够厚道，或者多少有些性格变态。

大权在握，李日知却不干这样的事，对部下从没行过杖责之罚。《资治通鉴》说：“日知在官，不行捶挞而事集。”虽不杖责下属，但刑部各项事务都完成得井井有条，十分圆满，也因此屡屡受到唐睿宗的批示表扬。

世事无绝对，有一次他差一点破了戒。

一位令史，耽于私事，竟然将唐睿宗御批的某项敕令放诸脑后。三天过去了，李日知仍没收到令史的执行报告。打听到原委后，李日知勃然大怒。皇上交的差，执行不过夜，你竟然忘了？！天呐，你、你、你肩膀上扛有几颗脑袋？！

今日怪不得老夫了！

李日知马上叫人找出已布满灰尘的刑杖，然后集合所有的官吏围观。这位羞愧满面的令史，则乖乖地趴在板凳上，准备受刑。

两旁站着几位虎狼般的皂隶，只待尚书大人的一声令下，厚重的板子便会雨点般地捶打在这位令史身上。奇怪的是，李日知“给我打！”的口令却迟迟没有发出。静默一会儿之后，反而听到他的一声长叹，说道：“我欲捶汝，天下人必谓汝能撩李日知嗔，受李日知杖，不得比于人，妻子亦将弃汝矣。”然后，便放了这位令史一马。

李日知是厚道人吧？连宽宥的理由都是这般厚道！我要是杖打了你啊，不仅让你耻笑于天下，连你的老婆孩子都会嫌弃你的。

如此驭下，李日知是否失之于宽呢？还是让事实来说话吧。“吏皆感悦，无敢犯者，脱有稽失，众共谪之。”你看，除了感动之外，下属再没人敢违犯规章，并且一旦有人做事失职，众人都会异口同声对他进行谴责。

吏道纯熟啊，谁说李日知的这一招，不是更厉害的杖责呢？

与李日知相反，性子火爆的幽州总管燕荣，就喜欢动辄打人，下属屡受皮肉之苦，苦不堪言。燕总管打人与众不同，概括起来有两个特点：一是打人工具是荆条，二是要打到上千次才会停手。

荆条打在身上，受力面小，痛感极强。小时候调皮捣蛋，闯祸后，父母总是高高扬起类似荆条的竹梢，以示惩罚。每每这个时候，小心脏吓得抽紧。幸好是亲生父母，顶多也就抽上一鞭，也就这一鞭，能让你痛上三天三夜。总管大人不是亲生爹娘，下手够狠，直到打得气喘吁吁。如此性情严酷，部下见到他犹如老鼠见到猫，尽可能躲避三舍，实在绕不过去了，只好低眉顺眼站立一旁，身子则吓得似筛糠。为“稻粱谋”，找份工不容易，不可能轻易炒掉老板，众下属只好念着“忍字决”。

有一天，燕总管带着几名马弁外出检查工作。翻过一山头时，他见到山路两旁长有一丛丛的荆条。荆条粗实、修长。燕荣驻足良久，忍不住心花怒放。哈，这可是上好的材料啊，做出来的荆条肯定好使，抽人时够劲。于是，燕荣马上吩咐马弁用刀砍下，现场做成几根荆杖。是不是真的好用呢？燕总管决定立即找人试一下，他从随员中随手指出一位，你来吧！这位不幸被选中做“小白鼠”的马弁，满脸无辜又无奈，对燕荣哀求道，我没有什么过错啊，为什么打我？

燕总管哈哈一笑，对他宽慰道：“后有罪，当免汝。”先记下，待以后你有罪再帮你免掉杖刑。什么逻辑，但又能说什么呢？“小白鼠”只有乖乖趴下身子，接着便是一阵紧过一阵的哀嚎声。

说来也巧，没多久，这位下属在工作中偶犯过失。二话不说，燕荣又要用荆条鞭打他。上次打的伤口刚刚结疤，再来一次是人都受不了哇。好在总管大人的承诺言犹在耳。于是，下属壮着胆说：“上次试打时，您答应我以后有错，是可以宽恕的。”燕荣抿嘴一笑，说：“无罪尚且要打，何况有罪呢！”说完，挥起荆条，啪的一声后，接着便是无数的“啪”和一阵阵惨叫……

对属下如此，朝廷的命官也一样躲不过燕荣的荆条。

隋文帝经深思熟虑，决定调任观州长史元弘嗣为幽州长史。接到通知后，元弘嗣担心会受到燕荣的侮辱，死活不肯赴任。隋文帝生气了，朕的话当耳边风？待问明情由后，隋文帝把燕荣叫来并对他规定道，元弘嗣以后凡犯了打十杖以上的罪过，执行前必须上报朝廷批准。燕荣一听，知道元弘嗣在皇上那儿上了自己的眼药，“竖子何敢玩我！”哼哼，敢玩我？燕荣很生气，元弘嗣有好果子吃了。

于是，待元弘嗣到任后，燕荣假公济私，屡屡给他穿小鞋。他安排元弘嗣监管收储粮食。晒在太阳底下的稻谷，刮起的风吹走了些许，这立即成为燕荣鞭打元弘嗣的理由。上有政策，下有对策。为了省却上报朝廷批准的麻烦，燕荣每次对元弘嗣的鞭打都不超过十次，但一天往往要打好几次。权力的合理伤害，让元弘嗣无可奈何。燕荣觉得这样还不够解恨，他找了个机会，干脆把元弘嗣下了监狱。

一不做，二不休，燕荣想干脆来个肉体消灭。于是，他断绝一日三餐的供应，打算将元弘嗣活活饿死。此时，身陷囹圄的元弘嗣可真是叫天不灵，呼地不应。万般无奈之下，元弘嗣急中生智，抽取身上棉袄中的棉絮伴凉水咽下，他的妻子则天天到皇宫门口喊冤。冤情终于传入宫中，隋文帝知道后，派人进行彻查。直到这时隋文帝才知道燕荣为政暴虐，贪赃枉法，并早已是声名狼藉。

是谁的天下？这还了得！隋文帝龙颜大怒，当即下旨将燕荣召回，并着他自尽。

元弘嗣终于逃出生天。不仅如此，他还苦尽甘来，隋文帝让他接替燕荣留下的缺。受尽燕荣苦头的元弘嗣，一日权在手，想必会善待他人吧？事实却让你大跌眼镜，司马光这样写他：“酷又甚之。”元弘嗣对下属，比燕荣还要残酷。唉，真是没想到。

没有受到监管的权力，就是一匹野马，稍一撒腿便能伤人筋骨，甚至直取他人的小命。

土篇

土，代表的是信，性重，情厚。属土之人沉稳大气，坚韧不拔，信守承诺，土太过则头脑僵化，保守迟缓；不及则反复无常，不讲信用。

好大张“牛皮”

汉高祖刘邦驾崩后，吕雉牝鸡司晨，专柄朝政。吕氏一门，弹冠相庆，期待“一人得道，鸡犬升天”式家族盛宴的政治狂欢。

一朝权在手，便把令来使。吕后也就一俗女人，屁股还没坐热，就准备册封几位外戚为王。

她的迫不及待，是要向全天下证明“谁说生女不如男呢？”

经过一轮残酷的清洗，此时，朝中反对势力大都已被剪除，吕氏一言九鼎。她心里清楚，实施封王这一计划，已无大碍。虽说如此，为减少阻力，也体现权力的合法性，她还是想走走程序，以堵天下悠悠之口。

谋定之后，吕后宣右丞相王陵进殿，打算先征询他的意见。如果右丞相王陵能够同意封几位外戚为王的话，就可以增添一份雄厚的民意基础。吕氏之所以就此议题先选择与王陵交换意见，原因真的很简单：王陵听话！

这是上上下下的共识。担任右丞相多年的王陵，任劳任怨，恪尽职守，人们都说他像头老黄牛，吃的是草，挤出的是奶。基于这种判断，吕后对获得王陵的支持充满信心。

不行！没待吕后讲完意图，王陵便坚定地吐出这两个字。吕后的谈话被中断，并大大悖于自己的意志，这一下子弄得她没醒过神来，只好怔怔地看着王陵。此时的王陵，或许是因为过于激动，口中说出“不”字时，已是双腮通红，胸膛起伏，却又似乎是如释重负。

太后，您忘了吗？当年高帝曾“刑白马盟曰：‘非刘氏而王，天下共击之。”不姓刘却称王，高祖刘邦当年可曾是杀白马饮血盟誓要天下人诛杀之的啊！如果你一定要分封吕氏为王，不怕引发天下人的强烈反弹吗？王陵继而提醒道。

吕氏听罢，阴冷地盯了王陵一眼，甩手径自转回内宫……

第二天朝议，吕氏重拾话题。她把脸从王陵身上撇开，转而问向左丞相陈平、太尉周勃。王陵满怀期待，渴望得到两位朝中重臣的奥援。没料到，两人的回答让王陵及朝中同侪大跌眼镜。

什么话？高级马屁话！且听听两位怎样对答：“高帝定天下，王子弟；今太后称制，王诸吕，无所不可。”吕后听后大喜，心里很是熨帖。就是嘛，我老公打下天下，当分封刘氏子弟为王；现在老娘俺掌朝，分封几位吕氏为王，又有什么不可以的？！识时务者为俊杰。这两个老东西就是醒目，比王陵这混账强多了！

虽说可以一言九鼎，但分封诸吕为王，毕竟有违祖制。现如今，有陈、周力挺，自是十拿九稳，我吕某又为娘家大光门楣了！想到这，吕后不禁“凤”颜大悦。

朝议结束，走出宫来，王陵拦住陈平、周勃，大声斥责，并讥讽道：“当初与高帝饮血盟誓，你们两位也曾信誓旦旦！现在太后女主当政，你们甘于逢迎，可是转向转得很快啊！我不知道将来，你们又有什么颜面去见高帝于地下呢？”

陈平与周勃相视一笑，然后意味深长地对王陵说：“现在，在朝廷之上当面谏阻太后，我俩确实不及您；可将来安定国家，确保高祖子孙的刘氏天下，您恐怕就不如我俩了！”

好大一张牛皮啊！但牛皮可不是吹的！果然，吕氏之后，大汉政权之所以得以重归刘氏后人，靠的正是陈平、周勃等一帮朝中老臣、重臣。假如当时在朝堂上，陈平、周勃和王陵一样，一力反对，甚至以死抗争，情势或更为凶险。凭着吕氏的狠毒，说不定会血溅朝堂，刘氏一脉也可能被斩尽杀绝。从这点看，陈平、周勃可以说是以另一种形式践行当年与刘邦的盟约。

历史总是惊人地相似。唐太宗之后，面对武则天的咄咄逼人，狄仁杰、张柬之等朝臣也是虚与委蛇，苦苦等待时机，最终成功地将大唐权力归还李氏。

有时，忍辱负重，委曲求全，要比引刀一快、慷慨就义艰难得多。前者需要勇气、耐力、胆识与智慧。后者呢？可能只要有胆量就够了！

你说是吗？

弦外之音

唐玄宗李隆基精晓音律，也喜欢武事。

公元713年，唐玄宗率文武百官，来到骊山脚下讲习武事。所谓武事，就是举行阅兵。为壮场面，帝国的兵部专门从各地征调二十万士兵。讲武那天，场面十分浩大，旌旗蔽日，连绵五十多里。

看到这场景，李隆基起初还是颇为高兴的，但不久便面露不悦之色。为什么呢？“以军容不整”，说得是那些军人，站没站姿，坐没坐相，东歪西倒，毫无军人仪容。你说就凭这种精神状态，如果拉到战场上，能有什么战斗力？！

来人，把郭元振押过来！唐玄宗怒不可遏。郭元振是谁？帝国的兵部尚书。这不奇怪，讲武出了状况，只有找他了。

郭元振很快被押到帅旗之下。推出去，斩了！唐玄宗喝令道。

郭元振一听，吓尿了！

郭元振眼看性命不保。

且慢！在这险过剃头的时刻，中书门下三品刘幽求、中书令张说赶忙跪在唐玄宗面前，言辞剀切进谏道："元振有大功于社稷，不可杀！"

唐玄宗想想也有道理，郭元振当年确是有功于唐朝李氏政权社稷的，于是接受了刘、张的谏言。但死罪可免，活罪难逃，唐玄宗下令将郭元振流放新州。但总需有人对军容不振一事负责吧？唐玄宗想了想，决定就拿给事中、知礼仪事唐绍问罪，谁叫他制定的军礼不够整肃呢。充当了冤大头的唐绍，很快被刀斧手推了出去。眨眼间，金吾卫将军李邈便急匆匆进来报告说，唐绍已被斩首，并将他的头颅传檄令三军。

斩了唐绍，唐玄宗越发不痛快。为什么呢？其实，唐玄宗并没有真的要杀唐绍的意思，只是李邈没能听懂或揣摩到领导的想法。唐玄宗只不过是想立立军威，并没有真正想将唐绍推出来祭旗。可惜的是，李邈立功心切，根本来不及咀嚼皇上的真实意图，匆忙间，将唐绍斩首了。

如果是这样，李邈肯定没有好果子吃！果然不久，他就被唐玄宗免职，并诏令永不叙用。

天意从来高难问。服从命令是军人天职，李邈本来没错。只是，有些老板，说一句，藏半句，很多下属又来不及仔细揣摩，或者说没这个智商直抵上司心间，代人受过自没法逃脱。更悲哀的是，他们至死都不知道，在哪儿得罪了老板！

谁说不是呢？姚崇就曾有一个经历，并给他带来深深的恐惧。

姚崇，曾用名姚元之，因避唐玄宗年号"开元"之讳，而复原名姚崇。姚崇，实乃有唐一代，乃至封建历朝之名相。

天威难测。尽管姚崇才智过人，但在唐玄宗眼里仍只不过是一个家臣，召之即来，随便使唤。姚崇也是战战兢兢，如履薄冰。主子稍假以辞色，就有可能惶惶不可终日。

谓予不信？拈手一例。

身为宰相，当然也要管干部啊！经多方考察并深思熟虑，姚宰相准备提拔任用一郎吏。所有的程序都已走完，但毕竟上面还有唐玄宗，不能开玩笑，必须请示。于是，他进宫面圣。唐玄宗听罢，不吭声，只是“仰视殿屋”，两眼直勾勾地看着屋顶。姚宰相以为老板没听清，只好“再三言之”，唐玄宗依然是一言不发，既不点头，也不摇头。一句话，不表态。

这是什么意思啊？姚崇心中甚是惶恐。退出宫时，因心神不宁，脚步还有些踉踉跄跄，差点摔了一跤。回到家里，饭没吃，澡没洗，便和衣躺下，只是无法入睡。

当时，站在一旁的宦官高力士也十分纳闷，忍不住向唐玄宗问道：“陛下刚刚总理天下，宰相上奏言事，您应表明自己的态度啊，可为什么反而是不闻不问、一言不发呢？”

“朕任元之以庶政，大事当奏闻共议之。郎吏卑秩，乃一一以烦朕邪！”唐玄宗之前为什么不明确答复姚崇呢？他说，我放手姚崇总理朝廷庶政，若遇有军国大事当然要当面奏闻并共同商议，但像任用郎吏这样的小事，如果都要一一来请示，那我还不累个半死？这样的事就不必来烦我了吧！

唐玄宗真是聪明，很懂得权力的边际与分工。正因为有如此智慧，抓大放小，才开创了历史上著名的“开元盛世”。

虽然说伴君如伴虎，但姚崇有机会给这样的老板打工，我想还是非常值得的。君明臣贤，相互成就，并一同写进了历史。只是遗憾，唐玄宗没能将这聪明进行到底。

不过我还是为姚崇捏了一把汗，如果他真的不向唐玄宗请示，会不会死得更难看？

皇帝的耳目

北魏国主拓跋焘主政期间，朝纲解纽，政风糜败，地方郡守、县令贪赃枉法，盘剥百姓。拓跋焘眼看再这样堕落下去，将会动摇统治根基，到了该出重手的时候了。

公元437年夏季，拓跋焘来了个全民肃贪的政治运动。

拓跋焘发布政令，诏令核心的一条是："吏民得举告守令不如法者。"什么意思呢？就是说，如果当地郡守、县令有贪污等不法行为，凡官吏和百姓必须进行检举、告发。

应该说，这条措施很有杀伤力。毕竟，群众的眼睛是雪亮的，群众的力量是巨大的。那个年代，山高皇帝远，没有电话、快递，更没有网上举报。中央政府要掌握地方官员的施政效果以及官风官德，难度很大。常用的办法是安排一两个钦差大臣，到各地巡视一番。但钦差大臣也多靠不住，或蜻蜓点水，或被人收买。更早的年代，我们的统治者，还不缺乏浪漫主义情怀，派出采诗官，像勤劳的小蜜蜂般，周游全国，采集民俚歌谣，汇编成册，上交朝廷，统治者从字里行间把握民意走向。

拓跋焘的诏令初下，确让一些地方郡守、县令有所震慑，贪墨恶行也大为收敛。不少地方官就是因为老百姓的检举而东窗事发，并因此身陷囹圄。国主对反贪的战果倍感鼓舞，心中也是暗自得意。他没想到的是，自己高兴得太早了，没多久，北魏一国官场上的贪污贿赂，不仅没有销声匿迹，反而是愈演愈烈。

你道为何？原来地方上的一些地痞流氓、奸猾之徒，把政府的反腐政策作为发财之道。这些无良之辈抓住地方官的一些过失，“迫胁在位”，威胁要挟在位的地方官。如果不满足其要求，就去检举告发。有些地方官因本身不干净，只好“降心待之，贪纵如故”。放下身段，和这些地痞称兄道弟。百姓谁敢告官，这些地痞流氓就前去骚扰，久而久之，百姓不堪其扰，只好噤若寒蝉，地方官反而因此多了一顶“黑色保护伞”。这样一来，没了老百姓的举报，就没了监督，地方官放开胆子照样上下其手，甚至有过之而无不及。

身在宫禁之中的国主拓跋焘，又怎能知道这一情况呢？！

差不多一千年后，大明开国皇帝朱元璋也用这种桥段反腐。流民出身的朱重八对贪官尤为痛恨，一旦查实官员有贪腐行为，必定是斩首示众，剥皮揎草。手段无所不用其极，但贪腐依然是“春风吹又生”。无奈之下，他打出了“全民牌”，也是依靠群众的力量。老百姓要是发现父母官贪赃枉法，即可举报并同时扭送帝都南京。朱元璋还就此作出补充规定，沿途地方官不但不得阻拦，还要给群众安排好食宿，提供种种方便。

佩服农民皇帝朱元璋的创意。但这一番霹雳手段的效果又怎么样呢？老朱驾崩后，人亡政息。大明王朝的大小官员，不是不敢贪，只恨没贪的机会。朱元璋之后，各种贪墨行为很快便呈现出报复性的反弹。

窃以为，性本善与性本恶是中西文化岭脉的重要分野。无论是拓跋焘，还是朱元璋，在制度的设计上都没能从人性出发，推行的惩贪措施都只能是“稻草人”。

说到检举的话题，忽然忆起武则天手里曾经的一封检举信。

晚年的武则天，或许自知杀戮太多，便皈依佛教以自我救赎。为了表示自己一心向佛的虔诚，在广建寺庙、广蓄僧侣之外，女皇还运用至高无上的权力，在公元692年下了道匪夷所思的诏令：禁止杀生！不准屠杀牲畜以及到河里捕捞鱼虾。

这下可惨了。是年的江淮地区，恰遇大旱，颗粒无收，饿得饥肠辘辘的老百姓，无以充饥。以往还能到河里捕些小鱼小虾，聊以充饥，现在却可能是坐牢的营生。没法子，只好外出逃荒，饿死者在路上枕枕相陈、不绝于途。

禁屠令同样适用于官场中人。右拾遗张德，生了个儿子。祖上积德，香火有续。高兴之余，张德决定三天之后大宴宾客。请客吃饭，总不能清汤寡水吧？爱面子的张德心一横，“私杀羊会同僚”。看得出来，张德还是相当好客的，冒着撤职乃至杀头的风险，偷偷地宰了只羊，打算让同事兼客人开开荤，打打牙祭。

那晚，客人都很尽兴。觥筹交错，酒过多巡，每个人的脸上都泛着快乐的红光。补阙杜肃也应邀出席这场私人Party，他穿梭酒桌之间，和每一位客人碰杯致意，说些客套话。他还特地走到张德儿子的摇篮边，用手轻抚着孩子红扑扑的脸蛋，对主人恭维道，这孩子有大富大贵之相，长大后，必是出将入相。

晚宴进入尾声，客人陆续离席告辞而去。酒足饭饱的杜肃也准备告辞。在站起身来时，趁人不注意，他偷偷地将一块羊肉揣在怀里，然后与主人热情道别。

杜肃拿这块羊肉回去干吗？给没机会出席宴会的老母亲尝尝？做孝子吗？

自以为天衣无缝，没想到，张德私下屠羊宴客之事，竟然还是被女皇武则天知道了。

原来，有人对他进行了检举告发。

第二天，武则天在殿中听百官奏事。政事谈完后，百官正准备退朝，武则天将他们唤住，并要张德单独出列。武则天对他说，听说你生了个儿子，我很高兴，可喜可贺！一听此番圣言，张德赶忙拜谢。正待转身退回，女皇又冷冷地说了一句："肉是从哪来的啊？"

张德大惊，如雷轰顶，马上匍匐于地，叩头认罪。见张德吓得面无人色，黑脸的女皇突然"扑哧"一笑，说道："朕禁屠宰，吉凶不预。然卿自今召客，亦须择人。"张德一听，如释重负。武则天的意思是家中如有红白喜事，则不在她的禁屠之列。但是，女皇提醒道，请客人要慎重，不要什么人都请哦。

虽然得到女皇的法外开恩，张德心里还是充满着困惑，到底是谁从背后捅刀子的呢？

张德的满腹狐疑，被女皇看得透彻，她顺手向他掷来一份奏表。张德拾起一看，刹那间，脑袋因为气愤涨得像猪头。告密的，竟是那晚的座上宾——杜肃。原来那晚宴席之后，杜肃就连夜上了道折子，举报张德为庆贺生了儿子，违背皇命，私下屠宰牲畜。杜肃挺有心机的，为了坐实张德的罪行，还附上那晚偷偷带出来的羊肉……

此时，站在百官之间的杜肃，仿佛被人一把扯光了衣服，赤裸裸地暴露在众人面前，脸上可是红青紫三色交替啊。在众人鄙夷的目光中，杜肃恨不得找个地缝钻入进去。“举朝欲唾其面”，口水都能淹死他！

这是什么人啊？小人的经典代表。宴席上，好话说尽，酒足饭饱。一抹嘴后，又是另一张面孔。杜肃这样做，能得到什么呢？按惯例，当然是一本万利。武氏当政，鼓励密告之风，许多人从中尝到了甜头，杜肃也无非是想有样学样，分一杯羹而已。只是他没想到，武则天的口味变了。

杜肃这种人很多，至今未绝。如何防范杜肃们可能给你带来的伤害？谨记女皇那句话吧——“然卿自今召客，亦须择人。”是啊，记得带眼识人。

真替杜肃担心，自此之后还能在大唐政坛上混吗？！其实，我这是杞人忧天，杜肃这类人往往活得很滋润。

陈平“盗嫂”

小心翼翼将官印封好，派人送回项羽。转身看了看，一切均打理妥当，陈平闪身出门，持剑抄小路逃亡，连夜渡过黄河，投奔刘邦去也。

陈平的到来，让刘邦如获至宝。先是赐予一顿丰盛的酒饭，然后安排他住进高档酒店。酒足饭饱后，陈平美美睡去。一觉醒来，刘邦又隆重举行仪式，授予陈平都尉之职。刘邦还让陈平坐上自己的专车，干什么去？兜风吗？No，而是“曲护军”，也就是负责监督各部的将领。

将领们不干了，纷纷喧哗鼓噪。他们说：“大王一日得楚之亡卒，未知其高下，而即与同载，反使监护长者！”将领们说得有道理啊，不就楚军的一名逃兵吗？初来乍到，不知是骡子是马，还没待拎出来遛遛，就来监督我们这些出生入死、身经百战的将领？！

这些话肯定会传到刘邦耳里，汉王听了这些非议，对陈平的态度会改变吗？没有，而是“闻之，愈益幸平”。刘邦付之一笑，对陈平却是更加宠信。

刘邦对陈平何以如此青眼有加呢？因为陈平是人才！就在送陈平回宾馆休息的路上，刘邦迫不及待与陈平在车上展开对话。陈平的一番对答，让刘邦大为“说之”。陈平有什么高见能让刘邦这样高兴呢？司马光没说，我想肯定与如何夺取天下有关。还有一点确信无疑的是，能使刘邦这个老狐狸“大悦”，证明陈平绝非等闲之辈。

陈平独得专宠，让刘邦团队的许多人感到不痛快。连周勃、灌婴都看不下去了，他们一同找上门并对刘邦发牢骚：“陈平虽美如冠玉，其中未必有也。臣闻平居家时盗其嫂；事魏不容，亡归楚；不中，又亡归汉。今日大王尊官之，令护军。臣闻平受诸将金，金多者得善处，金少者得恶处。平，反覆乱臣也，愿王察之！”

杀伤力够大的！周勃、灌婴给陈平定的罪，概括起来有三宗：一是有违人伦，在家时曾私通嫂子；二是朝三暮四，先事魏，后事楚，现又来降汉；三是滥用权力，收受将领们的贿赂。

三人成虎。周勃、灌婴的一番言辞，让汉王刘邦失去了判断。他只好把当初举荐陈平的魏无知叫来，不问青红皂白，劈头盖脸地责问道：“看看你，给我介绍什么样的人？！”

汉王发火了，魏无知倒很淡定。他回答说，大王，我之所以向您推荐陈平，是看重他的才能，您现在责问我的是他的品行。如今若有人虽像尾生、孝已那样有守信义、重孝顺的品行，却对打天下没什么帮助，大王您将作何选择呢？现在楚汉抗衡，我举荐心怀奇谋异计的人，只考虑他的计策是否对汉王夺取天下有利，至于他私通嫂子、收取贿赂，又有什么值得去计较的呢？

魏无知显然是在狡辩，或者是在推卸责任，识人、用人岂可“一俊遮百丑”！估计刘邦也不认可，于是着人将陈平召来并责问他说：“你事魏王意不相投，事楚王而又离开，如今又来与我交往，守信义的人原来都是这样三心二意的吗？”

静静地听完汉王的“连珠炮”，陈平开腔道：“我事魏王，魏王不采纳我的主张，我才离开去服务项羽；项羽任人唯亲，所任或项姓本家，或他老婆的兄弟，我几无用武之地。听说汉王能用人，所以才来归附您。”那你为什么要收取将领的钱啊？汉王问。唉，怎么说呢？陈平叹口气答道：“我只身一人来到您这里，身无分文，不接受金钱就无法应付日常开销。如果我贡献的计谋确实有用，请汉王采用。如果毫无价值，那么，这些将领送来的金钱还在这儿，我可以把钱送到官府，并请求辞去官职。”

对于陈平这一番话，刘邦有什么反应呢？“乃谢，厚赐，拜为护军中尉，尽护诸军。”这可是真正的升官发财啊，又是“厚赐”，又是“拜为护军中尉”。将领们对此又有什么反应呢？“乃不敢复言。”不敢吭声了。

面对刘邦的诘问，陈平据理力争。关于忠诚度和收受金钱的问题，应该说答得不卑不亢、有理有据。至于是否“盗嫂”，陈平没正面回答。为什么呢？无非是心中有鬼，不足与外人道也。另外，也有一种可能，就是陈平有足够强大的内心，坚信“清者自清，浊者自浊”。

《史记·陈丞相世家》就此也作了记载。陈平与哥嫂同住，但他喜欢读书，不看顾家庭，不从事劳动生产，导致嫂子很讨厌他。嫂子还这样发牢骚：“有这样的小叔子，还不如没有。”其中的口气，透出满满的鄙夷。

司马光果然刀笔精通，关于“盗嫂”，他口风密实，字里行间难寻端倪。《资治通鉴》中的这段记载，也引出一个人才观的问题。谁都不是圣人，总有这样或那样的缺点，领导者用人当用其长、避其短。万事德为先。一个人，若品行不端，愈有才，对社会的破坏力愈大。

小人的杀伤力

“魔高一丈”的石显

小人难缠，智商高的小人破坏力则更大。汉元帝时的中书令石显，恃宠专权，把持朝政，朝中百官恨之切骨。

杀人者必自伤。石显自知罪孽深重，生怕同僚向汉元帝告发检举自己做过的种种伤天害理的事情，于是，他未雨绸缪，心生一计，要给汉元帝心里先打上“预防针”：我石某人对圣上绝对忠诚，若有人进谗言，都是因为他们对我心生妒恨。

一切按计划进行。有一次，石显受命到宫中诸官府，去征集些人力和物资。出发之前，石显故意对汉元帝说：“我出去办完事返宫时，可能会超过规定的时间，那时宫门一定关闭了。到时我可不可以说是奉陛下之命外出办事，请守门人开门呢？”

小事一桩，汉元帝当然点头恩准。

拿到了令箭，石显迈出了第一步。然后“显故投夜还，称诏开门人”。他故意很晚回来，然后借诏命令守门人开门。果然，许多盯住石显的眼睛，如获至宝，赶紧向汉元帝投诉：“石显专擅皇命，假传圣旨，私开宫门。”举报者心想，假传圣旨，罪该当诛，这回够石显喝上一壶了！啊，他不知道，道高一尺，魔高一丈，此举正是石显之所盼。

看完举报信，汉元帝忍不住笑了，还把奏章递给石显看。石显读罢心中大喜，脸上却装作满腹委屈。他流着泪对汉元帝说：“陛下宠爱我，信任我，委任我办事，但没想到却引发这么多人恨我、陷害我，这样的情形可是一而再、再而三地发生了。这样吧，恳请陛下同意我辞去中枢机要职务，只让我负责后宫的清洁洒扫。恳请陛下答应请求，以保全我的性命。”呸，小人！得了便宜还卖乖。

看着石显一把鼻涕一把泪，汉元帝施以无限同情，安慰道：“爱卿好好干，我是信任你的！”石显告退之后，汉元帝还觉得自己的安慰不够分量，又大大地给予石显重赐，这样的赏赐，累计高达一亿多两白银。

石显的桥段很耳熟喔，赵高的指鹿为马，曹操的设计骗老爹等等，这些都是奸诈之辈的代表之作。

要设计出这种隔山打牛式“围魏救赵”，确实耗智商。前将军萧望之德高望重，名望海内。不幸的是，将军蹊跷地死了，对于萧望之的死，当时的舆论都认为是石显逼害的。石显听后，心里也有些怕，怕天下儒生“人肉搜索”，自己招来多方抨击。石显决定再设个“大局”，以扭转这种对自己不利的舆论。这回他把目标锁定为贡禹。

贡禹当时担任谏大夫之职，熟读儒家经典，节操高尚，望重士林。于是，石显经人牵线，与贡禹相识，礼贤下士，用心结交，并多次向汉元帝推荐。不久，贡禹被擢升为九卿，石显对他更是礼遇有加，礼数周详。石显对贡禹的态度的变化，让舆论也发生逆转。从谴责到赞扬，从质疑到肯定，人们共同认为，像石显这样讲礼数的人，绝不会陷害萧望之。

兵来将挡，水来土掩。所有的难题都被石显一一化解。无论是明枪还是暗箭，石显长袖善舞，都让这一切灰飞烟灭。石显继续在政坛上要风得风，要雨得雨，日子过得十分滋润。

唐太宗“远佞人”

孔子曾反复告诫君主要“远佞人”，诸葛亮也提出“亲贤臣，远小人”。但小人无穷无尽，小人脸上没有刻上“小人”二字，叫人难以识辨，让君子常常误入泥淖。况且，要认清石显这种胸有韬略的小人，则难度更大。另一个重要的原因，那就是权力也需要小人，甚至是须臾不能离!

唐太宗李世民之所以能开创贞观气象，被伟人并列为“唐宗宋祖”，与他和小人保持着一定的距离有关。

怀着对一个人品质最大的不屑，人们习惯称其为“小人”。

“小人”到底该如何定义，中国人心中可以说是“仁者见仁，智者见智”。一千个读者心中就有一千个哈姆雷特。孔子在《论语》中，二十多次提到了“小人”。老夫子的“小人”只与“君子”相对，与我们口头常提到的“小人”无论是外延还是内涵上，都无法完全重叠。但我们仍可在一句“你懂的”的心灵感应中，把握对“小人”这一概念上的共同理解。

中国历史上的各色“小人”可以说是不绝于途，不绝于史。历史有多长，小人的存在时间就有多长；历史的脚步走到哪里，小人则如影相随，挥之不去。除上面提到的石显外，还有许多如雷贯耳的名字：赵高、李林甫、杨国忠、秦桧、崔呈秀……这些都是历史上重量级的小人，他们的破坏力足以摧毁帝国的大厦，让历史产生拐点。咱们假设一下，若不是赵高与李斯的沆瀣一气，大秦王朝绝不会仅止于二世；杨国忠独揽朝政，排斥异己，让一代明君唐玄宗黯然于马嵬坡；读书人出身的崔呈秀，为实现个人的政治野心，竟恬不知耻地跪认大宦官魏忠贤为“干爹”，进而为虎作伥，残害忠良，弄得大明政坛乌烟瘴气。

小人们最大的本事就是钻营，削尖脑袋往上爬。就在这庙堂之高，若非常不幸地让小人们有机会触摸到历史的命门，一个政权和千万黎民百姓就会由此陷入万劫不复。

显然，小人是个坏东西。但为什么小人总是春风吹又生，并成为政治舞台上的一号配角，甚至逆转为主角呢？观乎历史，原因大致有二：一是小人前额上没刻有“小人”两字，他们混于普通人间，难以识辨；二是小人所依附的宿主，也即权力，需要小人替自己杀出血路。即便是在承平年代，小人的阿谀奉承，也会像鸦片一样慢慢使人麻木，直至须臾不可离，最后是你中有我，我中有你，成为欲望道上的“孪生兄弟”！

其实，识别小人也不难，关键是善良的人们要有方向感，才能做到任尔东西南北风。想到《资治通鉴》中两段有关唐太宗的记载，至今读来，仍可有深刻的咀嚼。

李世民曾经停靠在一棵树下，仰头而望。但见树干笔直，亭亭如华盖，他忍不住称赞道：好树，好树啊！这时，站在一旁的殿中监、郢纵公宇文士及听到皇上如此一说，赶忙凑过来也是啧啧称赞不已：确实是棵好树！李世民闻此附和，立马声色俱厉地斥道：“魏徵常劝我远佞人，我不知佞人为谁，意疑是汝，今果不谬！”魏徵常劝我要远离小人，我还不知道指的是谁，也怀疑过你，今日一见，果然不错！宇文士及一听，吓得要命，腿一软，磕头谢罪吧！

代州都督刘兰成被告谋反，后被处以腰斩。右武侯将军丘行恭取出刘兰成的心肝吃掉，以表对李家政权的忠心。唐太宗听说后责备他说："刘兰成谋反，国家有规定的刑罚处置他，你何至于如此！如果以此来表示忠孝，那也应该是太子和诸亲王先吃，岂能轮到你呢？"丘行恭听罢，惭愧不已。宇文士及试图以言语的迎合，换取唐太宗的欢心；丘行恭则用超难度的残忍，向唐太宗表示忠诚。可惜，他们在李世民面前都露了馅儿，不仅没得到表扬，还惹了一身骚。诸葛亮在《出师表》中以近似唠叨的口吻，反复叮嘱刘禅要"亲贤臣，远小人"，刘禅做不到，后人能做到的也不多。

"尝粪溜须"的两只"麻雀"

历史上的小人可谓不绝于途。再来看看下面的两只"麻雀"：郭霸与丁谓。

话说宁陵县丞郭霸用谄谀手段得到了太后的宠信，被授官监察御史。能坐到这个位置，那就意味着进了圈子，"往来无白丁"了。郭霸也就这样整天在长安政坛上结交人脉。有一天，他听说中丞魏元忠生病卧床在家，他马上拎着一堆燕窝、鲍鱼等贵重物品前往魏府探视。

这样的慰问我是可以接受的，人之常情嘛，中国毕竟是个人情社会。但是，他接下来的动作则让人瞠目结舌了。

"因尝其粪"。啊，呸！郭霸竟然亲口舔尝魏元忠的大便，咂吧一番之后，脸上还显得喜滋滋的。按理说，已是监察御史的郭霸，何以如此贱格呢？且看他自己的说法："大夫粪甘则可忧。今苦，无伤也。"意思是说，恭喜您了魏中丞，尝过之后，感到您的排泄物是苦的，那说明身体没有大碍；如果是甜的话，那就足以让人忧虑了！

这是什么理论？难道是源自伟大的《黄帝内经》吗？

可惜，人家魏元忠"大恶之"，且"遇人辄告之"。连谄媚的对象都觉得太恶心了，逢人即说起这件事，提醒善良的人们，你郭霸是阿谀奉承之徒，是那种相当贱格的小人！

忍不住想问一句：如果郭霸父亲生病了，他这个做儿子的，会不会也来个“因尝其粪”呢？

这样的无耻之尤竟然不少！想起“溜须”这个典故的主角之一、与司马光同朝为官的丁谓。想当初，丁谓这人还是很有才的，朝中重臣寇准力荐其进入朝廷中枢。因此，丁谓对寇准极为恭敬，以寇准的门生自居。有一次，他和寇准等朝臣在宰相办公室吃饭，寇准喝汤时不小心淋脏了胡须，丁谓立刻站了起来，用手绢轻轻地将寇准的胡须揩干净。寇准开玩笑说道：“作为参政，已是国家的大臣，还要为长官揩胡须吗？”丁谓听后大窘，“溜须”从此便成为阿谀媚上的同义词。但丁谓们也只是前恭后倨，这类人往往“一旦权在手，便把令来行”。宋真宗时，丁谓纠集另一位参知政事，迎合帝意，大搞“封禅”并排斥、反对恩师寇准，使其罢相。不久，又把寇准贬到雷州去当司户参军。

恶有恶报。不久宋真宗驾崩，宋仁宗接位，刘太后垂帘听政，丁谓因经营宋真宗陵墓不力而获罪罢相，也被贬往海南。

贬谪途中，丁谓路经雷州，寇准知道后，特地烤了一只东山羊，派人在丁谓必经的路口等着，以此犒劳曾经的故属的一路舟车劳顿。丁谓很感动，美餐一顿之后，提出想见见老领导，被寇准婉言拒绝了。寇准的家僮想到自己主人被发配南蛮之地，一切都是丁谓捣的鬼，所以暗地里商量要教训一下他。寇准知道后，赶紧锁了大门，家僮因此不得外出。直到丁谓已经走远后，寇准这才打开大门。

君子就是君子，他们的器识与风度，小人怎能学得来呢？

拍错马屁的达奚珣

唐玄宗时的礼部侍郎达奚珣有心做小人，却拍到马腿上。他的铩羽而归，再次说明做小人也要有足够的智慧。

权力对人的诱惑很大，权力可以实现自己的人生价值，更可以为百姓做些好事，但如果私心过重，也会给权力的主人带来烦恼。

杨暄是宰相杨国忠的儿子。或许是整天的锦衣玉食让他感到日子有些无聊无趣，有一天，他头脑一热，向老爸吵着要参加明经科的考试（汉朝出现的选举官员的科目，被推荐者须明习经学，故以“明经”为名）。这些“官二代”也真是的，该吃则吃，该喝则喝，好好在家里待着就是，出来捣什么乱嘛，不是为难人吗？

好吧，只好安排杨暄考试。考试下来，果然因“学业荒陋”，分数没能及格。

一般人考不及格也就罢了，但杨暄不是一般人，谁叫他是杨国忠的儿子呢？礼部侍郎、也即本场考试的主考官达奚珣深知他的力量，得罪不起啊。为此，达奚珣伤透了脑筋，如何公布结果呢？躲在自己的书房里，达奚珣急得像热锅上的蚂蚁，烦得团团转。

你能理解达奚珣的难处吗？一人得道，鸡犬升天。杨暄的老爸杨国忠，是杨玉环的堂兄，因为沾了妹妹的光，也早已高高“升天”，成为唐玄宗“最心腹”的大臣。除了担任宰相外，还兼文部尚书等职务，这还只是冰山一角。他兼了许多职务，总共有四十多个。只要他的脚跺一跺，偌大的长安城也要抖三抖。

这并不是说杨国忠的能力有多强，而是“你懂的”。人们怕他，倒也不仅是因为他的众多兼职，而是因为他的脾气。司马光在《资治通鉴》中说他“为人强辩而轻躁，无威仪”。说杨国忠作为朝中重臣，处事争强好胜，性情浮躁，却没有威严的仪表。但谁会认为自己不行呢？杨国忠自认为大权在握，权大能力就强，在处理国家军政大事时，刚愎自用，草率从事。更搞笑的是，堂堂宰相，有时还在朝廷上捋起袖子，对王公大臣颐指气使，以致人人惊恐，对他稍有不听话者，“皆出之”，即贬为地方官，有些更惨，掉脑袋，株连全家。

终于明白了吧，为什么说杨暄参加这次考试对达主考而言是块“烫手山芋”。考虑了很久，主考官达奚珣自以为想出了一条妙计，他决定让儿子、昭应县尉达奚抚主动把结果告诉杨国忠。达县尉对老爸的话言听计从，一早就等候在杨国忠上朝必经的路旁。

远远地看到杨宰相骑着高头大马来了，达公子踩着碎步，赶紧靠了上去。通报姓名后，杨国忠心想达公子的到来，肯定与儿子考试有关，他莫非是提前来报喜？于是脸上不禁面露喜色。但达公子告诉他这样的消息：“我家大人让我告诉宰相大人，您家郎君的答案不符合程式，没有考中，但也不敢让他落选。”

达奚珣真是用心良苦，不就是想卖个人情吗？让自己儿子来的目的，就是让他混个脸熟，求得宰相对自己儿子未来前程的关照。说穿了，是另一种变相的贿赂，或者说权力的交换。

达公子说完这番话，满脸期待杨宰相的表扬，孰料，等到的却是一顿劈头盖脸的臭骂：“我子何患不富贵，乃令鼠辈相卖！”看来，宰相大人对自己的儿子还是信心满满的——我儿子何愁不能富贵，而让你们这些鼠辈人物来卖弄！

一番劈头盖脸，吓得小达落荒而逃。回到家后对老爸说，杨国忠依恃权势，口出狂言，实在使人叹息，怎么能够与他论是非曲直呢！达奚珣一听，脸色大变，大声呵斥道：小屁孩，懂什么？！

本想送个人情，别人不买账也就罢了，还可能给自己和儿子未来的仕途埋下隐患，想到这些，达奚珣有点不寒而栗。但又有什么办法呢，毕竟胳膊扭不过大腿，他最终还得将杨公子列入优等。摇身一变，杨暄和达奚珣同朝为官，而且还后来居上，等到杨暄做了户部侍郎，达奚珣才从礼部侍郎升为吏部侍郎，但杨暄对自己升官的速度还是不满意，常与人抱怨自己晋升太慢，达奚珣升得太快。

真没道理！达奚珣心里狠狠地骂道。他也想找人诉诉苦，发泄一下，可是找谁呢？这秘密还是烂在肚里好了。唉，封建官场上的事，哪来的道理呢？

唐太宗的“钓鱼式执法”

李世民从老爸李渊手里抢过天下后，一心想有所作为。有感于前朝的“其兴也勃焉，其亡也忽焉”，他决心从大力整饬吏治入手，再造良好的官场生态。

严禁收受贿赂成为专项整治工程的第一把火。在多个场合，他反复告诫官员要洁身自好，爱惜羽毛，千万不要撞在枪口上。尽管已三令五申，他还是担心官员不听话，阳奉阴违。毕竟，收受贿赂有时就是“天知、地知、你知、我知”的事。这样想着，久而久之，便成了李世民的心病。

如何检测官员的廉洁度呢？自以为聪明的李世民绞尽脑汁后终于想出一条妙计——采用“钓鱼式执法”。于是，他找来几个心腹，要他们提着一大摞银子和财物，主动到一些官员家上门试探。

果然有人上钩。刑部下属的一位司门令史不明就里，欣欣然笑纳了一匹绢帛。唐太宗收到信息反馈后，十分震怒。早已三令五申，尔等就是不听！李世民马上命人将其收监，并准备处以死刑。

民部尚书裴矩了解原委后，觉得唐太宗身为天子不够厚道，这不是挖好坑让人跳吗？当即进宫，和李世民理论，并不惜争个面红耳赤："当官的接受贿赂，罪当处死；但陛下派人送上门让其接受，这是有意让他触犯法律，这种做法好像不符合孔子所倡导的'道之以德，齐之以礼'的古训。"

唐太宗作为一代明主，窃以为最成功之处就是从谏如流，能听进反对的声音。果然，裴矩的一席话，让他冷静下来，不但不以为忤，反而十分高兴。他马上召集文武百官，当场对裴矩大加褒扬，并语重心长地对群臣说道："傥每事皆然，何忧不治！"凡事关国计民生的问题，如果都能像裴矩那样敢于当面谏诤，国家怎么能治理不好呢？！言毕，他马上命人将这位司门令史无罪释放。

接下来的这个故事同样耐人寻味。

有一位大臣，上书唐太宗请求"清君侧"。唐太宗对他说，谁是奸佞之人啊，他脸上又没有刻上字？！这位大臣答道，这好办啊，陛下可以就某件事假装恼怒进行试探，那些敢于坚持己见、不屈服于压力的，便是耿直的忠臣；反之，畏惧皇威顺从旨意的，便是奸佞之人。

又是"钓鱼式执法"！这位上书的大臣是不是脑袋进水？这种非此即彼的机械式选择就能判断真伪？唐太宗心里也觉得甚是好笑，但为了保护臣下进谏的积极性，唐太宗予以否定的口吻十分婉转。他说，君主是水的源头，大臣是水的支流。混浊了源头而去希冀支流的清澈，这可能吗？君主自己先行做假使诈，又怎么能要求臣下耿直呢？

从主张"钓鱼式执法"到反对"钓鱼式执法"，一步之遥，可一窥李世民作为旷代明君的政治素养与云水襟怀，也可以从云蒸霞蔚的"贞观之治"中，寻找到开创这种气象的某种因果。

“钓鱼式执法”非李世民首创，他是向隋文帝学的。杨坚“性猜忌”，生性多疑。疑在何处，有何表现？

《资治通鉴》说他“恒令左右觇视内外，有过失则加以重罪”。这手段有点“下三滥”，为防范朝臣，杨坚竟派出近臣心腹，四处窥视刺探内外百官，一旦发现其中犯有过失，立即治以重罪。

隋文帝实行“有罪推定”，在他眼里，满朝文武就没一个好人，凡官必贪，都是贪官污吏，特别是那些掌管钱物的令史。但是，贪墨者脸上又没写有“贪污受贿”字样，怎样才能分辨出良莠善恶呢？

这难不倒他，隋文帝来了个“钓鱼执法”，具体做法是“私使人以钱帛遗之”。就是暗地里安排人拿着钱财去行贿试探。如果行贿对象胆敢收受，则立即予以处死。

杨坚颇为自信。他觉得自己之所以能获得大位，靠的是过人的智慧，以及对法律制度的烂熟于心。自信本是好品性，但他的这种自信，对臣工而言有时可能是灾难。举个例子吧，隋文帝喜欢以目测人，只要觉得臣下稍微有异，不入他的法眼，不管官秩高低，即喝令左右在朝堂殿庭中进行杖打。一天之内，“享用”这种家法的多达三四个人。有一次，他看到一个行刑者在行使杖责时下手较轻，顿时龙颜大怒，马上命人将行刑者推出斩首。

尚书左仆射高颎、治书侍御史柳彧等人进言规谏，他俩对隋文帝说：“朝堂非杀人之所，殿庭非决罚之地。”说的也是啊，朝堂之上，怎能成为判决他人有罪和杀人行刑的地方呢？！隋文帝不吭声，转头问站在一旁的领左右都督田元道：“我的杖刑很重吗？”田元如实回答：“是的，很重！”“你说说，怎么重了？”隋文帝再问道，口气显得有些不满。田元举起手回答说：“陛下的杖具如此粗壮，捶打三十下，与普通杖具捶打数百下相若，都是血肉之躯，怎能承受？所以受刑的人多数熬不过被打死。”

“上不怿。”隋文帝听后非常不高兴，但想了想，为不违众意，他还是命人将殿内的杖具撤去，并且规定以后凡有过失者，全部交予主管司法的有关部门执行。

看来隋文帝还真有从善如流的雅量，虽然有些不情愿。但没多久，杨坚又故态复萌，又在殿堂内屡屡弄出人命。楚州行参军李君才上奏说：“皇上，您对高颎过于宠信了！”我对谁好，关你屁事！李君才的话好像踩到了隋文帝的尾巴，又是大怒，并命令用杖责打李君才。这殿堂上的杖具不是撤掉了吗？一时找不到刑具，隋文帝着令改用马鞭抽打，李君才因此被活活打死。处理完斑斑血迹后，杨坚又要求重新在堂内设置杖具。

没过几天，隋文帝又在殿堂上杖死一位臣工。兵部侍郎冯基实在看不下去了，抱着必死之心，对隋文帝苦苦劝谏，杨坚不但根本不听，反而厉声叱责冯基道：“你是否想造反？！”冯基被吓得六神无主，哑哑无语。

事后不久，隋文帝好像有些良心发现，觉得自己过了些，心中暗生悔意，作为弥补，他亲赴冯基家予以慰问。从冯家回銮途中，杨坚又突然对那些文武百官心生恼恨。自己在咆哮公堂、大为失态时，为什么只有冯基对我进行劝谏，其他大臣在等着看我笑话吗？这些人，哼哼，到底安的是什么心？活该打屁股！

跟着这样的主子，长有一百个脑袋也不够用啊！

“兵家”崔履行

树倒猢狲散。

路州县各守官眼看杨广气数已尽，想得最多的是赶紧另谋出路。有的反戈一击，举起白旗向义军投降；有的不战而退，弃城逃跑；有的则干脆拉起一支人马，另立“中央”，与杨广政权彻底切割。

最意气风发的当属窦建德。此时的他，麾下武将如云、兵强马壮，是反杨广的一支强大力量。窦建德本人也是骁勇无比，兵锋所指，几乎无可抵挡。残余的政府军，和他稍一交锋，便是兵败如山倒，溃不成军。这不，就在短短的几天里，易州、定州的政府守军就先后向窦建德投降。

然而，就在这一路的告捷中，窦建德在冀州，却碰到了一个“钉子户”，屡攻不下，让他气恼不已。

这个“钉子户”，就是冀州刺史，叫麴稜。

麴稜胆子为何如此肥呢？倒不是他有多么忠诚于杨广，而是因为他的女婿崔履行。他这位乘龙快婿可不是凡夫俗子。他号称功力非凡，手有奇术。他对老丈人说，不用怕，小婿可以让进攻的敌人不战而败。虽从没亲眼见过女婿的功力，但麴稜却是深信不疑。

没几天，窦建德的军队又再次像潮水般涌向冀州。站在城垛上，看到城墙下黑压压一片的窦军，麴稜再也沉不住气了，急得如热锅上的蚂蚁，忙不迭地吩咐女婿施展法力，快点将敌人击退。泰山急得跳脚，崔履行却颇沉得住气，他不慌不忙地站了起来，对麴稜说道：“岳父大人，无需忧虑，且看小婿的！”

言华，崔履行命令守城的兵士静静坐下，不得随意出击作战，如有违令，立即斩首。看着众人疑惑的眼光，崔履行神秘一笑，说：“放心吧，贼人即使登上了城墙，你们也不用害怕，我能让贼人自己把自己绑起来。”说完，他站起身来，找了几个士兵，一起动手在城墙上搭了个土坛。

干什么用啊？面对众人的满腹狐疑，崔履行仍是神秘兮兮的，故意不揭盅，面对岳丈的心急火燎，只说了句：“岳父大人，别急，到了晚上，您就知道一切了！”

夜幕终于降临，在众人的期待中，崔履行走上土坛，并在旁边设置符策进行祈祷。一番念念有词后，他又穿上丧服，拄竹竿登上北城，面对城外黑压压的敌人放声恸哭。

如此折腾还不够，崔履行又命人找来几名妇女，分别爬上城墙四角。干吗来着？他要这几位女人面向敌人不断抖动裙子，试图以女人之“邪”制敌人之“邪”！

女婿富有创意的瞎折腾，显然没能阻挡住窦建德的汹涌进攻。麴稜眼看不妙，此时才意识到女婿靠不住，救命还得靠自己。于是，他亲自率领一拨军士前去御敌。崔履行一看急了，您老这不是坏了我的作法吗？他立马跳将出来，不顾一切用身子挡住军士去路。就在翁婿推推搡搡间，窦建德的部队已翻过城墙。

就这样，麴稜和他的女婿一块成了俘虏。

已是阶下囚的崔履行，好像还沉湎于法术的虚幻中，手舞足蹈，或笑或哭。窦建德和他的兵士见状，忍俊不禁，最后笑成一团。

对麴稜的负隅顽抗，窦建德觉得他还是很勇敢的，表扬他说：“你是忠臣！”不仅不杀他，窦建德还“厚礼之，以为内史令”。嘿，麴稜又当官了，做了个内史令。

好笑吗？ 一千三百年后我们还在继续。大清将领杨芳在领兵抗击入侵的英军时，用兵之道与崔履行如出一辙。

历史总是惊人地相似。

当时，听说前锋主将是湖南提督杨芳时，准备依恃坚船利炮闯入广州城的英军，心里还真的是暗吸了几口凉气。

侵略者的惊惧，证明杨芳并非浪得虚名。清朝末年，起义的浪潮风起云涌。行伍出身的杨芳是清廷悍将，在镇压白莲教中立下汗马功劳，尤在平定张格尔叛乱中，一战成名，被封为果勇侯。

正因为他的果敢、勇武，道光皇帝对杨芳也寄予厚望。1841年7月，道光帝遣他南下广州，希望他与入侵的英军来个巅峰对决。

抵达广州后，“所在欢呼不绝，官亦群倚为长城”。看来百姓也把他当作大救星。杨芳马不停蹄，四处视察防务。此时，他站在城墙上，已可以看见英舰的桅杆了，强敌在前。

杨芳自有退敌妙计。他令地方官四处收集妇女使用过的便桶，并纸扎了N多个草人。一切准备妥当，杨芳下令将这些便桶和草人，分批放在木筏上，趁着退潮，让满载着这些“秘密武器”的小筏，浩浩荡荡朝英舰漂去。

这一招愚昧至极，贻笑天下，杨芳自以为是的妙计当然不能阻挡侵略者的长驱直入。很快，英军不费吹灰之力，就稳稳当当地占据了广州城。

那么，杨芳何以如此胸有成竹呢？他是这样对手下说的：“夷炮恒中我，而我不能中夷。我居实地，而夷在风波摇荡中。主客如此，安能操券若此，必有邪教善术者伏其内。”

“以邪制夷”、“以邪制邪”，这就是杨芳打仗的所有理论基础。如此，又焉能不败？！

在精神上夜郎自大，在政策上闭关锁国。朝廷上下，或颟顸，或推诿，或敷衍，一国之内尽是颓废之象。还是刘光第说得精准：一切政事皆系苟安目前，敷弄了局，大臣偷安旦夕，持禄养交。小臣斗巧钻营，便私阿上。

晚清衮衮诸公大抵如此。但黑压压的屋子里，也有几个明白人。比如民族英雄林则徐，他就愿以理性的目光打量天朝以外的世界，被称为“开眼看世界的第一人”。

但他的国际视野也是颇有局限，盲点丛丛。鸦片战争之前，面对英国政府照会的威胁，道光皇帝还是蛮紧张的。林则徐安慰道：不用怕，我可一招制胜。

他有什么好招呢？林则徐说，我大清不跟他们做生意！这些鬼佬天天吃肉，肚子里的肥油太多，若不把茶叶卖给他们，这些鬼佬会因没茶喝，导致肥油排泄不出，只有束手待毙，到时自然就没法打仗了。

林大人是否有点天真呢？他还有其他秘密的发现，也告诉了道光：鬼佬只是船比我们强，但到了岸上，因“浑身裹缠，腰腿僵硬”，跌倒后就再不能起来，哈哈，到时我们就可“九个手指拾田螺”了。

道光皇帝经此一说，也就深信不疑。于是，道光下诏宣战。结果？你懂的啦！

与林大人持相同观点的朝中文武还不少。另一位民族英雄、两江总督裕谦也给道光皇帝打气。他列举的理由有：英军大老远来，粮草供不上；英国民贫，没有敌忾之心；敌舰虽烈，但不能仰攻；敌舰笨重，到了水浅处，转动万难；还有，那些夷人不服水土，易染疫病，死亡相继……如此种种，裕谦给出的“定心丸”是：该夷犯诸种大忌，其败可立而待。

结果怎样？兵败之后，裕谦投水自尽，以身殉国。

一百多年过去了，读到这些文字时，除为这些民族英雄掬一把泪之外，心中更多的是为这种种愚昧而悲哀。

大道必进，后胜于今。现在的人们又该如何“视接千载，汇通中西”呢？

君臣之密

以下故事值得一读，特别是职场中人。

王毛仲是唐玄宗的禁军首领，身处要津，位置险峻。唐玄宗对他非常信任，《资治通鉴》中的评价是“言无不从”。因为这份专宠，羽林军中的各位将领大多都依附他，一切行动只听他的指挥。

尾大不掉。日益坐大的王毛仲独断专横、飞扬跋扈，反而成了唐玄宗人身安全最大的威胁。唐玄宗有些睡不踏实了，一直想找机会对他下手，只是念其追随多年，心有不忍，况且一时半会也找不到合适的下手机会。

不久，机会来了。

王毛仲女儿适龄出嫁，与他结成儿女亲家的是主管禁军的龙武将军葛福顺。两者间的强强联合，让唐玄宗晚上更加睡得不踏实，还屡做噩梦。

世上有一种人，闲坐无事，一天到晚在揣摩主子的心思。吏部侍郎齐澣就特别敏感，他从唐玄宗紧蹙的眉宇间看出了道道。终于找了个方便的时机，他向唐玄宗进言："福顺典禁兵，不宜与毛仲为婚。毛仲小人，宠过则生奸，不早为之所，恐成后患。"不能不佩服，齐侍郎目光还是相当犀利的，至少看透了主子的心思，也看到了潜在的危险。唐玄宗一听心花怒放，对齐侍郎说："知卿忠诚，朕徐思其宜。"放心吧，我认真考虑，一定会寻找到妥善的处理办法。

齐侍郎对此备受鼓舞，皇上不但接受了建议，还表扬了自己，说明皇上把我齐澣当自己人。哈哈，老夫将有大把前途！

满心欢喜正准备离宫回家，齐侍郎突然间又好像想起什么，他折回身对唐玄宗小心翼翼道："君不密则失臣，愿陛下密之。"果然是个谨慎的人！这事需要你教我吗？唐玄宗虽心有不悦，但还是安慰齐澣说，放心吧，这事仅限你我间，不会有第三者知道。

于是，齐侍郎心满意足地离宫而去。甫进家门，太太就告诉齐侍郎一条不好的消息：大理丞麻察因犯了错误，被唐玄宗降职另任兴州别驾。齐侍郎听后心情也很郁闷。为什么呢？因为在整个长安官场，上下都知道"澣素与察善"。多年来，麻察是他最好的朋友。唉，朋友一场，如今有难，可惜之外总该表示些什么吧？

这一天，麻大人要离开京城了。老朋友齐侍郎在长安城郊的长亭设宴为他饯行，场面有些悲伤。两杯酒下肚后，老麻泪水齐刷刷地流，不舍得离开长安啊。看到老朋友的伤心太平洋，齐侍郎一激动就说漏了嘴，把在宫中与唐玄宗密商有关王毛仲的话抖了出来。齐澣忘了和皇上的约定，主动泄漏天机，可能有两个目的，一是有种炫耀的成分，在老友面前显摆，无非说明我和圣上很亲密；二是有安慰的可能，看到老友悲伤难掩，想传递一个信息：你放心去吧，我一定找机会在皇上面前帮你说说好话，想办法让你早点回到长安。

遇人不淑啊，没想到老友记麻大人竟是个小人。听完齐侍郎的这番话后，他心里冒出一抹亮光，嗨，天助我也，老子这回可以不用离开长安了，说不定还可以加官晋爵。

背着兴州的方向，麻大人悄悄地打道回府。

第二天，天才麻麻亮，麻大人就迫不及待进宫。甫见万岁，即把老友齐澣饯行时所说的竹筒倒豆子般说与唐玄宗听。这还了得！唐玄宗勃然大怒，立即宣齐澣进宫。可怜的齐澣，本以为有什么好事，正在遐想之际，迎面遭来一通雷霆万钧的斥责："你怀疑我不能保密，却又把事情告诉麻察，你这样难道是保密吗？况且麻察此人素无德行，你难道不知道吗？"

醒悟过来的齐侍郎已吓得面无人色，跪下拼命叩头请罪。老板很生气，后果很严重。是年秋天，唐玄宗把齐澣降为高州良德县丞，麻察则被降为浔州皇化县尉。唐玄宗给他们定的罪名是："交构将相，离间君臣。"

人的内心深处总有块只属于自己的天地，此乃最隐秘之所，即便最好的朋友也未必能全抛一颗心。在说与不说间，一定要拿捏好分寸。未说之前，你是话的主人；说过之后，你就是话的奴仆。

智者不惑郭子仪

有唐一代，众多的王侯将相中，郭子仪是我最喜欢、最佩服的人物之一。

郭子仪对大唐李氏政权有再造之功。他力挽狂澜，先是于公元757年收复长安，平定安史之乱。公元763年，仆固怀恩勾结吐蕃、回纥入侵，长安失陷，又是郭子仪立马横刀，再次将长安收复。两年后，吐蕃、回纥又再蠢蠢欲动勾结内侵，郭子仪单骑驰往泾阳，凭一己之力说退回纥，并将兵击退吐蕃。因此显赫战功，郭子仪被尊称为“尚父”。

在这里不想多谈郭子仪的战功、军功，我倒对他“盛时常作衰时想，上场当念下场时”的人生智慧更感兴趣。

大唐王朝对郭子仪不薄，慷慨地封他为汾阳郡王，并赏赐他无数的田产和豪宅。郭子仪所住的王府就坐落在长安城亲仁里。奇怪的是，王府大门终日敞开，门口不设保安亭，也没有保安人员，任人随意进出，从没人加以盘查、拦阻。

有没有搞错啊，堂堂王府和市集有何分别？！

郭子仪有位老部下将要到基层任职，离开长安之前，专程到王府向首长辞行。他没有登记身份，也没亮什么证件，就昂首径直走进王府。进到府内，眼前所见让这位老部下目瞪口呆，但见郭夫人与女儿正在梳妆打扮，战功赫赫的郭子仪则站在一旁侍候，母女俩一会要他拿个梳子，一会又要他帮忙拿洗发油什么的。郭子仪呢，被指使得忙前忙后，上蹿下跳，但没有半点不耐烦的神色，不知内情的人，还以为母女俩在使唤一个老仆。

这位老部下站在一旁看了半天，然后悄然退下。出来后，将所见当作笑话到处讲与人听。好事不出门，坏事传千里。没多久，这个笑话就传遍了半个长安城。

消息传回郭府，郭子仪的几个儿子脸上有点挂不住，屡番向老爸提出要求，将自家大门关上，不能随意让外人窥探到家中的隐私。

就为这，郭子仪决定召开家庭会议。你们知道我为什么要敞开家里的大门吗？郭子仪问几个儿子。郭家兄弟面面相觑，对老爹的发问答不上话来。告诉你们吧，我不关上大门，任人进出，不是为了沽名钓誉，而是为了保全我们一家的性命。郭子仪语重心长地说。

不至于吧？老爸这样说，孩子们听后大吃一惊，但实在是不明就里。郭子仪解释道，我们家现在承受这么重的皇恩，如果有人瞎猜测，说我们整天关闭大门，不知在家里搞些什么，我们说得清楚吗？再说我带兵多年，难免得罪一些小人，如果他们乘机胡说八道，造谣诬陷，我们一家如何安生？敞开家里的大门，就是表明我们光明磊落，坦坦荡荡啊！

说出这样的理由，当然让人心酸。卸磨杀驴，鸟尽弓藏，这一类的事在那年头还少吗？郭子仪未雨绸缪从最坏处着想，无非是为了保全子孙，保全家人，这是无奈的选择，也是智慧的选择。唉，指挥得了千军万马，可有时就是绕不过小人挖的坑啊！

有一年，有人盗挖了郭子仪父亲的坟墓。中国人讲究慎终追远，被人盗坟既坏了风水，也事关一个家族的荣辱。官府接到报案后马上勘查、搜捕，但最终一无所获。许多人认为是太监鱼朝恩唆使他人干的，因为鱼朝恩一直忌恨郭子仪。唐代宗对此也很关心，有一天郭子仪入朝，唐代宗遂向他了解详情。郭子仪一听天子垂询，即刻痛哭流涕道："我长年带兵，却不能禁止残暴行为，因而许多士兵挖掘别人的坟墓。今天挖到我头上，这是苍天在惩罚我，不关乎人事。"

在这个问题的处理上，郭子仪表现出的理性让人钦佩。是啊，谁能证明是鱼朝恩唆使他人干的呢？况且，鱼朝恩这人因拥戴有功，圣眷正隆，被封为冯翊郡公。如果郭子仪因此私事而与他撕破脸皮，后果甚难预料，明智的只好隐忍不发。还有一次，鱼朝恩不知道出于哪一搭，突然邀请郭子仪同游章敬寺。有人听说后，私下里告诉郭子仪，说鱼朝恩可能趁机对他下毒手，提醒郭子仪要多带些随从以备万一。郭子仪不置可否，那天只带了几个家僮前往。鱼朝恩前来迎接时，看见郭子仪轻车简从，十分惊讶。郭子仪将缘由坦诚相告，并表示说，如果鱼大人真有心杀自己，这样可为您省却更多的麻烦，所以只带几名随从。鱼朝恩听罢，捶胸顿足、痛哭流涕地对郭子仪说："非公长者，能无疑乎！"如果不是你这样的宽厚长者，怎么能不起疑心呢！不可一世的鱼朝恩彻底膺服于郭子仪。

由此观之，郭子仪除了智慧之外，剩下的就是胆识。对了，还有宽广的胸襟。以下一个例子，又可以看到郭子仪的远见。

话说有一回，郭子仪生病在家卧床休息，有位叫卢杞的官员登门探望。郭子仪听说后，马上命所有女眷一律回避，谁也不准出来，自己单独在书房和卢杞交谈了很久。

待卢杞走后，女眷们很好奇，问为什么要回避，卢杞只不过是四品官而已。郭子仪告诉她们，卢杞现在虽然官小，但此人很有才干，假以时日必定有很好的前途。可惜的是，此人心胸狭窄，又长得丑，半边脸是青的。你们女人家爱笑，如果看到他这种长相，可能会忍不住发笑。这一笑，他会以为是在嘲笑，说不定就埋下祸根，他日一旦得志，当睚眦必报。

果然，卢杞后来做了宰相。一旦权在手，便把令来使。卢宰相将权力玩弄于股掌之间，玩到了极致，害了许多人，大书法家颜真卿就是被他玩死的。郭子仪有位孙女婿也曾落到他手里，一度被整得死去活来，但最终还是保住了小命，多少还算是给了郭子仪一点面子。卢杞其人后被写进了《唐史·奸臣传》。

郭子仪活到八十五岁，后人中多有做大官者。他功盖天下而主不疑，位极人臣而众不嫉。郭子仪所有人生智慧简而言之就是一句话：小心驶得万年船。

床头吵架床尾和。这话说的是夫妻间的矛盾。在处理儿子郭暧两公婆的吵架这事上，也足见郭子仪的谨慎。这份谨慎一样体现了他无奈的生存智慧。

因对李唐政权有再造之功，唐代宗心里有数。作为一种恩宠和回报，他来了个内部“和亲”，主动和郭子仪结为亲家，将女儿升平公主下嫁给郭子仪的儿子郭暧。

和当朝天子结儿女亲家，并不全是大光门楣之事，因为家庭的琐事如果稍微处理不慎，原本平常夫妻间的拌嘴，或者因柴米油盐酱醋茶引发的家庭争吵，很可能升级为帝国的政治风波。

居家过日子，总会有矛盾，就像牙齿免不了磕上舌头。这不，有一次因家庭小事，郭暧让升平公主心里不痛快，双方发生了口角。争吵中，郭公子口不择言，竟指着升平公主的鼻子大骂：“汝倚乃父为天子邪！我父薄天子不为！”哇，说这样大逆不道的话，这不是找死吗？小郭骂公主老婆道，你是狗仗人势，倚仗你父亲是天子，才敢在我面前张牙舞爪。你知道不，我老爸郭子仪才不屑于做什么天子，否则……

否则怎么样？说呀，说呀！这可是谋逆之罪，郭暧自知失言，吓得赶紧闭上嘴。这下让升平公主抓到把柄了，于是，她不依不饶，最后竟气愤冲出家门，飞奔回到皇宫的娘家，告御状去了！

升平公主哭得梨花带雨，唐代宗则坐在一旁怀着慈爱的眼神，平静地听完女儿的哭诉。待女儿安静下来，才轻声劝说道：“此非汝所知。彼诚如是，使彼欲为天子，天下岂汝家所有邪！”孩子啊，这你就不知道了，你老公说的可是大实话，如果你家公果真想做天子的话，天下可能真的就不是咱家的了。

身为天子，唐代宗可不是瞎说。安史之乱后，郭子仪率军勤王，收复河北、河东，后又收复西京长安和东都洛阳。几年之后，仆固怀安勾结吐蕃、回纥入侵，长安再度陷落。国难思良将。郭子仪又再次受命却敌，成功收复了帝都长安。郭子仪的英勇善战、出生入死，成为一代传奇。

国之干城，居功厥伟。与大唐的国运相比，女儿受的这点委屈算什么呢？！女儿，乖乖听话，还是早点回到夫家去吧！一番安慰之后，唐代宗委婉地下了“逐客令”。

这边厢，郭子仪回家听说后，深感大祸临头，这可是诛灭九族的罪啊！他赶紧将儿子郭暧囚禁起来，自己则三步并着两步入朝向皇上亲家叩头请罪。唐代宗是位开明的父亲，也是位开明的亲家。他扶起郭子仪安慰道：“有一句俗话说：‘不痴不聋，不作家翁。’儿女闺房中的话，何必当真呢？”

亲家的一席话，说得郭子仪老泪纵横，赶紧谢恩回去。返到家来，马上找来一根大棒，捶打郭暧数十下。

小题没有大做。唉，在权力的老虎面前，由不得你不慎重。

张说的回答

张昌宗是武则天晚年最宠爱的“面首”之一。因为这份极宠，张昌宗飞扬跋扈，不可一世，真可谓是“一人之下，万人之上”。满朝文武对他或阿谀奉承、百般夤附；或视若瘟神，唯恐避之不及。但也有例外，左台大夫、同凤阁鸾台三品魏元忠反而屡屡与“面首张”过不去。奇怪的是，尽管张昌宗被气得跳脚，并在天后面前劲吹“枕头风”，武则天听后，也只是面露不悦，从没责备过魏元忠。

女皇这种不明朗的态度，让张昌宗感到潜藏的某种危机，也因此对魏元忠更加痛恨，必欲除之而后快。

一段时间后，武则天生病了，御医开出了多个方子，但服后没有奏效，张昌宗害怕了，他怕武氏万一去世，自己会被魏元忠杀掉。还是先下手为强吧，趁着女皇清醒，张昌宗诬陷魏元忠和司礼高戬曾有密谋："太后老矣，不若挟太子为久长。"这句谗言的设计还是很有技术含量的，恰好戳到了女皇的痛处。她当然很生气，后果也就很严重，下令将魏元忠、高戬逮捕入狱。面对飞来的"莫须有"罪名，魏、高两人当然是矢口否认。

我要让你们俩心服口服！亏女皇想得出，她要在朝堂之上搞个辩论赛，题目是：魏、高两人到底有没有说过这样大不敬的话？辩手是魏元忠、高戬PK张昌宗。

张昌宗一听即刻蔫了，除了一张俊俏的脸外，他还有什么？他能说得过魏、高吗？何况，他本身还是做贼心虚呢？

怎么办？怎么办？如热锅上的蚂蚁的张昌宗还是想到了一个办法，他私下里找到凤阁舍人张说，用"高官厚禄+威逼利诱"要他出庭作证，检举、证明魏、高说过这样的话。

蹙眉思考了半晌，张说答应了。

第二天，武则天安排了太子李显、相王李旦以及诸位宰相做评委，让魏、高与张三人当堂对质。堂上，攻守双方各不相让，尽管张昌宗屡有破绽，但众评委包括女皇仍难以作出决断。胶着间，张昌宗扔出杀手锏："张说闻元忠言，请召问之。"

张说应召入朝。朝堂上武则天要他作证，他没有马上回答。一旁的张昌宗自觉稳操胜券，颐指气使地催促张说，要他赶快作证。张说乜他一眼，终于开腔了，他说道："陛下视之，在陛下前，犹逼臣如是，况在外乎！臣今对广朝，不敢不以实对。臣实不闻元忠有是言，但昌宗逼臣使诬证之耳！"

怎么回事？张昌宗一听懵了，不是说好了的吗？显然这不是他所要的答案，也不是武氏所要的答案。毕竟，已显老态的武氏，舍不得张昌宗这剂营养剂。气急败坏的张昌宗"遽呼曰：'张说与魏元忠同反！'"武则天还真信了男朋友，即刻将张说与魏、高一同下狱。武氏不死心，后来又一次召见张说，要他力挺张昌宗，但武氏又一次失望了，"说对如前"。张说的回答没有两样。

武则天还是要为男朋友出口恶气，下旨将魏、高或贬职或流放。张说呢，也没什么好果子吃，被贬谪到岭南。一开始，张说就知道忤逆“面首张”的结局，但他仍是铜打铁铸，一往无前。读到这种选择与气概，张说的高尚仿佛瞬间从厚重的故纸堆里冲天而起，绕梁三日而不绝。

即便是在兵荒马乱、城头大王旗频仍变换的乱世，仍有这样一些人，坚守内心，是孟子“富贵不能淫，贫贱不能移，威武不能屈”的坚定践行者，尽管时过境迁，但仍给后人留下一个高大的背影。

有张说，还有崔沂。

两千多年的封建长夜，中国人得以祥和安定的日子很短很短。屈指算来不就那几段吗？文景之治、光武中兴、贞观长歌、开元盛世，还有一个所谓的康乾盛世。这些所谓的太平盛世加起来的所有日子，与板荡的岁月相比，直如一年365天中的一个小时。

“宁做太平犬，不做离世人。”这是先人历经漫漫长夜的煎熬，从心底深处发出的悲鸣。

题外话，扯远了。

话说朱全忠以“禅让”的方式攫取了李唐的天下，建立了后梁政权，一番热闹的朝贺之后，回到都城开封。左金吾大将军寇彦卿因种种原因，没能参加这一盛大的Party。为补心里的这份遗憾，他专程到都城觐见天子。当他前呼后拥走到天津桥时，有一小老百姓躲避不及，惊动了这位大将军的大驾。一般来说，遇到这种情况，斥责两句也就罢了，只要他不是刺客。可是，这位大将军性子火爆，当然也是草菅人命，一把抓住这个可怜的老百姓，甩到桥栏外，活活地把他当场摔死。

毕竟是一条活生生的人命，寇彦卿的暴虐引发汹涌澎湃的指责，一时间为千夫所指。他也觉得闯祸了，只好赶紧进宫向后梁太祖自首请罪。寇彦卿颇有才干，屡建奇功，且长期追随左右，朱全忠对他不忍予以惩罚。于是，他想了一条辙：花钱消灾。老朱要寇彦卿将自己的钱财送给死者家属作为补偿、赎罪。

大事化小，小事化了。本以为此事就这样过去了。没想到，御史司宪崔沂知道后，马上上书弹劾："彦卿杀人阙下，请论如法。"一番话，说得义正词严！在天子脚下杀人，也太过分吧，当依法定罪！

朱全忠也不好说什么，理亏！他只好让寇彦卿自己出来揩屁股，好好作出解释。寇彦卿没有退路，只好找了一个借口："我让随从把他举起放到桥栏外，没想到误伤死去。"护犊心切，朱全忠一听有戏，顺坡下驴要以过失罪定论，然后以商量的眼光看着崔沂。

一般来讲，到这个时候，崔沂应见好就收，否则既得罪了寇彦卿，又得罪了后梁太祖。得罪前者也就罢了，得罪老板那可就不好玩了。但崔沂穷追猛打，口里吐出的仍然是："不！"他奏称："按照法律，以势力指使的人为首，下手的人为从，不能把罪过归于从者。没有争斗却故意殴伤别人，加伤罪一等，不能作为过失看待。"

有理有据，朱全忠听后实在不好再找什么理由来袒护寇彦卿，但又实在不舍得挥泪斩马谡，只好运用皇帝的权力，打个九八折，将寇彦卿降为游击将军、左卫中郎将。

崔沂尽力了，虽然没法做到"杀人者偿命"。尽管如此，寇彦卿的幸福生活的品质被降了等次，于是他对崔沂恨得咬牙，到处扬言："有得崔沂首级者，赏钱一万缗。"崔沂听到后很不服气，马上入宫告御状。朱全忠一听，太不像话了，托人带话给寇彦卿："如果崔沂掉了一根头发，我一定杀了你全家！"朱全忠的话一出，不但镇住了寇彦卿，其他骄横惯了的功臣，从此也稍微收敛了。

一个人有原则不容易，能坚守则更难。夜读《资治通鉴》，白纸黑字，幻成了崔沂鲜活的形象……

官服的颜色

有两句话鼓舞了一代又一代的读书人：一句是“万般皆下品，唯有读书高”，另一句是“学而优则仕”。

两句话虽出自不同的年代，但内在逻辑却浑然一体。中国是一个崇尚权力的社会，历朝历代的读书人，以“悬梁刺股”般自虐式的勤奋，苦读圣贤书，然后努力跻身体制内，获握大小权柄，“颜如玉”、“黄金屋”便唾手可得。

官印是隐性的权力标志，但只能放诸官廨供办公之用。官员的身份及等级，怎样才能让人一目了然呢？总不能逢人便说我是几品几品官吧？！承担这个展示作用的当然是官服，一如现在军队的军装，有多少条杠杠，就可以看出是校官还是将官。关于官服，《资治通鉴》中有段有趣的记载，文字不长，兹录于下：

“八月丙午，诏以‘常服未有差等，自今三品以上服紫，四品、五品服绯，六品、七品服绿，八品服青。妇人从其夫色。’”

没有差别，等级就不好分别。高坐金銮殿上，下面黑压压一片，谁大谁小，看不清！唐太宗有感于此，打算在官服上做文章。公元630年八月十四日这一天，唐太宗专为官员的服装问题下诏，里面有规定：“今后三品以上官员穿紫色衣服，四五品穿大红色，六七品穿绿色，八品穿青色。”官员的太太穿什么颜色呢？李世民对此也做了相应的规定：从其丈夫的颜色。

官员该穿什么衣服，竟要日理万机的李世民亲自决定，足见这事关乎政治伦理和国体，从中可以看到专制皇权的等级森严。当然，这也是维持统治秩序和社会秩序的一种必要，核心是彰显出权力的神圣与不可侵犯。

中国两千多年的封建长夜里，官服在每一个朝代都留有深刻的印记。至高无上的当然是皇帝的冕服。商代和西周时，最高统治者的冕服有了雏形。有关礼仪规定，凡戴冕冠者，必须身着冕服。冕服在质地、颜色和图案上不尽相同，这意味着等级的区别。在最隆重的场合，帝王、君主一般穿绘有十二章纹的冕服，其他的场合，章纹则按重要的程度而相应递减，冕旒的数目也以此类推。诸侯、公卿大夫在随同帝王参加祭祀大典时，冕服所用的章纹，也要随帝王、君主所穿冕服的多少章纹而递减。如帝王、君主用十二章纹，公卿只能用九章。帝王、君主冕冠上如果是十二旒，公爵则九旒，侯七旒，伯五旒，子三旒。帝王、君主若用金的发笄，公卿则用银，其他的官员依次用玉、铜、铁等材质。这样，官员的级别大小，从服装中便可一目了然。

中国的封建政权下，大多由文人掌管国家和地方的管理，所以文官的地位高于武官，特别是在宋朝。上朝时，文武百官分列两厢，文官站左，武官在右。官职上，左丞相比右丞相高，而且文武官员的服饰也不相同。

因为唐太宗的这个诏令，也就从他开始，官服的色彩基本上被定型下来，影响直至清代。唐代的官服比以前任何一个朝代都要漂亮，且自成一体。头上戴的是冕、冠、笄、帻。官袍服用绫做成，以不同颜色、花纹区分等级。除了颜色方面的区别外，还从官服腰间的束带，脚蹬的乌皮六合靴等加以等级强化。在唐朝，鱼即被作为皇室的标志和官员的标志，鱼这一图案被描在官服及束带、鞋靴上，官员的行头由此多了几分斑斓和灵动。

到了明代，官服除了面料本身的纹样外，还分别用方或圆的补子，直接织在料上，胸背各配衬一块。清朝时大同小异，只是先织好补片，再缝到衣服上。明代的文武百官的服装，在唐、宋、元的基础上，更加细致，概括一句就是“穿盘领右衽袍”，穿的是圆盘形的衣领，领子系向身体的右边，官服用沙罗绢织成，袖宽三尺。一品到四品着绯袍，五到七品着青袍，八品、九品着绿袍。

清朝的官服除了满族特有的箭袖、蟒服、披肩、翎领外，还吸纳了千年官服文化的精华，可谓登峰造极，色彩斑斓，而且四季各不相同。清朝官服的外套，在所用的皮毛、顶子材料、翎子眼数目、当胸补子、朝珠数量等方面都有严格的区分，只要稍一打量，官员的级别便了然于胸。

现代社会已没有、也不需要专门设置官服了，但个别官员，身上虽然没穿，心里却一刻也未曾脱下权力的华装。

谥号：一个字，便是一生

万事为小，生死乃大。

中国人讲究“盖棺论定”。现在讲究的是悼词，以前看重的却是谥号。

谥号，是古代君主、诸侯、大臣、后妃等具有一定地位的人死去之后，根据他们的生平事迹与品德修养，评定褒贬而得的。谥号一般用一两个字对一个人的一生做一个概括性的评价。像文、武、明、睿、康、景、庄、宣、懿都是好字眼，惠帝都是些平庸的，如汉惠帝、晋惠帝都是没什么能力的，质帝、冲帝、少帝（后人称呼，不是正式的谥号）、废帝（后人称呼，不是正式的谥号）往往是幼年即位而且早死的，厉、灵、炀都含有否定的意思，哀、思也不是好词，但蕴含着一种同情的意味。

《资治通鉴》中有相关的记载，从中可以看出前人对身后事的认真与执著。

公元672年，高阳郡公许敬宗去世。在讨论他的谥号时，太常博士袁思古评论说："许敬宗将大儿子抛弃在边远地区，将小女儿嫁给夷貊，按照《谥法》'名与实不符称为缪'，请给他以'缪'的谥号。"

袁思古的一番话，让人想起许敬宗曾有的一段不堪。"敬宗尝奏流其子昂于岭南，又以女嫁蛮酋冯盎之子，多纳其货。"这里说了两件事，一是许敬宗曾向皇帝奏请，将他的儿子许昂流放岭南。许敬宗这样做的具体原因不明，或是大义灭亲，在此姑且不论。二是许敬宗将女儿嫁给蛮族首领冯盎的儿子。那年头，中原文化有一种优越感，将女儿嫁与异族且又在南蛮之地，本不是件光彩的事，不像"和亲"那般崇高，更让人诟病的是，许敬宗还趁机多收取了亲家的聘礼。这两件事，一时被同朝为官者讥讽。

袁思古言之凿凿，但许敬宗的孙子太子舍人许彦伯不答应了。他认为这是袁思古以私废公，因为袁、许两家多有私怨。于是，许彦伯上书唐高宗，要求改定别的谥号。

改或不改，引发了百官的广泛议论。王勃的父亲、太常博士王福畤认为，能否准确议定一个人的谥号，关系到千载的荣辱。如果袁思古借机泄私怨是事实，应当依法论罪；反之，则袁思古提议的谥号不应加以更改。

也有人不同意王福畤的观点。户部尚书戴至德对他说，许敬宗在朝廷中有这样高的职位和待遇，怎么能给予"缪"的谥号呢?

王福畤对他的疑问付以一哂，举例说道，从前晋朝司空何曾不仅"忠"而且"孝"，只因为大手大脚，每日饮食耗费万钱，在他死后就给定谥号为"缪"。许敬宗的"忠"和"孝"都不如司空何曾，而饮食女色方面上的耗费却大大超过他，给予"缪"的谥号，应对得起许敬宗了!

双方的意见一时胶着，唐高宗也犯难了，于是下令召集五品以上的官员重新评议。众官七嘴八舌，意见纷呈，最后还是礼部尚书阳思敬有专业知识。他说，《谥法》中规定有了过失能改正的称为“恭”，请给他定谥号为“恭”。唐高宗一听连声赞叹“有才”，当场拍板，接受阳尚书的意见。

古人对身后事够重视吧？给定个谥号，还专门制定《谥法》，可谓郑重其事，有法可依。对许敬宗谥号的争论，也看出了中国人的深厚历史感，人们都想在史册上留个好名声。

谥号中的一个字，便可对一个人的一生作出评判，真觉得汉字的伟大。点横撇捺间，就是一个人一生的历史啊！

君子不可以不慎重！

贾充对此非常慎重。弥留之际想得最多的，不是财产的分配，而是朝廷将给他什么谥号。

法国国王路易十五曾说过一句名言：“在我死后，哪管他洪水滔天！”和他不同的是，中国封建社会的王侯将相，倒是非常在意身后名。

自知时日无多，躺在病床上的鲁公贾充，从表情上可以看出，他似乎还有什么没作最后的交代。时而长叹一声，时而欲言又止，家人多次俯身询问，但贾充报以沉默，一言不发。

晋武帝收到老臣贾充生病的报告后，赶忙派遣皇太子代表自己赴贾府慰问。贾充最初还是报以沉默。在太子的再三探询下，贾充才喘着大气、断断续续说出了自己的心思，原来他是“自忧谥传”。什么意思呢？他忧虑的是，死后朝廷赐他什么谥号，修史者如何写他的历史以及作出怎样的评价。

哦，贾充的历史感很强。

面对贾充渴望的眼神，皇太子因为没有得到皇帝老爹的授权，自然也不好做出什么表态。站在一旁的侄子贾模，怕皇太子难堪，赶紧打圆场，说了一句：“是非久自见，不可掩也！”一个人的是非功过，经一段时间后，自会显现出来，一个人的美德、功勋是不会掩盖得住的。

中国人爱面子，历史感很强，重视死后的评价就是最好的说明。历朝帝王，一旦当国，都会着人修撰《起居注》，记录日常生活和朝政的点点滴滴。皇上或臣子死后，还要议定一个谥号，谥号虽一般只有一个字，但这个字重若千钧，一个字便把一个人的生前种种予以高度浓缩。

给前朝修史，是封建统治者非常乐意做的一项浩大的文化工程，这也是胜利者炫耀式的面子工程。当然，也有人试图从中汲取政权兴衰的历史教训，以永固江山。皇皇二十四史，既是中华民族文化的薪火相传，也深刻体现了中国人的文化性格与心理。中国人对历史的膜拜，使历史在某种程度上充当了宗教。

话题回到贾充身上。

不久后，贾充撒手人寰。他的离世，给亲人和朝廷留下一个难题。贾充的儿子贾黎民死得早，没有后嗣，贾充的妻子郭槐，想以贾充的外孙韩谧作嫡长孙。事情报到朝廷，郎中令韩咸、中尉曹轸谏阻说，礼法中没有让异姓作后代的条文，现在如果这样做了，是让先公在后世受到讥笑而在地下心怀羞愧。双方各执一词，朝廷只好将这一棘手的问题延后。

过了一些日子，郭槐又上表朝廷，并且说这是贾充生前的愿望。死者为大。既然是这样，众大臣也就不好再吭声了，晋武帝也就顺水推舟同意立韩谧作贾充的嫡长孙，还下诏说："功劳不如太宰的，初次封号、没有后代的，都不可以和贾充相比。"下不为例，真是给足了贾充面子。

但皇上的网开一面，并没有形成"舆论一致"。有一天，太常们在议定贾充的谥号时，博士秦秀说，贾充以外孙作嫡长孙，违反了礼法，沉迷于私情，因而败坏了伦常大道。他还引经据典，说从前鄫国以外孙莒公的儿子为后代，《春秋》中如实记载：莒人灭鄫。后果是断绝了父系祖先的祭祀，开了朝廷败坏变乱的根源。他又建议，按照《谥法》的规定，“混淆、毁坏纲纪法度叫作荒”，请求给贾充封谥为荒公。

读书人有时就是古板、迂腐，根本就没有领会到晋武帝的意思，所以秦秀的“掉书袋”没有被晋武帝接纳，朝廷还是决定把贾充的谥号定为“武”。

从贾充的生前担忧到后面他谥号的定夺，窃以为，人还是要有所害怕，有所敬畏。胆子小点，就不敢胡作非为。因为人在做，天在看，历史老人大多数时候还是清醒的。

超级忍者娄师德

一代女皇武则天，牝鸡司晨，君临天下，能入她法眼的人不多，娄师德算是一个。公元693年，女皇下旨，拔擢娄师德为同平章事，也就是宰相。

娄师德何德何能出任“一人之下，万人之上”的宰相之职？无他耳，盖因他的天下无双、超级无敌的“忍功”。

“唾面自干”这个成语你知道吗？说的就是他。

这是一次庄重的兄弟谈话。就在被任命为宰相的那年，娄师德的弟弟也被授任代州刺史。满门标秀，娄家风水不错啊！弟弟将要赴任，当哥哥的肯定要叮嘱几句，传授一些为官之道。

“吾备位宰相，汝复为州牧，荣宠过盛，人所疾也，将何以自免？”是啊，哥哥是宰相，弟弟为州牧，一门双雄，兄弟俩都得到朝廷重用，这不怕别人眼红吗？

怎样才能避开未来可能遭遇到的祸害呢？娄师德的弟弟显然有过考虑，他直身而后下跪答道：“自今虽有人唾某面，某拭之而已，庶不为兄忧。”啧啧，真是有功力，别人的口水都吐到脸上了，还可以做到不慌不忙、不愠不怒，一擦了之，佩服！

弟弟的回答让哥哥感到“愀然”。娄师德对弟弟说道：“这正是我担忧的！人家唾你的脸，是因为恨你，你擦拭，便是违反人家的意愿，不是正好加重人家的怒气吗？”

哥哥如此一说，弟弟的脑子一下子转不过弯来，一脸茫然：哥，我这样做不对吗？应该怎样做才好呢？打虎亲兄弟。娄师德和盘托出自己的独家秘方：“夫唾，不拭自干，当笑而受之。”

上帝啊，这是怎样得来的修养呢？似乎又恍然大悟，中国人“绵羊性格”的源头，盖最早出自于此吧？

太没血性了吧？将书合上，久久也想不透。

看不起娄师德的，还有与他同朝为官的一代名臣狄仁杰。尽管朝廷诸公对娄师德评价甚高，说他“性沉厚宽恕”，但狄仁杰却“意颇轻师德”，且“数挤之于外”。其实，娄师德还有恩于狄仁杰。狄仁杰之所以能入朝为相，就是因为娄师德屡番在武则天面前的鼎力推荐。受人点滴之恩，当涌泉相报啊。狄仁杰啊狄仁杰，你忒不厚道了吧？武则天也为娄师德打抱不平，于是，武则天有一次忍不住直问狄仁杰：“师德有贤能吗？”狄仁杰先后如下作答：

“作为将领能谨慎守卫。”

“我曾与他共事，但在边远地区，是否贤能，臣不知道。”

“不知道他是否善于识别人才，但听说他善于识人。”

听了这些，武则天一声长叹，道出了一个秘密：“朕之知卿，乃师德所荐也，亦可谓知人矣。”

哦，是娄师德推荐了狄仁杰！他还是位做好事不留名的“雷锋”，一名识才、爱才、惜才的伯乐也！

武则天的一声长叹，让狄仁杰大感意外。获知详情后的狄仁杰，怀着深深的愧疚与自责退了出来。回到家后，他对家人说了句：“娄公盛德，我为其所包容久矣，吾不得窥其际也。”浮云遮望眼，我没能力看不到娄师德盛德的边际啊。

狄仁杰对娄师德的“前抑后扬”可以理解。人在仕途，能得他人的伯乐一顾，当是人生之大幸，也当感铭于心。但关于娄师德的“唾面自干”，私下认为，无论是对弟弟千叮万嘱，还是在武则天面前力荐狄公，于娄师德而言并不矛盾，前者是一种自保，武氏当国，重用酷吏，“罗织纷纭”，唯谨言慎行才能得保全；后者呢，只能说在满街狼犬、遍地腥云的政治氛围之下，娄师德还保留着一丝良知，没被染缸完全染黑，或者说，这种江湖式的老谋深算，是他的另一种“唾面自干”。

对娄氏的生存哲学，实在无法认同。如果一个国家、民族的大多数人将此奉为圭臬，其精神将会不断萎缩，最终成为丛林盛宴中他人筷下的一道美味。

告别“犬儒”、“乡愿”吧，还是多份血性为好！

天子做媒

公元709年的除夕，大过年了，唐中宗心情很好，于是临时决定诏令中书、门下与学士、诸王、驸马入内殿一同守岁。

一干人接到通知后，深感皇恩浩荡，立马兴冲冲地应诏而来。进得内殿，但见里面灯火通明，原来唐中宗早已令人摆好了照明用的火炬，还摆上了一桌琳琅满目的酒宴。尤令人眼前一亮的是，在内殿一角，皇宫乐队早已到位，见客人到来，音乐奏起。顷刻间，优美的旋律便在偌大的殿内流淌。

伴着乐曲，酒过三巡，唐中宗已是红光满面。突然，他停下酒杯，用手指着御史大夫窦从一说："听说你已打了很长时间的光棍了，朕替你担忧。今天晚上恰是除夕之夜，朕为你做媒并即刻完婚。"

皇上手里最不缺的就是美女，能得到这般圣眷，是祖坟冒青烟啊！还能说什么呢，窦从一脚一软，赶紧跪下连呼："吾皇万岁万岁万万岁！"唐中宗微微一笑，朝内殿一侧招一招手，不一会儿，内侍们手持着灯笼、步障和金缕罗扇从西廊上殿，罗扇后面有一位身着礼服、头戴花钗的妇人。

哇，唐中宗今晚是有备而来啊！

唐中宗让这位妇人与窦从一相对而坐，然后让窦从一吟诵了几首《却扇诗》。面对极有"可能"的美女，窦从一激动得有点失态，在朗诵时，使出了浑身解数。他的吟诵声情并茂，抑扬顿挫，博得了众人的一阵阵喝彩。

眼见氛围渐趋佳境，唐中宗挥了挥手，一切都安静了下来。罗扇拿走后，这位妇人摘下花钗，换去礼服，终于露出真容。佳人何许人也？众人一见，心里大惊，居然是韦皇后的老乳母王氏。

王氏本是一个蛮族的婢女。

情节发展到这一步，众人已是忍俊不禁，唐中宗也是大笑不已。笑什么呢？我想有两个原因，一是这位妇女长相不敢让人恭维。司马光还是很曲折地表达了这一点，"本蛮女也"中的"蛮"字，"非我族类"，高颧骨、黝黑的皮肤。既曾是韦皇后的老乳母，想必年纪也不小了。二是她的身份：乳母+婢女。

面对众人的幸灾乐祸，窦从一倒是一本正经，一副甘之如饴的样子。笑过之后，唐中宗也觉得有点过了，想做些什么弥补，那就赠送丰厚的嫁妆吧。唐中宗马上下诏，册封王氏为莒国夫人，正式嫁给窦从一。

当时民间俗称乳母的丈夫为"奢"，窦从一每次谒见唐中宗或者呈进表状，都自称为"翊圣皇后阿奢"。不管怎样，总算和皇家扯上了关系，也有人当面称窦从一为"国奢"，他没有觉得不妥，总是欣然接受，为自己感到骄傲。

大唐一朝的许多皇帝，好像很喜欢"拉郎配"，连千古一帝李世民也喜欢成人之美。宰相房玄龄久没儿子，老婆不能生育。无后为大啊，李世民急臣之所急，决定送几个美女给房宰相为妾。

面对眼前的活色生香，房玄龄连连摆手拒绝。这倒不是房玄龄境界有多高，而是家有悍妻。唐太宗不信邪，这有什么不可以的呢？男人嘛！于是，他派皇后亲自上门做房玄龄妻子的工作，哪知道竟吃了“闭门羹”，房玄龄的妻子不让进屋。嗨，给脸不要脸？李世民决定亲自上阵，他把房玄龄的妻子叫来，对她说，我给宰相娶妾，好接续香火，夫人不同意吗？房玄龄的妻子确是硬气，头一扬答道：“绝不同意，除非我死！”

既然这样，那就成全你吧！李世民手一挥，命人端上一杯毒酒，给房玄龄妻子两个选择：要么同意丈夫纳妾，要么喝杯毒酒自我了断。看着办吧！

真是奇女子也！房玄龄妻子二话没说，端起酒杯一饮而尽，然后闭上眼睛等死。奇怪的是，过了好一阵子，她并没感受到“肝肠断”的痛苦，再次睁开眼时，发现自己一毛事都没有。原来，唐太宗只是想吓吓她，酒杯里盛的不是毒酒，而是替代品醋。唐太宗的这一次使坏，还给民间留下了一个典故，“吃醋”由此而来。

惊出一身冷汗，但这结局多少还算带有喜剧色彩。要是遇到朱元璋，就没那样的好运气了。

还真有一段有关朱元璋的记载，读罢，让人脊背生冷，心惊胆寒。

朱元璋手下有位悍将，叫做常遇春。这仁兄在战场上骁勇无比，但在家里却非常怕老婆，典型的“妻管严”。在一起生活多年，他老婆的肚子就是不争气，早晚不见有一鳞半爪。朱元璋坐拥天下后，感念常遇春为自己打天下所立的战功，不忍常将军绝后，于是送上两位绝色美姝。但美人送到将军府，却是石狮子的耳朵，摆设！为什么呢？常将军身体有问题？当然不是，因为将军怕老婆，不敢与美妾同房，只好干自咽口水。

有一天，将军一早上朝，没多久，家人紧急送来一个盒子，常将军打开一看，猛地倒吸了一口寒气，盒子里装的竟然是两位美女的手臂！常妻也太狠了，毕竟是名义上的姐妹嘛，她这样做，气是出了，但也给自己带来杀身之祸，并且下场极惨。

朱元璋知道后，果然大怒，马上派人将常遇春的老婆杀掉，并大卸八块，然后煮肉煲汤，大开筵席，遍请众大臣。常将军本人也分得了一块老婆的肉。平日里有些古板的朱元璋，还突发奇想，将这道汤命名为“疗妒羹”，意即让天下妒妇引以为戒。

与其说让天下妇女引以为戒，还不如说朱元璋要以此警告这些开国元戎。自从坐上天下后，老朱就没睡过安稳觉，生怕这些一同打天下的老战友暗生不臣之心，就是在这一当口，常遇春的老婆不幸撞在了枪口上……

敢不听朕的，哼哼，叫你不得好死！

但有人就是宁愿死，也不换老婆。

尉迟敬德在“玄武门之变”中是立了功的，因此深得唐太宗李世民的信任，但这份信任有时又会给尉迟敬德带来困扰。有人眼红李世民对他的这份恩宠，老找机会偷偷向唐太宗进谗言：尉迟敬德要谋反！

有一天上朝后，唐太宗单独留下尉迟敬德，直言相问：“人或言卿反，何也？”是啊，我李世民对你不薄，为什么还要谋反呢？

听到李世民这样一问，尉迟敬德心碎一地，自己跟随您李世民南征北战、杀伐四方，身上至今都满是刀锋箭镞的疤痕。现在天下安定了，却开始怀疑我要谋反？想到这里，委屈夹杂着愤怒，像出膛的子弹，从尉迟敬德的胸腔中呼啸而出："臣反是实！"我想谋反确实是事实！

好大的胆子，要是换了别人，早就脑袋落地！

幸好李世民对尉迟还是有基本的信任的，之所以会直接问他是否想谋反，无非是向自己的心腹透露一个信息：已经有人在我面前说你坏话了。这是君王对臣子信任的另外一种表达方式。与其说是坐实，还不如说是提醒。李世民当时心里一定在想，我的提醒，一定会得到尉迟敬德的感恩戴德，或者会大呼：陛下，我冤啊！出乎李世民的意料，尉迟敬德直言不讳地认了！

尉迟敬德的态度让李世民一下子愣了，设计好的台词无法再念下去，只好张开嘴巴大口地喘着气。尉迟敬德也没再说什么，径自走到唐太宗跟前，把衣服一件一件脱下，"出其瘢痍"，展示他在大小战斗中留下的伤疤。此时无声胜有声，看着尉迟敬德身上的累累伤痕，李世民鼻子一酸，流泪了，然后赶紧说道："你快穿上衣服，朕丝毫不怀疑你，所以才跟你这么说的，不必恼怒！"

这是尉迟敬德对皇上的忠诚，他对糟糠之妻的忠诚也一样令人感佩。

唐太宗有次对尉迟说："朕欲以女妻卿，何如？"就是说要把公主许配给他。多好的事啊，做个驸马爷，多少人梦寐以求的，比如陈世美。

尉迟敬德是什么态度呢？他叩头辞谢道："我的妻子虽然微贱，但与我同甘共苦好多年。我虽然才疏学浅，但听说过古人富贵了不换妻子，此并非我的本愿。"一番答对后，"上乃止"。

一个"乃"字，足见李世民多想招尉迟敬德为婿，也可想见，李世民和尉迟就此话题进行不止一次的讨论，甚至争论，但尉迟敬德就是死活不肯。联想到近期一些犯事的官员，除了跌进钱眼里外，在感情方面也是屡栽跟头，或弃老妻娶新人，或干脆内外兼收并蓄，彩旗飘飘，这和尉迟敬德相比，可谓是一个天上，一个地下！

历史细节中的赵匡胤

《资治通鉴》是赵家耗巨资编撰的大制作，内容虽只写到五代，但在《后周纪》里，作为两个时代的过渡，仍可见到宋太祖赵匡胤的身影不时出没。人们感兴趣的是，司马光怎样着墨于他呢？司马光老先生面临“三道坎”：森森皇权、中国人“为尊者讳”的传统美德以及“秉笔直书”的史德。他会不会为此很纠结呢？

先读上几段再说，还是让各位看官自己下结论吧。

那时的赵匡胤，还只是周世宗身边的一位高级跟班。公元956年，周世宗命令他率部赶赴清流关救援。此时，南唐大将皇甫晖早已在山下布好了阵，正与后周的前锋部队交战，皇甫晖暂处在上风。眼看后周部队挺不住了，危急时刻，赵匡胤恰好领兵赶到，并从山后杀将出来。皇甫晖遭到前后夹击，眼看不妙，赶紧败下阵来，逃入滁州城中，还准备摧毁护城河上的桥梁，据河坚守。赵匡胤见状，跃马指挥部队涉水而过，直抵城下。

皇甫晖不甘认输，他站在城垛上对赵匡胤说：“人各为其主，能否容我排好队列再战？”古代人打仗，有时也不乏君子之风。赵匡胤对这一请求笑了笑，朝城头竖起大拇指：OK！

于是，皇甫晖率部出城再战。看到敌人列队而出，赵匡胤抱住马脖子，一边突破敌阵冲了进去，一边口中大喊：“我只取皇甫晖，别的都不是我的敌人！”言毕，手持长剑直取皇甫晖，但见寒光一闪，长剑刺中脑袋，赵匡胤将皇甫晖生擒活捉。

擒贼先擒王。滁州遂告攻克。

生猛吧？非常喜欢司马光笔下的战争场景。寥寥数语，抓住关键几个动作，敌我双方搏杀的态势读来便如身临其境。谓予不信，录一节原文过过瘾：“晖整众而出，太祖皇帝拥马颈突陈而入，大呼曰：‘吾止取皇甫晖，他人非吾敌也！’手剑击晖，中脑，生擒之。”

赵匡胤的威武，是不是栩栩如生、呼之欲出呢？

数日之后，赵匡胤的父亲、马军副都指挥使听说儿子攻克了滁州，深为儿子感到骄傲，也想见见久违的宝贝儿子，遂半夜领兵赶到滁州城下，大声呼喊快开城门，没想到吃了儿子的闭门羹，传令“不开城门！”老爸气得肺炸：“龟儿子，老子宰了你！”赵匡胤回答道：“父子虽至亲，城门王事也，不敢奉命。”都是吃皇家饭的，您老应该知道开启城门是王家大事，虽然我们是父子，但不敢随便受命啊。

公私泾渭分明，但赵匡胤有时也会犯点小迷糊。周世宗派遣翰林学士窦仪负责清点、登记滁州库存的物资，赵匡胤派心腹前去仓库提取绢帛，窦仪对此要求一口回绝。理由是，您在攻克州城之初，即便把库中东西取光，也没人敢说一二。如今这些物资已经登录归为官府所有，没有诏书命令，绝对不能擅自提取。

心腹气呼呼地回来报告，赵匡胤听后，不仅没生气，反而因此对窦仪青眼有加，更为器重。

赵匡胤不断地累积战功，也不断地累积声名。每当亲临军阵，必定用精美的辂马绳带装饰坐骑，铠甲兵器锃亮耀眼。部下担心他的安全，劝道：“这样的话，会很容易被敌人认出。”是啊，不是容易成为敌人弓箭的活靶子吗？赵匡胤置若罔闻，淡定地答道：“我就是要让敌人认识我！”

南唐齐王李景达率领两万精兵，在名叫六合的地方附近与赵匡胤对峙。此时赵匡胤身边虽只有两千兵马，但个个英勇善战。李景达不敢贸然出击，只在营帐外设置栅栏却敌。赵匡胤的部下见状迫不及待要冲杀过去，赵匡胤一把将部下拦住并解释说，敌人设置栅栏固守，是探不清我们的实力，如今我们只有区区两千人，倘若攻过去，我们的家底不是被他们看得一清二楚了吗？不如待他们来了再出击，必定可以打败他们。果然，没几天，南唐兵进攻六合，赵匡胤率领部属奋勇出击，将李景达打得大败。

打仗是玩命的活，总会有些人贪生怕死。战斗中，对那些不卖力的士兵，赵匡胤假装督战，挥剑朝士兵头上戴着的皮斗笠砍去。第二天，逐个检查士兵的皮斗笠，凡是有刀砍痕迹的，全部推出去斩首。从此以后，所部士兵没有再敢打退堂鼓的了。

治史的最高境界是不虚美、不隐恶，也是史家必须遵守的史德。司马光笔下的这些历史细节，还是让后人感受到赵匡胤的基本真实面貌。后来，赵匡胤发动兵变，上演了一幕“黄袍加身”，有人对此多有微词，认为老赵是“既要做婊子，又要立牌坊”。我倒觉得，司马光笔下的这些细节，足以说明赵匡胤“当拥有天下”，他有这样的实力和号召力。

李陵投降后

白雪皑皑，四周已被匈奴人围得铁桶般密实，李陵情知事已不可为，但他还是想放手一搏。于是，他命将士每人身带两升干粮，一片冰，伺机杀出重围，然后到一个叫遮虏障的地方会合。

半夜时分，正是突围的最佳时机。李陵命人击鼓叫醒将士。但关键时刻掉了链子，战鼓因被风雪冻结，一敲即破，敲不响！仓促间，李陵与校尉成安侯韩延年跨上战马，率十几名精壮士卒突围。匈奴人发现后，立即派出数千名骑兵追击。以少拼多，韩延年战死。李陵眼看无路可逃，仰天一叹："无面目报陛下！"言毕，这位北伐前线汉骑都尉丢盔弃甲，举手向匈奴投降……

其实，李陵兵败之处距汉朝的边境很近，不过区区一百余里。边塞将领获悉李陵兵败的消息后，快马加鞭报告朝廷。汉武帝可以接受兵败的无奈，却无法接受李陵投降匈奴的羞辱，闻报后他勃然大怒，声色俱厉地责问陈步乐（李陵的献捷使者）：告诉朕，怎么回事？陈步乐能回答什么呢？深怀恐惧的他，步履蹒跚地回家后以自杀谢罪。

这个时候，李陵好像成了最大的“烫手山芋”，满朝文武纷纷与其切割，甚至恨不得食其肉、寝其皮。汉武帝询问太史令司马迁，你怎样看待李陵的投降。汉武帝的一问是想争取一边倒的舆论，彻底消除李陵叛国的恶劣影响。司马迁没有承风希旨，而是“一根筋”式地竭力为李陵辩白。司马迁认为李陵对父母至孝，对将士尽义，对国家则常常奋不顾身，急赴国难，现在因偶然的失败，被捏造构陷，令人痛心，这对李陵也十分不公平。

司马迁的辩白说得滔滔不绝且又义正词严，但他没留意到汉武帝的脸色在变。不仅如此，他还试图进一步为李陵缓颊：皇上啊，李陵真的不容易！他率领不到五千名步兵，深入布满战马的匈奴腹地，抵挡数万敌军，他虽然兵败被俘，却也给匈奴人以巨大的打击。他没有选择死节，想必是想再找机会报效国家吧！

一派胡言，全是乱语！不就是想为李陵游说开脱吗？汉武帝痛下杀手，“下迁腐刑”，对司马迁施以宫刑。

司马迁的人生悲剧，在很大程度上说是传统读书人的悲剧。他个人的悲情，灼伤了一代又一代中国人的心灵，当然，也激励了一代又一代中国人。

汉武帝毕竟是一代雄才，他不是昏君。过了一些日子，汉武帝似乎有所醒悟，当初派李陵陷入孤立无援的境地，是一出臭招啊！李陵率军出塞时，事先安排强弩将军路博德前去接应，没想到老将路博德羞以为李陵殿后，寻找种种借口不肯接应，他们俩之间的这种“瑜亮情结”，怎么就没想到呢？真是不应该啊！

亡羊补牢。汉武帝马上派出使臣对逃回来的李陵余部，进行慰劳并厚加赏赐。

以上说了这么多，其实都是废话，下面的才是重点。

公元前96年，汉武帝又派公孙敖率兵深入匈奴腹地，想与李陵内外接应，击破匈奴，但无功而返，鸟毛都没带回一根。公孙敖料到汉武帝必定会不高兴，怪罪下来可不是闹着玩的。于是，此公不惜造谣，无耻地在折子中说，据擒获的匈奴俘虏交代，李陵教单于制造兵器，防备汉军进攻，所以我这次出征毫无收获。

汉武帝看罢奏折，那可是一怒而四海秋啊，即刻下令将李陵满门抄斩。冤枉啊，实际上，教单于造兵器的，并非李陵，而是早先投降匈奴的另一个汉朝将领李绪！

水落石出后，汉武帝的肠子又一次悔青了，但也只好自咽苦果。至于李陵家属的身家性命，在皇权的自尊面前，算是打了一个水漂而已！

士可杀而不可辱。对于胜败博弈，败方没有更多选择，传统中的“成者王，败者寇”已深入骨髓。想到抗战时的方先觉将军，在衡阳保卫战中，面对日军重兵围攻，他指挥第10军坚持防守47天，直打得部队弹尽粮绝，城内废墟一片，这个时候援军却迟迟不至。绝境之下，方先觉在日军答应不伤及第10军剩余官兵性命的条件后投降。他本人被日军拘禁，后在他人帮助下，成功逃回重庆，但这已成为他毕生的污点。

战场上情况瞬息万变。这种瞬息万变，远离战场的人根本无法理解、把握，有的只是对结果的渴望。不过，投降者也未必心安，想象一下李陵苟活于异域他乡，言语不通，生活方式迥异，他是否会后悔当初没“不成功便成仁”呢？

主父偃与郭解

主父偃是汉武帝的宠臣，曾创下一年之内连升四级的帝国最高纪录，官至中大夫。

因为处在权力中心，又甚得君宠，主父偃自是炙手可热，大臣们怕他伶牙俐齿，会在汉武帝面前说自己的坏话，坏了前程，于是争相上门巴结。上门者当然不会空手而来，随身携带的都是金银财宝、文玩字画。主父偃在短时间内，因贿赂得来的财物总计超过了千金。有位好友觉得他“太横矣！”劝他不要过于横行霸道，要懂得些阴阳进退之道。主父偃乜他一眼，说道：“我活着如果享受不到列五鼎进餐的富贵生活，那就宁可受到五鼎烹的酷刑而死！”吾生不五鼎食，死即五鼎烹耳！这话与路易十五的名句“在我死后哪管他洪水滔天”有得一拼。

食人之禄，忠人之事。主父偃不占着茅坑不拉屎，干活倒是很卖力气，就治国理政方面，不断地给汉武帝提建议。他说，皇上啊，古代诸侯的封地不过是方圆百里，如果是“朝廷强，地方弱”还好控制，反之则会尾大不掉。汉武帝很谦虚，接受了他的意见，下诏说如果诸侯王中，有人愿意推广自己所享受的恩惠，分封领地给他的子弟，可以一一奏报，朕将满足这些要求，不仅如此，朕还亲自给他们确定封邑的名号。取法乎上，得乎其中。阴险的刘彻，采用这一招后效果显著，从此之后，诸侯王国开始被分割，而诸侯王的子弟都成了侯了，大而化小，小的呢，则慢慢地化无了。诸侯王的权力随之削弱，这就是历史上著名的“推恩令”。

嗨，天无绝人之路，悬在汉武帝头上的利剑，因主父偃贡献的智慧，终于稳稳落地。

历史上，中国人口迁徙有多种原因，或自然灾害，或战火兵燹，或权力蛮横，如曹操时的军屯。主父偃在这方面也是殚思竭虑。他对汉武帝说了自己的新想法：茂陵邑设立时间不长，可以把天下有名的豪强人物、兼并别人的富家大户、鼓动百姓动乱的为首分子等都迁移到那里去居住，这样对内可以充实京师的人力物力，对外可以去除奸邪势力，不用杀戮就消除了祸害。从人本角度出发，这是一个好主意！汉武帝又快乐地接受了，并马上下旨迁徙地方各郡国的豪强人物和家中财产超过三百万钱以上的富户到茂陵邑居住。

轵县人郭解，不幸成为迁徙人群中的一员。郭解虽不在庙堂之高，却与天下江湖有着千丝万缕的关系，因为他是一名著名的侠士。故土难离，何况这是他多年经营的地盘，郭侠士不想走。有位将军也帮他讲好话：“郭家贫困，不应在迁徙之列。”汉武帝是聪明的皇帝，嗯，有问题，不就一介平民百姓吗？竟然有帝国的将军为他说好话？！这说明郭解家中不贫困，且势力大。切，想忽悠我？更没得商量，必须迁出！

既是侠士，多少有命案在身，郭解也是如此。汉武帝以此为由，将郭解逮捕下狱。轵县有位儒生，陪着前来审案的使者就座，站在一旁的一位郭解门客，向使者赞扬郭解，希望能对郭解宽大处理。儒生听后不屑地说，郭解总是因私情触犯国法，怎么能说他贤能？

郭解的门客听了这话，护主心切，激愤之下出手杀死了这个儒生，还把他的舌头割下。汉武帝听后，心中大骇，不就一平头百姓吗？却能让门客甘心为他杀人，郭解太有号召力了，这种人万不可留。汉武帝一句话，郭解被处死，还被灭族。

“我不杀伯仁，伯仁却因我而死。”郭解被灭族，与主父偃虽没直接的关系，但如果没有他的“迁徙说”，郭解或许就不会进入汉武帝的法眼，一家人说不定还可以幸福地活着。

始作俑者，其无后乎！虽是汉武帝最宠信的臣子，主父偃与郭解的下场殊途同归。在权力相争的绞肉机中，他也中招了，因无意中卷入一起宫廷内斗，被汉武帝全家一锅端。主父偃遭难时，朝中诸大臣无人伸出援手，还纷纷落井下石。主父偃也有众多门客，但在他被处死后，却无人愿为他收尸。

司马迁在《史记》中写道：“主父偃当路，诸公皆誉之，及名败身诛，士争言其恶。悲夫？”司马氏言，可谓深刻。

唉，人世间的事，又有多少可以用一个“悲”字概括得了！

“救时宰相”与“伴食宰相”

宰相姚崇为处理家里的急事，特向朝廷请了十多天的假。这一走，宰相办公室可是“政事委积”。堆积如山的各种政务，只好委托另一位宰相卢怀慎全权处置，但卢怀慎的能力平庸，面对成堆的公文，犹如“荆棘满途，叫樵夫如何下手？”卢怀慎束手无策，叫苦连天，直感“亚历山大”。

总不能占着茅坑不拉屎吧？卢怀慎还是很讲职业道德的，并不乏自知之明，生怕误了国家大事。惶恐之余，他赶紧进宫主动向唐玄宗检讨。那时的唐玄宗还是相当清醒的，对众大臣的能力是“瞎子吃汤圆——心中有数”，于是他对卢怀慎安慰道：“朕以天下事委姚崇，以卿坐镇雅俗耳。”

嗯，在唐玄宗心里两人的分工很明确，姚崇是用来解决、处理大事、难事的，你老兄呢？让你做宰相，只是坐享宰相的清名雅望而已。什么叫清名雅望？卢怀慎没啥本事，但在士林中还有些清望，李隆基只是把卢怀慎用以装点门面罢了，无非向天下表明，朕胸襟似海，天下人才皆可为我所用，天下归心啊！

凡成大事者，手下需要各色人才，唐玄宗也不例外，不知道卢宰相听懂了没有？

家里的事情处理完毕，姚崇重新返回领导岗位。刚进办公室，就看到桌上堆满的文件、请示什么的，他快刀斩乱麻，只用一会儿工夫便将未决之事处理完毕。姚崇确是干才，看到自己瞬间完成的劳动成果，也不禁面露得意之色，非常佩服自己啊。意犹未尽，他回头对紫微舍人齐澣说："余为相，可比何人？"我作为宰相，可以和历史上的谁相比呢？听到问话，齐澣头都没抬，不作回答。姚崇以为对方没听到，继续问道："何如管、晏？"我与管仲、晏婴相比，谁更出色些？

被逼到了墙角，不好再佯装没听见，齐澣只好硬着头皮回答："管仲、晏婴所奉行的法度虽然未能传之后世，但至少也做到了终身实施。您所制定的法度则随时更改，似乎比不上他们。"这不是批评我朝令夕改吗？齐澣的这般直率进一步激发了姚崇的好奇。那么，我到底算是什么样的宰相呢？嗯，齐澣躲开对方的灼灼目光想了想说，您可以算是一位"救时之相"。

听此一答，姚崇心中大喜，将手中的笔扔在桌案上，大声叫道："救时之相，也是不容易做到的啊！"

卢怀慎和姚崇同朝为相，虽然能力平平，但能正确认识自己，自认为才能不及姚崇，每遇到"急重险难"，都要交予姚崇拿主意，作决断，当时的朝廷内外，都称卢怀慎为"伴食宰相"。

说老实话，这两位宰相我都喜欢。喜欢姚崇的胸怀，下属不进谄媚之辞，不以为忤，反而显出儿童般的天真与率性；卢怀慎呢，情知水平不及同僚，情愿当一块垫脚石，不与争锋，也不使绊子，更不捣乱，难得！

自知者未必明啊，相反，又有多少人是自知者昧呢？！

做官最宝贵的品德是勇于任事，敢于担当。姚崇的“救时”就体现了这一可贵的官德。

唐玄宗年间的一个秋天，正是丰收季节，令人沮丧的是，崤山以东发生特大蝗虫灾害。在那年头，身处农耕社会，发生蝗灾，那可是天大的事，其巨大的杀伤力，往往导致庄稼颗粒无收，百姓呼天抢地也无济于事。如此重大的灾害，史家必录。翻开二十四史，诸如“某年某地发生蝗虫”这样的记载，可谓如缕不绝，史册不断。

在没有“敌敌畏”的年代，无论是天子贵族，还是黎民百姓，面对从天而降、成群结队、遮天蔽日的蝗虫，都只能是束手无策。哦不，也还可以做点事，譬如设坛祈祷，祈望老天赶快将蝗虫收了，不要贻害人间。

这一年，蝗虫倏忽间又来了，依然让李隆基和朝廷的衮衮诸公无计可施。有些灾民无奈之下只好实行自救。有何高招呢？在受灾的田地旁边焚香膜拜设祭，恳求蝗虫嘴下留情。百姓也只能这样了，对密密麻麻的蝗虫却是万万不敢下手捕杀的。为什么呢？一是太多，杀不干净，另一个原因呢？在这儿先卖个关子，暂且不说。

宰相姚崇接到报告后心急如焚，夜不能寐，赶忙奏请派遣御史督促各州县捕杀蝗虫。没想到，此议并没有得到同僚的积极支持，他们认为蝗虫数量太多，无法尽行铲除杀灭，唐玄宗对此举能否奏效也表示怀疑。

姚崇那个着急啊，赶紧上前一步对唐玄宗进言道，现在崤山以东蝗虫漫山遍野，黄河南北两岸的百姓流离失所，十室九空，岂能坐视蝗虫吞噬庄稼，却不动手灭蝗救灾呢！退一步来说，即使不能真的将蝗虫全部杀灭，起码也要比让蝗虫成灾要好些吧！唐玄宗听此一说，觉得有道理，只好准奏，同意按姚宰相的方法办理。

在这个节骨眼上，又有人跳出来反对，反对的理由令人无语。

这位大臣认为“杀蝗太多，恐伤和气”。呵呵，如果杀灭的蝗虫太多的话，可能会损害天地阴阳的和谐之气。想想也是啊，胆敢和伟大的人类拼抢粮食以饱口腹，想必蝗虫绝非简单的动物，或许也是受到了上天眷顾？这是当时受灾农民田头焚香祭拜的一个重要原因。

似是而非啊，姚崇据理力争：“昔楚庄吞蛭而愈疾，孙叔杀蛇而致福，奈何不忍于蝗而忍人之饥死乎！”说得多好啊，以前楚庄王吞吃了水蛭，他的病痊愈了；孙叔敖杀死了两头蛇，后来却做了卿相。陛下今天怎么能因不忍心看到蝗虫被杀死，而忍心看着百姓被活活饿死呢？

姚崇的引经据典让众臣面面相觑，无以反驳。良久，其中又一位反对者跳出来指着姚崇瓮声瓮气地说，你坚持要捕杀蝗虫，如果将来出了状况你可要负责任啊！

姚崇正色答道：“若使杀蝗有祸，崇请当之。”不要吓唬我，天塌下来，也由我一人承担罪罚！

在科学知识尚处洪荒的年代，“崇请当之”的为民请命，的确值得后来的为官者尊敬与效仿。

可惜的是，历史上“救时”者少，“伴食”者多。“三不开”宰相马胤孙即是后者的另一变种。

封建官场，是大染缸，更是大江湖。

既是江湖，便有江湖的规矩与凶险。“潜”、“显”规则交织，“黑”、“白”两道并行。步步陷阱，步步杀机，稍有不慎，便可能坠入万丈深渊，陷入万劫不复。自古有云：“家有官，心难安。”如何在江湖中生存下来，靠的是智慧，靠的是运气。

马胤孙是后唐时的翰林学士、礼部侍郎。此公性格谨慎，胆小怯懦。按理说，这种人其实不太适合在官场上混。过于谨慎，工作上可能会缺少开创性，按部就班；性格胆小，则可能会不太敢于担当，往往敷衍塞责。这种人，能在仕途上走多远呢？

咦，你还别说，凡事必有例外，传统的“以为”在马胤孙身上还真不适应。公元936年春，后唐末帝李从珂提拔马胤孙为中书侍郎、同平章事。这是什么级别的职务呢？大致相当于宰相吧。

都做到宰相的位置了，那可是“一人之下，万人之上”。大权在握，马胤孙做事应该大胆些了吧？事实上，他的表现还是让人大跌眼镜，赢了个“三不开”的不雅称号。

何谓“三不开”呢？《资治通鉴》上是这样记载的：“胤孙性谨懦，中书事多凝滞，又罕接宾客，时人目为‘三不开’，谓口、印、门也。”延伸一下，说的是老马，身居相位却从不敢决断政事，凡事不置可否，朝政任人摆布。他奉行的是：朝上不随便开口议事，官署里不开印办事，在家不开门接待宾客。

尸位素餐，占着茅坑不拉屎，这样的宰相要来何用？我想，马胤孙的这“三不开”，在李从珂的眼里，可能恰恰是优点。不是吗？“三不开”正是后唐末主之所需，不开口，即意味着不乱议朝政，认真执行就是了。不开印，那是不擅权专权，不分皇帝一丁点儿权。朱元璋坐上天下后，就因为怕宰相权力过大，而将宰相一职废了。不在家接待宾客，这更好啊，省得结成朋党。

能坐到宰相之位，马胤孙肯定不是二百五，自有过人之处。之所以奉行“三不开”，一是真糊涂，二是装糊涂。就马胤孙而言，应该是深谙江湖之险，怕引祸上身呐！不是有句话叫作“祸从口出”吗？

尽管如此，马胤孙后来还是没能躲过江湖的险恶，被后唐末帝李从珂废黜了。赋闲在家的马胤孙，百无聊赖，天天以抄读佛经度日，而在此之前，他原本是不信佛的。

从中可以看出，马胤孙内心还是蛮郁闷的，说不定还会时时掀起万丈波澜。说穿了，他还是没看透。

你说呢？

跋

透过历史的门缝

提笔时，想起一段文字：

“晖整众而出，太祖皇帝拥马颈突陈而入，大呼曰：‘吾止取皇甫晖，他人非吾敌也！’手剑击晖，中脑，生擒之。”引文来自《资治通鉴》中的《后周纪》。文中提到的太祖皇帝，指的是宋太祖赵匡胤。说的是，公元956那年，宋太祖，哦不，应该说是赵匡胤，当时还是周世宗身边的一个高级跟班，受周世宗之命，他率部赶赴清流关救援。文中所言及的，便是他如何神勇。双方对垒中，擒贼先擒王，他“于百万军中取上将首级”，一把将南唐大将皇甫晖拿下。

战斗的具体过程在此暂且略去。我膜拜的是，司马光确是有运字之妙，寥寥数语间，便让一场硝烟弥漫、殊死搏杀的战斗戛然而止，留给读者无尽的想象。文字大师尤善用动词，或活用动词。不是吗？一个“拥”字，一个“呼”字，一个“击”字，一个“中”字，一个“擒”字，将一场战斗简化到如此栩栩如生，却又让人感到身临其境。

境界全出，尽得风流矣。司马光用字简洁，却又不乏张力与深度，这点成为我喜读《资治通鉴》的理由之一。由此我也认为，汉字是有深度的，且有永远不老的生命，汉字不会死。

如果要往前寻找源头，我之所以对《资治通鉴》情有独钟，可能是因为更早的时候感染于中学时代的语文课本。记得某个篇章里，司马光对西楚霸王项羽的人生结局，有着同样精彩的叙述。不妨再来一段：“汉军围之数重。项王谓其骑曰：‘吾为公取彼一将。’令四面骑驰下，期山东为三处。于是项王大呼驰下，汉军皆披靡，遂斩汉一将。是时，郎中骑杨喜追项王，项王瞋目而叱之，喜人马俱惊，辟易数里。项王与其骑会为三处，汉军不知项王所在，乃分军为三，复围之。项王乃驰，复斩汉一都尉，杀数十百人。复聚其骑，亡其两骑耳。乃谓其骑曰：‘何如？’骑皆伏曰：‘如大王言！’”

尽管身处人生末路，西楚霸王项羽仍是霸气侧漏！怪不得，千百年以来，项羽拥有海量的粉丝。“至今思项羽，不肯过江东。”对一个失败者如此宽容，在一个奉行“成王败寇”的传统中，你说容易吗？这想必与他“虽千万万人吾往矣”的英雄气概有关。

感谢司马光，让后人再次感到汉语的优雅，以及由此营造出的千古苍凉。

《史记》中，有关项羽这段穷途末路，司马迁也有同样令人拍案叫绝的叙述。自此我又明白了，伟大的灵魂有时是可以相通的。或者说，对英雄的崇拜，就像基因一样，会在民族的血管里，代代相传，流淌不息。

或许，这又成为我爱读《资治通鉴》的另一个理由。闲暇之时，随手翻一翻。进了书店，如果发现了好版本，必定倾囊以购，至今家里已有多个版本。内地的、台湾的，简体的、繁体的。比照着读，时有新发现，虽不敢说“我注六经”，但确是人生一乐！

《资治通鉴》既是书名，也是司马光的写作目的。三百多万字的皇皇巨著，司马光到底要对赵匡胤的子孙说些什么呢？窃以为，概括起来无非“两防”：一是华夷之防，二是君臣之防。

封建长夜，手握政权者以汉人为主，汉族政权虽然强大，但有时也不得不与周边的少数民族妥协。如刘邦建立汉王朝后，百废待兴，代步的工具马车，竟然找不到清一色的马匹。面对虎视眈眈的西北之患匈奴，也曾想雄姿英发，结果却陷入了“白登山之围”，差点有去无回。窘于国底薄弱，一代枭雄刘邦只好被迫施以“美人计”——和亲政策。于是就有了“昭君出塞”。你说这多伤大汉天子的自尊啊！但是，昭君姑娘不更惨么？孑然一身远赴异域，举目无亲，言语不通，死后成了孤魂野鬼。这一幕让后人想来真是心碎一地。政权间的相安无事，靠一个柔弱女子的双肩来支撑，“宁无一人是男儿”？！回眸历史，有时想发笑，然后便想哭。

令人痛心的是，这一幕常常重现。到了唐朝，虽有“贞观之治”带来的四海臣服、万邦来朝，大唐当家人还是牺牲了文成公主火红的青春，与吐蕃结成姻亲，暂且各自相安。不过实事求是来讲，在处理“华夷”关系的范式中，和亲政策还是相对成功的例子。司马光也确是目光如炬，认识到如果与少数民族的关系处理不好，可能会给政权带来严重的威胁。事实上，大宋王朝的最终覆没，与金人、蒙古人有着直接关系。包括后面的大明王朝，最后也是亡于满清。努尔哈赤“十三副兵甲起事”，到后来入关，再后来狂奔南下。铁蹄所至，踏碎了一路的繁华。

至于君臣之防，在封建时代的重重宫闱中，君臣间每天都在上演“宫心计”，例子俯拾皆是。就说赵家的大宋天下吧，也是赵匡胤不厚道地从柴氏手里一把夺过来的。可能是心中有愧吧，赵匡胤在黄袍加身后立了个规矩：不杀柴氏后人！就这一点，他和他的子孙倒是做到了。《水浒传》中的小旋风柴进，是后周皇裔，他就凭着这份“免死铁券”，竟敢帮助、收留朝廷反贼林冲、宋江、武松等人，后来还干脆入伙了，排在一百零八条好汉中的第十位，上应“天贵星”。即便招安之后，梁山好汉伤的伤、死的死，他还能从容辞官回家，并得以善终。这也算是个奇迹了！

开创了“贞观之治”和“开元盛世”的大唐王朝，一度是我们的光荣与梦想的象征，多少年后仍是我们津津乐道“祖上曾阔过”的最好例证。但就这一庞然大物，后来也被权臣朱温建立的后梁所取代。强取豪夺李家天下的过程中，朱温既想当婊子又想立牌坊，口是心非，尽显“权力小丑”的本色。收入本书的《朱全忠不忠》一文对此有所记述，在此不再赘言。封建朝代，有些尾大不掉的权臣，不但时刻觊觎着别人的江山，还青面獠牙地对百姓敲骨吸髓，置百姓于倒悬。像有宋一代的蔡京、童贯，大明王朝的严嵩、严世蕃父子，满清时期的和珅等等，一个比一个狠！

扯远了，还是回到司马光的《资治通鉴》。他写作的目的，无非是要宋室以史为鉴，好好地做皇帝，好好地治国理政，使赵家的江山永固。兀兀穷年，皓首穷经，耗十九年码出的三百多万字，便是司马光对宋室的最大忠诚。遗憾的是，赵匡胤的子孙一代不如一代，他们将国家社稷、百姓苍生置于脑后，或醉心于画画，或钟情于书法，荒于政事，玩物丧志。这还算好的，有的更甚，沉溺于酒色，追逐于章台，“直把杭州作汴州”。徽、钦两宗被金人掳获北上，继任者赵构被吓破了胆，只能抱头鼠窜，向南向南再向南，苟且偷安。赵氏最后一位小皇帝狼狈地跑到崖门，这里已没有了去路，眼前只是茫茫大海。一番血战之后，南宋大败，赵家王朝和数十万将士一同沉入冰冷的海底……

有人说，崖山之后无汉人。这话虽然说得极端，却让后人沉痛无比。

中国人的历史感非常强烈，最为重要的表达便是“以史为鉴”。历史镜鉴的实践意义到底有多大？想深一点的话会让人很纠结，更让人有种无力感、无奈感。对封建统治者而言，这更像是一个伪命题。历代封建王朝，凡计有五百五十九位帝王中，绝大多数是一路货色，过把瘾就死，口出狂言“我死后哪管洪水滔天？！”

抑或昏聩愚昧地说“何不食肉糜？” 这些口含天宪、乾纲独断者，罔顾天下苍生，一代代，一茬茬，身陷权欲、物欲、色欲的泥淖中无法自拔，只有重复昨夜的故事，无法具有更大的超越性。遥想那些历史场景，司马光所有近似唠叨的苦口婆心，对这些封建统治者而言，都只能是耳边风、无用功。

栏杆拍遍，捶胸顿足，听到的，仿佛只是历史老人发出的一声沉重叹息。

历史，有时让人如此忧郁。

我只是像一个顽童，放学后贪玩，怕父母责骂不敢回家。踟蹰于街头时，无意中被某间历史书房的一束漏光吸引，凑上去透过狭小的门缝，朝里贪婪地偷看了一会儿，随后在作业本上记下所见。《从司马光书房路过——〈资治通鉴〉中的繁花与冷雨》里的八十三篇文章，便是从一百九十五篇读书笔记中整合而成。现在怀着怯生生的心情，呈献给诸位，希望读者拨冗一顾，并不吝赐教。

感谢胡平老师、丘树宏主席、刘固盛教授为本书作序。所赐字字珠玑，温润如玉，让我倍感温暖与鼓舞。感谢知名文化出版人郑集思、胡波、蒋鸣球、冯东航、李骏、何腾江、杜国豪诸位先生以及新锐陈雯小姐的智慧支持，使小书从凌乱致以规整，终有了和读者朋友见面的可能。

与阅读相伴，带着思考前行——我愿码字不辍，努力斑斓内心的惶恐与苍白。

徐剑

2015年11月

香山承文脉　好书读百年